重企强国

③

卢纯 著

清华大学出版社

北京

图书在版编目（CIP）数据

重企强国 . 3 / 卢纯著 . —— 北京：清华大学出版社，
2024.12（2025.1 重印）. ——ISBN 978-7-302-67818-2

Ⅰ. F279.1；F279.241

中国国家版本馆 CIP 数据核字第 20242Q38K1 号

责任编辑：王如月
装帧设计： ■■文化·邱特聪
责任校对：宋玉莲
责任印制：宋　林

出版发行：清华大学出版社
　　　　网　　　址：https://www.tup.com.cn，https://www.wqxuetang.com
　　　　地　　　址：北京清华大学学研大厦 A 座　　　邮　　　编：100084
　　　　社 总 机：010-83470000　　　　邮　　　购：010-62786544
　　　　投稿与读者服务：010-62776969，c-service@tup.tsinghua.edu.cn
　　　　质量反馈：010-62772015，zhiliang@tup.tsinghua.edu.cn
印 装 者：三河市东方印刷有限公司
经　　　销：全国新华书店
开　　　本：155mm×230mm　　印　　张：26　　字　　数：277 千字
版　　　次：2024 年 12 月第 1 版　　印　　次：2025 年 1 月第 2 次印刷
定　　　价：128.00 元

产品编号：108040-01

序 言

　　"三"在中国传统文化中是一个具有特殊含义的数字。古人认为，做人要灵活聪慧——举一反三，处世要有原则——事不过三，做事要深思熟虑——三思而后行。还有很多耳熟能详的典故构成了中华民族的文化底色：一日三省、三顾茅庐、韦编三绝、三人成众，一个好汉三个帮。道家说，"道生一，一生二，二生三，三生万物"。

　　从量变引起质变的规律来看，"三"是由量变发展到质变的关键要素。"三"的出现打破了一元世界的静止沉寂和二元世界的相对稳定，"三体运动"揭示了互为变量的复杂系统变化状态，说明了"三"的加入带来了无限可能。"三"是数量累积的极点，是质变发生的起点，是由实入虚的临界点，也是从有限发展为无限的关键点。

　　《重企强国》三部曲已经出版了两部，在第二部交稿的时候，我就已经开始思考撰写第三部了。以"三部曲"的方式去探讨中国企业过去的奋斗、当下的创新和未来的发展，对我而言是一次前所未有的尝试，也是一次艰难的挑战，支撑我完成这项挑战的是对重企必强国、强国需重企这一认知的坚定执着，是一种对中国企业发自内心的使命责任和美好愿景。

《重企强国》三部曲的前两部书分别阐述了中国企业建设世界一流企业的理论思考和实践探讨，中国企业的历史蝶变和时代跨越，着眼点是中国企业的奋斗历程和当下使命，但对中国企业未来的发展思考始终是不可或缺的重要内容。第三本书是《重企强国》三部曲的最后一块拼图，至此，《重企强国》三部曲形成了一套整体的认知框架和初步的思想体系。

未来十年对中国而言是命运攸关的十年。《重企强国3》立足于中国向高质量发展全面转型和建设中国式现代化，中美长期竞争博弈，中美两国经济总量发生历史性易位，世界科技革命和产业变革实现重大突破，经济全球化产生重大调整和世界格局发生深刻变化的历史大背景，通过对中国企业未来发展的思考，进一步深入探讨阐述重企强国和强国重企的思想。

围绕中国企业未来发展这个主题，将促进中国崛起强大，中华民族伟大复兴和建设人类命运共同体的使命责任作为统领，将中国企业未来发展相关领域的知识信息、数据案例、思想观点和规律机理连在一起并进行整合、融合，构建一个对中国企业未来发展思考的认知框架和分析结构，再将个人对中国企业未来发展的一些理论思考、实践认知和情感价值充填完善其框架结构并力图实现创新尝试，这是本书的一个特点。

《重企强国3》由八章组成，每章自成体系，每章都分别包含相关领域思想理论观点的总结阐述和对中国企业未来发展的思考与探讨两大部分。这八个篇章从多维度阐述了对中国企业未来发展的系统思考和发展愿景。前四章着眼于"实",是对中国企业当前和未来一个时期改革发展所面临的特殊背景、使命责任、建议举措和发展路径的探讨;后四章落笔于"虚",是对中国企业未来发展的方向思路、战略构想和建议举措的探讨。这种"虚""实"结合的方式是本书的一次写作尝试,通过这种方式,从中国的发展和世界变化的视角,重新审视中国企业的历史性整体蝶变、新时代创新跨越和未来高质量可持续发展。从理论和实践两个维度深刻认识到底是什么力量和原因,成就了中国企业这种伟大的历史性蝶变和发展跨越,重新审视中国企业未来如何实现现代化和高质量发展,如何构建新的发展优势,提高核心竞争力,应该具备什么样的核心功能、承担什么样的使命责任和必须发挥的关键作用,聚焦中国企业的科技创新、产业变革和新质生产力的塑造,继续深化改革,改变经济发展范式,实现由要素驱动规模化发展向科技创新驱动高质量发展的重大转变。

（一）

如果给这本书一个明确的时空定位,那么,中美两国经济总量未来发生历史性易位就是最关键的时空坐标。本书的第一章是中美经济总量历史性易位与中国企业面临的发展机遇。这是本书思维脉络的起点,是对中国企业未来发展思考的一个特殊背景介绍,也是承接《重企强国》和《重企强国2》的重要枢纽。在中国全面建设中国式现代化、中国成为全球第一企业大国、中国企业完成历史性整体发展蝶变之后,中国已不可避免地要面对这样一个历史性机遇和现实挑战,即中美两国经济总量发生历史性易位将是历史发展的客观必然趋势，必将给全球带来重大而深远的影响。

自 1871 年以来，美国一直是世界上最大的经济体。150 多年来，没有任何一个国家能够挑战其全球经济霸主地位。但是，随着中国经济的快速发展，在可以预测的未来十年至十五年，中美两国经济总量将发生历史性易位，这将是一个改变世界经济权力结构、产生全球政治关系影响的重大历史性事件，是全球经济格局重大调整和中国强大崛起的重要标志。深刻认识中美两国经济总量发生历史性易位的客观必然性，理性分析这种易位所产生的全球影响，理智地应对其所带来的机遇和挑战，对中国和中国企业意义重大深远。

中美两国经济总量发生历史性易位并不代表中美两国综合实力全面易位，美国在未来相当长的时间里仍然是世界头号强国，特别是在军事、科技、教育等领域将依然位居世界第一，中国全面超越美国仍然任重道远、尚需时日，而且将是一个长期复杂的博弈竞争过程，中国对此要有理性清醒的认识，切忌盲目骄傲自大。但经济对所有国家而言都是基础性和先导性的因素，中国经济总量超越美国，迟早会带来中国全方位的超越。中国企业面临前所未有的发展机遇。

作为《重企强国 3》的第一章，在中美两国经济总量将要发生历史性易位的时代背景下，中国企业需要清醒地认识到这个重大而且无可替代的使命责任，需要认真思考易位前后如何发展、如何发挥特殊功能和关键作用，如何应对中美两国经济总量发生历史性易位前后给中国和世界带来的深刻变化和重大影响，需要勇敢理性智慧地直面这一挑战机遇并勇敢肩负起其带来的使命和责任。

中国企业应该深入思考制定发展战略，全面分析竞争现状和未来发展挑战，提前做好应对准备，将战略重点定位在绝对优势、特殊优势和相对优势上，将中国企业的规模实力、技术创新、产业变革、智慧方案等多种优势聚合起来，通过高水平开放和深化改革，形成更加强大的发展动力和引擎，推动中国经济和世界经济繁荣发展，实现中国经济与世界经济的深度融合，用科学技术革命、产业重大变革和经济发展范式创新，实现对世界经济发展的引领和主导，使美国和西方发达国家既无法也不能与中国脱钩，并与中国保持竞争合作与互利共赢关系。中国企业责任重大，使命光荣。

（二）

关于国家和民族前途的宏大叙事，应当以人民福祉的改善和提升为落脚点。本书第二章是中国式现代化与中国企业现代化。现代化是一个世界性历史范畴的概念，是指从传统农业社会向现代工业社会的转型，是人类社会发展过程中的一种范式，也是人类文明的一种形态。发展是人类社会的永恒议题，文明是人类追求的终极目标，是发展的必然结果。人类以往的现代化，都曾经极大地推动了人类社会的快速发展和文明的繁荣进步，但也不断产生了许多新问题和瓶颈，影响人类社会的可持续发展。

21 世纪以来，世界各国开始重新审视西方式现代化和工业文明，并质疑是否能够成为国家未来发展的方向。中国根据现代化和工业文明的基本原理和发展规律，结合中国国情、长期发展实践和成功经验及其教训，创造性地提出了中国式现代化，这是世界现代化理论、工业文明思想的重大创新和发展进步，是构建世界新型现代化、人类社会发展新范式、人类文明新形态和应对世界共同问题的新方案和新的探索实践，它代表了人类社会发展进步的一种新方向，展现了不同于西方现代化模式的新图景，蕴含着独特的世界观、价值观、历史观、文明观和生态观，为世界现代化提供了一个新的选择，必将成为改变人类社会发展进程的又一次伟大创举。

中国已经全面开始中国式现代化，这是一件对世界有重大影响的事件，它描绘了一个美好的世界新蓝图。现代化是全人类的共同愿望和普遍追求，也是人类社会发展的必然规律。中国式现代化是世界现代化的一种探索和尝试，它为世界现代化提供了一个全新的方式和选择，为解决人类面临的共同问题和挑战提供了中国式方案。中国式现代化的 5 个显著特征以及它丰富动态发展的内涵，标注了中国式现代化的独特性和创新性，也引起了全世界的高度关注和深入思考。

作为本书的第二章，中国式现代化是中国企业必须回答好的最重要的时代命题，因为它将创造一个无比强大而又无与伦比的中国。中国企业是中国式现代化的主要实施者、践行者和主力军，也是中国与世界沟通联系的重要枢纽。要实现中国式现代化，中国企业必须首先实现现代化，中国企业的现代化是中国企业从传统企业向现代企业、从现代企业向未来企业的整体系统性转变，是企业制度、组织结构、生产方式和功能作用的重大变革，是中国企业治理能力和管理水平的一次整体性提高，是中国企业发展质量的一次系统性提升，是中国企业又一次做强做优做大新的发展跨越。中国企业现代化的关键是中国企业制度的现代化、特色化和治理机制的现代化，中国企业发展的现代化、创新化和高质量化以及中国企业管理的现代化和科学化。

中国式现代化与中国企业现代化相互促进、相互成就，中国式现代化为中国企业现代化提供了机遇平台和实现路径，为中国企业全面实现高质量发展奠定了坚实的基础，为中国企业长期价值创造和做强做优做大创造了新的优势条件。中国企业现代化将以更加强大的力量、更加高效地推动中国式现代化发展，两者同时并进、互促互动，将再次创造中国奇迹，并惠及全球。

（三）

高质量发展是人类经济社会发展的必然趋势和时代要求，只有高质量发展才可持续，才能创造长期价值，才能造福人类，才能有效应对和解决生态环境问题和全球气候危机，实现人与自然的和谐共生。实现高质量发展，是由中国经济社会发展的理论逻辑、历史逻辑和现实逻辑所决定的，是中国当前和未来发展的客观要求，也是中国这辆驶向复兴伟业高速列车的一次重要转轨升级。

本书第三章是变革经济发展范式与中国企业高质量发展。未来十年至十五年，是中国绝对优势、比较优势和新发展优势的转换期和塑造期，是中国作为世界第二经济体全面崛起强大的关键期，也是国际格局深度变化和世界秩序的大调整期。这一时期，世界科技革命将实现重大突破，全球产业和经济全球化将发生深刻变革，大国竞争与博弈日益加剧，全球治理体系快速变化，国际格局和全球秩序将面临重大调整重构。认清形势、把握方向，做好对未来世界格局变化趋势及其对中国影响的研判，对中国企业实现高质量发展具有至关重要的意义。

未来十年至十五年，中国将全面实现中国式现代化，中国经济总量将超越美国，成为世界第一大经济体，将再次改变中国、影响世界，并将塑造一个全新的未来。对中国企业而言，这又是一次千载难逢的历史性机遇，也是一次史无前例的严峻挑战。抓住这个新的历史机遇、直面严峻挑战、扛起时代责任，在服务践行中国式现代化过程中，努力实现中国企业现代化和全面高质量发展，既决定中国企业的未来，又构成中国企业未来发展的主流，同时将推动中国以全新的实力和能力引领全球经济发展。需要强调的是，中国企业追求高质量发展的最终目的，不是为了发展而发展，而是以高质量的经济发展带动整个社会的全面发展进步，更好地满足人民的利益、愿望和诉求，更好地满足人民对日益增长的美好生活的需要，给人民带来更大的获得感、幸福感、安全感，产生更大的社会福祉效应并实现共同富裕。

中国企业实现高质量发展是中国实现高质量发展的历史必然和客观需要，而且已经具备了坚实的基础条件和综合能力。中国企业应该深刻认识高质量发展的本质内涵、价值目标和路径方式，强化高质量发展的主观意识和社会责任，中国企业实现高质量发展，需要掌握新科技，开拓新领域，形成新质生产力，创造新发展范式，塑造竞争新优势，创造新价值。

中国企业追求的高质量发展，必须让中国人民过上更健康、更高质量的生活并实现共同富裕，实现物质文明与精神文明协同发展，真正依靠科技创新推动发展，保护生态环境，高效利用自然资源，实现人与自然和谐共生和可持续发展。将绿色低碳、资源循环利用、互利共享共赢作为发展模式，将高效率、高效益，实现利润、价值、财富最大化作为工具手段和目标，实现经济高质量发展。

中国企业实现高质量发展需要创造良好的政策环境和社会氛围，需要具备一定的基础条件和综合能力，不能简单地将高质量发展的路径方式和工具目标当成高质量发展的全部，应当将社会价值目标和路径方法目标统一为一个整体。中国企业的高质量发展之路是在社会价值目标指导下，和整个国家的高质量发展融为一体，而且必须引领中国的高质量发展，因为中国企业既是中国高质量发展的重要组成部分，又是其中的实施主体和主力军。

（四）

中国国有企业自诞生之日起，就显著地区别于其他国家的国有企业。其肩负着特殊的国家使命，承载着繁重的国家任务，寄托着殷切的国家希望。中国国有企业不仅是中国社会主义公有制的主要表现形式，也是中国社会主义基本经济制度的主要属性特征，在中国特色社会主义市场经济中发挥着不可替代的关键性作用，是中国社会长治久安的重要经济基础和物质基础。在中国，认识和理解中国国有企业是一门必修课。

本书的第四章是国有企业改革与中国企业制度创新发展。中国国有企业是在特定历史时期和特殊政治背景下，国家对国民经济发展实行计划与控制的产物，具有经济组织和企业制度之外的一些特殊属性和功能作用，中国国有企业改革不仅是国有企业本身的改革，还涉及国家经济制度体制改革和国家治理体系改革等多个方面。

为了使中国国有企业能够成为中国共产党和中国人民信赖依靠的特殊组织和重要力量，成为能够强国和造福人民的国之重器，中国对国有企业进行了长达半个世纪的改革，并进行了长期连续性的艰苦探索。从改革企业的管理方式到改革企业的经营机制，从改革企业的经营机制到改革企业的领导体制，从改革企业的领导体制到改革企业的制度，从改革企业制度到改革企业功能使命，先后解决了一系列影响制约中国国有企业健康可持续发展的重大体制机制性问题，使中国国有企业从小到大，从大到强，成为国之重器，强国重企，成为支撑国家强大和民族复兴的一种强大力量和特殊组织，成为现代企业制度的一种特殊形态。

改革是中国国有企业发展的主旋律，改革成就了特殊而强大的中国国有企业。持续半个世纪的中国国有企业改革，始终坚持国有企业的独立市场主体地位，始终坚持党对国有企业的领导，始终坚持社会主义的底色，始终坚持两个毫不动摇，始终坚持市场化改革方向，始终坚持增强国有企业的核心功能和核心竞争力，始终坚持循序渐进，探索前行，不断深化，使中国国有企业的改革从局部到整体，从探索性到系统性、协同性并取得了巨大成功，同时也积累了大量宝贵并且极具价值的改革经验和教训启示，为中国企业的全面深化持续改革和用改革的方法推动企业高质量发展提供了有益借鉴。

从 1978 年开始，中国国有企业改革进入了一个全新的历史发展阶段，国家先后启动了自上而下、持续深化的探索。尽管在改革的初期乃至之后相当长的一段时间里，中国国有企业改革一直是摸着石头过河，探索前行，逐步深入，但仍然取得了丰富的实践成果和理论成果，积累了许多宝贵经验和深刻教训，这些宝贵的经验和教训值得我们总结思考和重新审视。如何正确认识中国国有企业的地位作用和功能属性，如何深刻认知企业创造、企业创新、企业创富、企业创世、重企能强国、重企必强国、重企要强国、强国必重企的重大意义，未来如何对中国国有企业进行整体性和系统性深化制度机制改革，将直接关系到中国经济转型升级和创新高质量发展的成功，应该引起中国国有企业的高度重视。

虽然中国国有企业改革近半个世纪，但目前仍然对现代企业的制度价值、组织特征、本质属性、功能作用缺乏系统深刻的认知，对现代企业的强大力量和特殊优势缺乏全面的科学理解，对中国企业的发展规律和巨大潜力缺乏广泛的共识和认同。

改革是贯穿《重企强国》三部曲的一条重要线索，也是理解中国企业发展历程、把握中国企业未来发展的重要抓手。在第三本书中，我们重新深化了对中国国有企业改革和一些重要问题的认知。新一轮全面深化国有企业改革，必须深入贯彻落实习近平总书记提出的"两个一以贯之"重大原则，创新完善中国特色现代企业制度、治理结构和治理机制，深化改革国有企业的功能使命和体制机制，调整优化国有企业的激励约束监督考核机制，通过继续全面深化改革，进一步解放思想、释放红利、激发创造力，突破利益固化的藩篱，增强国有企业的核心功能，提高国有企业的核心竞争力，建立新型的委托代理关系，实现中国国有企业所有权、经营权、控制权三权制衡，管理关系、资产关系、股权关系三方关系协调，业务结构、资本结构、利润结构三套结构合理，盈利能力、发展能力、抗风险能力三项能力匹配。

充分发挥国有企业在科技创新引领，产业变革控制和支撑国家安全中的关键特殊作用，发挥经济发展主导和应急保供托底作用，使中国国有企业为中国加快崛起强大作出新贡献，成为引领中国企业通过制度创新实现高质量发展的中坚力量和领头羊。

（五）

中国是一个拥有五千年灿烂文明孕育和滋养的国度。凝视这个国家以及根植在这片土地之上的人民、历史和文化，如同欣赏一幅美丽的长卷，无论局部还是整体，无论过去还是现在，总有一股升腾不屈的气势和精神。

本书的第五章是中华优秀传统文化与中国企业创造性创新发展。从中华优秀传统文化和文化艺术创造中获取思想智慧和精神价值，促进中国企业实现创造性创新发展是中国企业未来发展的独特优势和永恒价值。文化艺术为我们提供了丰富的精神食粮，高雅的艺术审美、澎湃的激情灵感和丰盈的内心世界，而且以直抵心灵深处的强大感染力，激发我们的思想智慧和对人类及社会问题的敏锐洞察和深入思考，文化无形但具有强大的精神力量，是我们生命生活中不可或缺的重要组成部分。

从历史的纵向深度看，沉淀传承五千年的中华优秀传统文化是中国国家的核心价值和理想信念，是中华民族的心理基石和文化根基，是中国人民的精神追求和做人准则，是中国社会的道德规范和伦理思想，它是中国人民历经千辛万苦上下求索确立的理想信念和共同价值，是中华文明的核心内容和精神支撑，它维系了中华文明五千年从未中断的辉煌。

从时代的多元维度看，中华优秀传统文化通过开放包容、交流互鉴、与时俱进、吐故纳新、扬弃糟粕、注入新质、守正创新，充满着时代精神内涵和世界先进思想理念，至今仍被绝大多数中国人接受认同和自觉传承，成为中国人民新时代进行思想制度创新，推动国家崛起强大和民族伟大复兴，建设人类命运共同体的强大精神力量和智慧源泉。信仰支撑和价值理念是团结维系人心，凝聚稳定人心，激励中国人民抗击一切敌对势力围堵、遏制、打压，实现中华民族自强自立的精神纽带和根基血脉，是中国持续强大不可战胜的底层基因和文化根基。

从全球的宽广范围看，中华优秀传统文化是人类文明的独立分支、特殊形态和宝贵财富，是世界四大文化之一。它既属于中华民族，也属于全世界；它既有古代的辉煌，也有现代的灿烂，还有未来的光明。它跨越国界、连通时空，是世界各国关注研究的重点和学习效仿的榜样。正因为中华优秀传统文化的独特魅力，让世界更加丰富多彩和充满多样之美，成为缓解世界冲突，增进相互理解，建立人类命运共同体的强大智慧力量。这是中华优秀传统文化绵延五千年不中断、具有强大生命力的本质所在。

现代企业是契约的组合、制度的集成，但究其根本，现代企业还是人的集合，是人类创造财富、实现价值追求的共同体。现代企业是一个强大的"枢纽"，它不仅聚合生产力全要素、连通产业链上下游，而且构建社会关系并将个体理性的人塑造为企业员工的整体理性。契约、合同和制度是企业聚合人和塑造人的硬链接，但企业仅仅依靠"硬链接"还不够，人都具有独立的思想意志和不同的思想境界，而且富于情感、饱含理想和精神追求，中国企业需要用中华优秀传统文化、当代中国文化和企业文化作为"软连接""润滑剂"和"兴奋剂"，不断调适人与人之间的关系，充分调动、塑造、激发企业员工的价值创造力和创新激情。

中国企业需要充分利用中华优秀传统文化和当代文化艺术，不断获取思想、智慧、动力、灵感和激情，实现创造性创新发展，这是一种创造新理念、创造新产品、创造新需求、创造新场景、创造艺术美、创造长期价值的高质量发展，是使命信仰驱动的发展，是科学与经济，技术与艺术深度融合的创新发展，是协调和谐快乐的发展，也是中国企业全体员工共同创造、共同成长、共同分享的发展，因而具有世界普遍意义和未来长远价值。中国企业应该借助丰富多彩的人文资源和文化艺术作品直抵人心灵深处的强大感染力和影响力，使其成为中国企业的重要无形资产和强大软实力，成为推动中国企业实现创造性高质量发展的伟大精神力量。

中国文化具有强大的力量，它是人类宝贵的资源，优秀的智慧和先进的思想，是中国最具优势的软实力，中国企业应该深刻认知，倍加珍惜和充分利用，将它持续转化为推动企业创造性创新发展的独特优势。本章的主旨在于，帮助中国企业深刻认知和高度重视中华优秀传统文化的价值作用和重大意义，用好这一独特的"强心剂"和"润滑剂"，增强中国企业的凝聚力和创造力，助力中国企业实现创造性创新发展。

中国企业需要充分利用中华优秀传统文化的思想智慧、价值观念和精神力量，坚定企业员工的理想信念，塑造企业员工的意志特质，激发企业员工的创新灵感，帮助企业员工在创业奋斗中寻找人生价值意义，使中国企业每一个员工都能更加具有智慧和创造力，以增强对企业使命的认知，对企业功能的理解，对企业文化的认同，对企业责任的践行，都能为企业发展竭尽全力，奋发工作，创造价值，与企业共同成长并于企业成为发展共同体。同时中国企业还需要善于将中华优秀传统文化与现代文化进行结合转化，使企业员工更加深刻认知和理解中国企业过去的成功辉煌和未来的使命责任。

中国式现代化和中国特色社会主义制度以及中国企业未来的创造性创新发展，与中华优秀传统文化有着极为深厚的关联性和传承性，中国企业必须坚定文化自信，坚定对未来发展的自信，坚定中国崛起强大和民族伟大复兴的自信。

（六）

数学是认识描述和理解世界的最佳方式。数学既是一种科学知识，也是一种"思维模式"，是世界现代理性文化的代表，是人类伟大的思维创造，是一切自然科学的共同基础，是一门独特的知识体系和赋能工具。数学的本质是探索和发现，是思维和创造，是科学描述认知和解释理解现实世界，探索宇宙运行深层机理，把握事物发展客观规律的科学方法和智能工具。

本书的第六章是数学的思想、方法、思维与中国企业理性精准高效发展。充分运用数学的思想理论、科学方法和思维方式，推动中国企业实现理性精准高效发展是中国企业未来发展的一个重要内容和创新方式。

在世界历次科技革命中，数学都起到了先导性和支柱性的作用。数学不仅是一种科学的知识体系，而且是一种强大的智力能力，它能够培育人类的逻辑思维、抽象思维和创新思维，培养人类发现问题、分析问题和解决问题的能力，赋予人类逻辑推理能力和创造性思维能力，数学能够使我们更好地理解与解释现实世界中的各种事物现象，能够将现实世界中的各种复杂问题转化为数学问题，利用数学工具进行求解，为科学决策提供理性基础。特别是一些改变世界的伟大数学方程，揭示了自然世界中一些基本法则和规律，改变了人类对世界的认知，对人类自身也产生了重大影响。

数学庞大的知识体系中蕴含着许多伟大的思想理论和方法工具，充满着人类智慧、理性精神和科学力量，曾经无数次改变世界并创造奇迹。

世界上任何企业、产业和经济都以系统的方式存在，而任何系统都是一个过程，任何过程又都处在变化之中并以各种状态的方式呈现出暂态和稳态。要描述认知理解企业、产业和经济系统过程和变化状态以及系统、过程、状态之间的数量关系、逻辑机理、发生发展变化规律，必须且只能利用数学中的微分方程或偏微分方程这个最具革命性的工具，这是认知复杂系统问题、进行科学分析决策、优化系统性能的前提条件。

中国企业未来发展中面临的许多问题的决策都可以归集为在一定约束条件下实现目标的最优化决策，而各种最优化决策问题首先必须利用数学的语言，用函数和方程的形式才能精确严谨科学地描述或表达出来，而函数和数学方程表达式通常都由决策变量，目标函数和约束条件三个核心要素构成。随着中国经济高质量发展的全面和深入，中国企业经营和发展过程中的许多最优化问题大多又呈现出多目标，多影响因素，多个不确定性条件下的科学最优化决策，这种情况下要求解最优结果，并做出科学决策，除了应用数学这个万能工具别无他法！

中国企业的领导者和经营管理者或许不需要懂得许多深奥的数学知识和具体的计算证明方法，但至少应该知晓数学的功能和作用，掌握一些重要的数学思想理论、科学方法和思维方式，因为数学不仅是一种科学的知识体系，还是一种重要的思维能力；不仅是一种极具价值的科技创新资源，也是一种生智增慧并赋予人类重要能力的强大思想和科学方法。

数学能使我们了解宇宙运行的深层原理，看懂科学发展的规律，预测宇宙自然和经济社会未来发展演变的方向和趋势。中国企业要实现理性精准高效发展，需要从数学中汲取思想智慧，应用数学思维和科学方法，构建全系统、全要素、全流程、全过程的科学决策体系和生产经营管理体系，为系统科学决策和系统性能优化提供理性基础。充分利用数学建模，将复杂的现实问题进行有效简化并抽象化，不断转化为可以通过数学方法解决的问题，使一些看似无法解决的复杂问题都能转化为可以用科学方法解决的数学问题，这是中国企业实现理性精准高效发展的重要前提和路径关键。

本章不是专门阐述数学的深邃理论和具体的数学计算证明，而是尝试通过借助蕴含在数学中的一些重要的数学思想理论、科学方法和数学思维，给中国企业理性精准高效发展带来一些新的启示，以引导中国企业能够借鉴这些思想理论和科学方法实现更高质量的发展。本章总结选取的一些数学思想理论和数学思维方法，只是庞大数学知识体系中极少的一部分，即使是其中极少的一部分也足以能够引起我们更加重视和深刻认知数学的伟大思想理论和科学方法的重大价值和深远意义，更好地掌握和利用数学这个无比强大的思想武器和科学工具，为拓展中国企业的理性精准高效发展提供新的思维和路径。

（七）

人类生存与发展是人类文明的永恒主题，它高于一切，决定一切，人类所做的一切努力都是为了更好地生存与发展。人类追求美好生活的愿望永无止境，人类解决生存与发展根本问题的终极方案探索也永无止境。这一永无止境的探索过程既给中国企业创造了无限发展的机遇，也让中国企业的无限发展具有了无限价值，沿着这个方向可以永无止境地创新，实现永恒价值创造的可持续发展。

本书的第七章是人类生存与发展的终极问题与中国企业可持续发展。没有人类的生存与发展，也就没有人类文明的萌芽、发展与延续。人类仅靠生存本身不能保障人类的生存，发展是人类生存的最好保障。人类之所以能够在众多生物中脱颖而出，成为地球生物金字塔尖的主宰，是因为人类不仅能够进化自己去适应自然环境，而且还能够主动地去改造自然环境。当人类物质日渐丰富之时，"生存"就不再是推动人类进步的首要动力，"发展"成为人类进步的第一动力。

人类社会的主要矛盾和核心议题已经不是如何维持人类这一物种的生存，而是如何实现人类更高质量的发展和人类文明的永续繁荣。人类生存与发展根本问题大多是终极问题，因为它们是人类本性和本能的反映，它伴随着人类生存发展的始终，具有普遍性和永恒性，其解决方案的智慧设计与长期实施，不仅能有效解决人类当前生存与发展所需，满足人类对美好生活的向往，而且将影响人类生理基因的演化和自然属性的改变，影响人类文化的发展和社会属性的改变，进而影响人类社会结构的改变和社会制度的变革，影响人类文明的演化和形态的改变，最终还可能影响全球生态环境的改变和全球气候的变化。

人类生存与发展根本问题的终极解决方案需要中国企业长期探索创新和持续奋斗。聚焦人类生存与发展的终极问题，不断寻求最终解决方案，能为中国企业创新发展，不断做强做优做大提供持续的发展机遇和内生动力，以及持续不断的价值创造，使中国企业未来的生存和发展拥有永恒的价值。

本章的主要观点是启发中国企业不要把解决人类生存与发展

的根本问题仅仅定位在解决人类吃、住、行、用等具体问题上，而是希望中国企业能够构建更加宽广和长远的视野和格局，通过解决人类生存与发展根本问题终极方案的不断探索和智慧设计与长期实施，不仅高水平地满足人类当前生存与发展的需要，而且能够致力于人类基因的优化提升，人类自然属性和社会属性的改良完善，并且努力建立更加合理的社会结构和文明形态，使人类生存与发展根本问题终极解决方案的设计与实践成为一个促进人类全面发展和人类文明繁荣进步的综合手段，这是人类理性智慧的重要标志和最具价值的"上帝之手"。

中国企业只要沿着这个方向持续探索、开拓创新，不仅能够为解决人类最重要、最值得解决的问题作出贡献，推动人类社会和文明不断向前发展，而且能够实现中国企业自身长期可持续的永恒发展。

（八）

在一定意义上，人类文明代表着人类远离自然的尺度与摆脱自然束缚的力度，但人类文明本身必须而且只能建立在自然与生态的基础之上，没有自然与生态，就不会有人类文明。人类文明自诞生以来，其产生发展演化都与生态环境息息相关，生态兴则文明兴，生态衰则文明亡。世界无论何种文明都概莫能外。因不重视生态环境保护，最终导致人类文明衰败的事例不胜枚举。

自然界中大多数生态环境都处于脆弱的平衡之中，任何一个关联要素的改变或丧失都会导致生态环境的平衡破坏和功能丧失，生态环境问题古已有之，但直到近代才被人类科学认知和高度重视。

本书的第八章是人与自然和谐共生与实现中国企业生态化可持续发展，与中国企业生态化可持续发展。人与自然生态环境是生命共同体，是一个比纯自然系统更为复杂的综合生态环境系统。人与自然生命共同体共同构成了人类生存与发展的物质基础，也构成了人类文明生存与发展的物质基础。纵观人类文明演进发展的历史，大多数文明在经历了短暂的繁荣之后都走向了衰亡，总结其中的原因，最重要的都是因为人类文明所处的生态环境遭到了严重破坏和深度改变。

良好的生态环境自古以来都是人类文明发展演进的基础和决定性因素，也是先进人类文明的重要标志。人类文明的进步不仅在于建设了辉煌的物质财富成果和优秀的精神文化成果，还在于我们对待自然生态和生物重要性的认知和伦理关系上，在于我们对待大自然的公平索取和合理给予上，在于我们人类理性认识到，我们同一切生物相互依存、密不可分，都具有同等独立的生存权。如何在发展中保护生态环境，不断改善人与自然的关系实现人与自然和谐共生，一直是人类努力探索的科学发展方式和人类文明追求向往的目标。

现代生态理论强调生态系统的整体性与关联性，强调生物的多样性和生物功能的稳定性，强调人与自然的和谐共生，强调对生态环境的保护和持续利用，强调保护自然，改造自然，利用自然。近代以来，随着人类经济社会的快速发展，大量人造物不断嵌入自然生态系统，如何保护修复大量人造物嵌入后的新自然生态系统，使之实现新的平衡稳定发展并形成更加强大的生态功能，是当今世界面临的一个新的课题和严峻考验。

人类道德进步的历史，也是人类道德关怀对象不断扩大的历史；人类文明发展的历史，也是人类生态观念不断进步的历史。人类必须摒弃人类中心主义的世界观和生态观，构建以人为本，以生态为中心的世界观，将以人类为主体的自然生态系统的整体利益最大化作为出发点和归宿，有效应对当下的生态环境危机和全球气候变化，从更大范围、更加长远的视野格局科学规划人类未来的发展方向和路径方式。

构建企业和产业生态是提高中国企业和产业系统功能、整体效率和控制能力的一种重要方式。借鉴生态系统的理念、功能和机制，构建多企业、多产业组成的相互依存、和谐共生的经济系统，使这个系统像生态系统那样具有特殊的经济功能属性，而且具有特殊柔性和发展韧性，同时还具有自我发展演化完善的能力，是一个全新的课题。中国已经是全球企业数量最多和产业体系规模最大最完整的国家，如果能够使所有的中国企业能够在现在独立发展的基础上，构建一个庞大的生态系统，使生态系统中的各个企业能够相互依存、相互配套，更加善于与其他企业合作共生、发展共享，互利共赢，能够更加有效利用企业集体的力量，发挥企业各自所长和独特优势，充分调动各个企业的积极性，进而带动全社会相关产业或上下游企业形成更加稳定庞大的人造自然生态系统，形成创新、研发、生产、制造一体化的强大整体功能，其价值和意义将无与伦比。

中国企业未来要实现高质量长期可持续发展，必须重新认知保护生态环境的重要意义，重构新的生态理念，走出一条具有中国特色的更高层次的生态化可持续发展之路，将习近平生态文明思想长期贯彻落实到企业经营和发展中，牢固树立科学发展观和高质量发展理念，在保护中发展，在发展中保护，守住中国各条生态环境保护的底线。按照生态保护优先，重构中国城市和乡村的人居、产业和生态三个空间，实现生产要素、生活要素和生态要素的科学高效配置，单位空间产出最大化和单位空间能耗排放最小化，逐步实现经济、社会、生态三个空间效益最大化。从空间上确立生态最佳结构和人与自然的最合理关系，为每一个区域要素配置最优、效率覆盖最高、经济布局结构最合理、生态环境功能最佳且持续稳定地奠定空间结构基础。

连通江河湖库，构建跨流域水网，以水为基、以水定地、以水定产、以水定城，实现跨时空调配水资源和水资源综合利用效益最大化；在此基础上，实行"水风光氢储"多能互补，构建新型绿色能源体系和新型电力系统，为中国实现高质量生态化发展奠定水资源和清洁能源基础。

"百年未有之大变局"赋予了正在从"大起来"到"强起来"的中国企业一个前所未有的历史发展机遇。中国企业要抓住这个机遇并不简单，需要勇气、需要实力、需要智慧，更需要创新实践。中国要想在新的全球化和塑造新的世界秩序中发挥引领作用，就需要中国企业在全球产业分工中发挥主导作用，这就要求中国企业要从国际分工的中低端加快走向中高端，必须在科技突破上创造中国新优势，必须在继承优秀传统文化的基础上塑造新型中华优秀文化的影响力。

中国企业已经发展强大，而且已经具备了创造先进技术和长期价值、引发变化和控制变化、创造稀缺资源和提供公共产品的强大能力，拥有了改变中国、影响世界、塑造未来的强大力量，未来还将具备形成新质生产力、构建新发展范式、引领主导世界经济发展的实力和影响力，肩负推动中国崛起强大，中华民族伟大复兴，建立人类命运共同体的神圣使命。如果中国企业不能清醒地认知自己已经拥有的强大能力和肩负的使命责任，不能正确地掌握和发挥自己的特殊功能和强大作用，不清楚自己当下和未来应该如何更好地去创新发展，不继续努力拼搏奋斗，不敢担当、主动作为，不谦虚谨慎，故步自封、孤芳自赏，停止创新和对创新的持续投入，新的重大风险将莫过于此，中国企业也将因此而丧失未来最大的发展机遇，甚至造成无法弥补的失误和永恒的遗憾。

是为序。

目　录

重企强国③

第一章
中美经济总量历史性易位与中国企业面临的发展机遇

中美两国经济总量发生历史性易位具有客观必然性和全球影响，中国企业需要深入思考和智慧应对。自 1871 年以来，美国一直是世界上最大的经济体，150 多年来，没有任何一个国家能够挑战其全球经济霸主地位。随着中国经济的快速发展，未来十年至十五年，中美两国经济总量将发生历史性易位，这将是一个改变世界经济权力结构，产生全球政治关系影响的重大历史性事件，是中国强大崛起和全球经济格局深度调整的重要标志。深刻认识中美两国经济总量历史性易位的客观必然性，理性分析这种历史性易位所产生的全球影响，智慧应对其所带来的机遇和挑战，对中国和中国企业意义重大深远。

一、中美两国经济总量历史性易位的客观必然性

经济总量是一个国家经济实力和综合国力的重要标志和直观体现，具有重大的基础性价值和溢出性效应的显著表征意义。中国经济总量在可预见的未来将超越美国经济总量是一个历史发展的大趋势。我们可以从以下几个方面分析这一趋势的客观必然性。

中国经济总量超越美国经济总量具有许多特殊的基础性因素，正是因为这些特殊的基础性因素，使中美两国经济总量发生历史性易位成为一种客观必然性事件。巨大的人口规模基数，超大规模而且具有巨大发展潜力的全球第一大市场，齐全完备高效的全球最大的工业制造生产体系，多元化高素质的人才储备，丰富的技术创新应用场景，国内国际双循环发展格局，全球最多的世界 500 强企业和世界领先的数字经济，全球最高的储蓄率和巨大社会金融资本潜力，中国特色社会主义制度以及持续发展的强大内生动力和创新活力，购买力平价的中国经济总量已经超越美国等，这些独特的基础性因素共同为中国经济总量超越美国经济总量奠定了重要基础和前提条件。

（一）人口规模是中国经济总量超越美国的独特优势

中美两国虽然具有完全不同的政治制度和经济体制，但从天然禀赋情况来看，中国和美国都是国土面积大国、自然资源大国，美国在科技、教育、军事等方面具有更加强大的比较优势，中国在人口规模和产业化能力上具有独特优势。特别是在中国庞大的人口规模基数中，中等收入群体占全部人口比例已经超过了

33%，达到 4.6 亿人左右，超过了美国人口总量。而且，中国的中等收入群体占比和总量仍在不断快速增长，这是中国经济充满竞争力的重要特征。

中国拥有全球产业分工协作体系和产业门类最齐全的大国规模经济优势。以人口规模为主要竞争力的中国规模经济，意味着其每一个专业分工协作产业，都能够实现规模化发展、产业化生产和市场化经营。中国总人口是美国总人口的 4 倍多；中国超大市场规模已经超越美国，据估算，中国市场规模已经超过 6 万亿美元，而且还在不断发展扩大；中国拥有全球最大的市场主体和最多的世界 500 强企业，这两者数量都已经超越美国；中国拥有全球最完整的工业产业体系和全球最大的工业生产制造能力，制造业增加值已经相当于美日德三国之和；中国还具有较高素质的庞大劳动力、人才储备以及最大规模的中等收入群体，大学 SMET[1] 专业每年毕业生是美国的 2 倍。这些高素质人才为中国经济总量未来超越美国经济总量奠定了最重要的人才基础，并进一步强化了中美两国经济总量历史性易位的必然性。

中国具有较低的市场化成本，具备新技术、新业态快速产业化的优势。由于新技术产品研发费用大而初始产品市场价格高，消费人口规模大就决定了新技术、新产品和新产业的市场化速率和效益，人口规模越大、消费能力越强、消费层次越多，越有利于实现"以大市场换大产能、以大产能降低成本、以低成本促创新发展"的良性产业发展循环。比如以色列，技术创新能力很强，但人口规模只有 800 多万，其许多新技术的应用推广和产业化，

---

[1] STEM 教育最初被称为 SMET，指科学（Science）、数学（Mathematics）、工程（Engineering）和技术（Technology）学科。

需要到美国、中国、印度等人口规模和消费需求规模较大的国家去实现。

任何一种产品都有其明确的消费群体和对应的消费层次，在发展程度不同的国家中，这种消费层次的比例大致相同，但不同的是，同样的消费层次占比乘以不同的人口规模基数就会产生截然不同的市场规模。中国是 14 亿人口的大国，许多新技术产品的产业化一开始时就能够以较低的产品定价进入中国市场，获取市场关注、积累品牌认知、快速摊薄初期研发费用和生产成本。

中国以超大人口规模为基础的贸易和资金流动规模大，交易成本低，竞争力强，并且具有较强的抗风险能力，在国际竞争中容易形成规模优势。一国货币在全球流通量越大，其可以获得全球流通所形成的铸币税利益越多，贸易收益和金融收益也越多，在国际资本市场上发行国债的利率也就越低，在汇市和资本市场受到投机冲击时，资金集中的规模也越大，应对的底气也越足。国际直接投资量越大，进出口规模也越大。国际直接投资普遍看好中国未来新兴产业和居民消费升级的需求，看好中国不断成长的文化、旅游、教育、医疗、健康和养老等服务业市场前景，投资中国就是投资未来已成为国际共识。中国不仅可以通过大力发展新兴产业，通过高水平对外开放服务业，通过毫不动摇坚持发展个体、私营经济和混合所有制经济，而且可以通过开放市场和改善营商环境来吸引更多的国外直接投资进入中国，促进中国新兴产业的发展，并快速形成新的经济形态。

（二）中国国家资本和社会财富快速积累，具备了大规模投资的能力和创造新财富的能力

经过近半个世纪的持续、快速发展和逐步积累，中国拥有的国家资本已经高达数百万亿元人民币，中国国有企业已经拥有全球最大的综合投资能力和创造财富能力，中国国家外汇储备长期高达 3 万多亿美元，位列全球第一。据汇丰银行预测，到 2025 年，中国家庭财富总量将超过 900 万亿元人民币，其中 1/3 可用于投资。中国家庭财富的复合增长率已经高于 GDP 增速，中国国家资本和社会资本这两股力量的结合，将汇聚成为推动中国快速崛起、帮助广大发展中国家实现现代化，进而造福全球的强大力量。

（三）中国式现代化将创造中国经济发展的新动能和新优势

中国式现代化将改变西方现代化导致的多种弊端，突破西方工业革命发展至今形成的天花板和瓶颈，以全新的理念和方式，创造新的发展领域和增长空间，新的产业、新的业态和新质生产力，新的发展机遇和发展红利，将构建一种全新的发展范式，形成新的发展动能、新的增长机制和新的发展优势，推动中国在新的起点上实现更高质量的发展。

中国式现代化，是工业化、城镇化、农业现代化和信息数字化依次推进、逻辑串联、四化交错的协同进程，将是发展与人口、资源、环境，经济与社会系统整体性联动的过程，将以 14 亿总人口整体迈向现代化社会并逐步实现共同富裕，这是人类历史上绝无仅有的伟大创举，将形成新的强大动力持续推进中国快速发展。

（四）中国经济已经全球化并同全球经济深度融为一体

中国目前是世界上 120 多个国家中最大的贸易国，是全球大多数产业链的"链长"和供应链的"链主"，是吸引外资最多、最有投资价值的国家之一，中国多年来一直被誉为"世界工厂"，是全球经济增长的强大引擎，每年对全球经济增长的贡献率超过 30%，这是全球产业分工和经济一体化的必然后果，也是世界各国利益最大化的理性选择，反映了平等互利、合作共赢的时代发展规律。

自工业革命以来，中国经济从来没有像今天这样深度融入全球经济，世界也从来没有像今天这样深度依赖中国经济，中国的崛起是世界的机遇，中国经济发展为世界带来福祉。建立在国内国际双循环、新发展格局基础上的中国经济更加具有发展活力和韧性。中国经济不仅为全球经济发展提供机遇和红利，而且也能够高效地吸纳和有效利用全球的资源、市场、技术和资本发展中国经济，极大提升了中国经济在全球的竞争力和发展潜力，成为推动中美两国经济总量易位的重要条件。

（五）按照购买力平价，中国经济总量已经超越美国

购买力平价（Purchasing Power Parity，PPP）是由瑞典经济学家古斯塔夫·卡塞尔提出的，它是指在同一时期不同国家的综合消费水平。购买力平价是国际上评价一国经济总量的重要指标，它是建立在实体物质生产消费能力基础之上的一种客观评价，剔除了汇率变化的影响，按照购买力平价计算，中国经济实际规模已经超越美国，这说明中国经济已经具备了超越美国经济总量的

物质基础和综合实力。

大国之间综合实力的变化最终都将体现并依赖于经济实力的变化，从中美两国经济总量看，如果按照购买力平价计算，中国经济总量在 2014 年就已经超过美国，按照汇率计算，无论用生产法、支出法还是收入法，中国当前的经济总量约为 18 万亿美元，相当于美国当前经济总量的 72%。根据世界银行发布的最新信息，2023 年，按照购买力平价计算，中国的经济总量为 30.32 万亿美元，占全球的 23.2%，超过美国 23.16 万亿美元。从发展趋势看，按市场汇率计算的中国经济总量可望在 2030 年左右超越美国，按照购买力平价计算的中国经济总量届时大约为美国的 2 倍。

按照主要工业产品产量和工业增加值数据分析测算，中国经济实力被严重低估，中国经济总量中的结构性巨大差异和实体经济优势未得到真实的体现和反映。2023 年，中国造船业年产量为 4 232 万吨，美国为 60 万吨；中国水泥年产量为 20.23 亿吨，美国为 1 亿吨；中国钢铁年产量为 13.6 亿吨，美国为 0.7 亿吨；中国年发电量为 9.2 万亿千瓦时，美国为 4 万亿千瓦时；中国汽车年产量为 3 016 万辆，美国为 1 000 万辆；中国粮食年产量为 7 亿吨，美国为 5.7 亿吨，这些数据都表明，中国的经济实力特别是主要工业产品产能和产量已经远远超越美国。2022 年，中国的工业增加值占全球工业增加值三成以上，超过了美日德三国之和，600 多种主要工业产品的中国产量已经超过全球总产量的一半以上。中国是当今世界唯一的工业超级大国。整个工业领域，特别是制造业领域，除芯片等极少数高端制造业外，中国都已经超越美国，并已建立起多元、自主的产业链、供应链和产业生态，同时确立了长期的世界主导地位。

英国杂志《经济学人》的"汉堡指数"算法也证明了中国经济总量已经超越美国。世界很多国家都有麦当劳，而且都有标准化的经典产品：巨无霸汉堡。巨无霸汉堡是高度标准化的快餐，用多少克的牛肉、几片奶酪甚至几片蔬菜都有全球统一的标准。有些经济学家就把巨无霸价格当作一个标杆，计算各个国家的老百姓需要工作多长时间，才能买到一个巨无霸汉堡。《经济学人》杂志在1986年发明这个经济游戏，原本是用来衡量某个国家货币的购买力、工资水平，以及经济发展水平。相比巨额数字表述的经济总量，这个指数更能让老百姓直观地感受到自己国家货币的"实力"。

2019年，一个麦当劳巨无霸汉堡，在中国卖21元人民币，在美国卖5.71美元。按此计算，1美元相当于3.8元人民币。根据这个比率，中国在2019年就实现了99万亿元人民币的经济总量，相当于26万亿美元，超过了美国当年21.4万亿美元的经济总量。

《经济学人》还写了一句略带嘲讽意味的话：麦当劳曾是美国经济实力及其跨国企业的象征，但现在，汉堡指数却昭示着，美国的巨无霸实力正被中国超越。汉堡指数从诞生至今，其实一直存在很大争议。有人说它太片面，有人说它无法反映真实的货币水平，但它在衡量一个国家的经济实力方面，至少给我们提供了一种看问题的角度。

关于中美两国的经济总量，经济学界一直有各种预测。以2022年中国国内生产总值大约为美国的72%为基础，假设中国经济增长率为 5% 左右，美国经济增长率为 2.2% 左右，人民币和美元保持当前的真实汇率，据此计算，中国将在 2029 年追上美国经济总量或者只要中国的人均收入接近美国的 1/4，就能实现中国经济总量超越美国的目标。

（六）中国经济总量超越美国是多家西方智库科学预测得出的共同结论

"百年未有之大变局"的根源在于世界主要大国经济实力的变化。1900 年，八国联军（英国、美国、德国、法国、意大利、俄国、日本、奥匈帝国）攻打北京，当时这八个国家的经济总量占全世界经济总量的 50.4%。第一次世界大战后，奥匈帝国解体，加拿大上位，变成后来代表西方主导世界政治经济秩序的八国集团（G8）。2000 年，G8 的经济总量按购买力平价计算，占全世界的 47%；如果按市场汇率计算，占全世界的 66.4%，可以说整个 20 世纪，全世界的政治经济都由这八个国家来主导。尤其是美国一家独大，2000 年，美国的经济总量按照购买力平价计算，占全世界的 21.9%；按照市场汇率计算，占 30.6%。

进入 21 世纪，世界格局发生了巨大变化。2018 年，八国集团的经济总量占世界的比重下降至 34.7%。其中，美国下降至16%。造成这种巨大变化的原因，主要是中国改革开放以后经济的快速增长和一批新兴国家的快速崛起。过去 40 多年里，中国经济平均增长速度为 9.2%。2014 年，按照购买力平价计算，中国的经济规模已经超过美国。按照市场汇率计算，中国将在 2030 年左右超过美国。

自 2018 年以来，随着中国经济的快速发展，中美两国之间经济总量差距逐步缩小，全球多家智库依据中美两国经济总量、经济增长速度、汇率变化以及其他重要因素，根据不同的数学模型进行科学预测，都得出了中国经济总量将超越美国经济总量，成为世界第一大经济体的结论。2020 年，英国智库经济与商业研究中心发布的报告指出，中国将于 2028 年超越美国成为全球最大经济体。

尽管各家在预测中国实现这一目标的时间上有差异，但中国经济总量超越美国的基本结论都是肯定和一致的。中国 2022 年的经济总量大约相当于美国经济总量的 72%，而中国目前的经济发展速度是美国平均增长速度的 2 倍，在世界保持和平与总体稳定的大前提下，中国经济总量赶超美国只是个时间问题，大概率将在 2030 年前后实现。

（七）中国经济总量超越美国是中国在更高水平上的历史回归

在中国发展的历史长河中，中国经济总量曾长期位居世界第一。根据史料估算，从唐朝、宋朝、明朝、到 1775 年清朝中叶，中国都是全球最大的经济体，经济总量一直位居世界第一，直到 19 世纪末美国才占据了世界第一的位置。随后中国经历了几百年的贫穷落后。新中国成立后，特别是改革开放以来，中国经济总量先后超越亚洲四小龙，随后又超越英法德三国，并于 2010 年超越日本，连续不间断地超越发达国家。目前中国经济已经超越了除美国以外的所有发达国家，而且经济总量数倍于这些国家。

未来中国超越美国成为全球第一大经济体，不是重复 1775 年的全球第一，而是在一个更高的水平上，更高的层次上，以全新的科学技术、制度机制、发展质量、产业结构和经济能力基础上的全面超越，这种超越将具有显著的时代特征和强大的生命力，而且代表着未来的发展方向和巨大潜力。

我们还可以通过分析得出其他许多中国经济总量将超越美国的基础性因素和优势条件，但上述因素已经充分说明了这种发展的客观趋势和必然性。我们进行这样的分析，不仅是为了增强自豪和自信，而且是需要更加理性地思考，更加冷静地审视世界大国经济总量易位所带来的经验教训、重大影响，提前思考和谋划中美两国经济总量易位所产生的挑战、机遇和应对措施，平稳过渡重要历史节点，实现和平崛起。

未来十年，中国崛起成为世界第一大经济体是一个大概率事件和世界经济发展的一个大趋势。中美两国经济总量易位后，中国与美国、中国与世界各国之间的关系以及全球资源分配、利益格局和地缘政治都将面临重大调整变化，中国不能对中美两国经济总量历史性易位过于乐观，也不能不予重视，需要更加理性的战略思考和智慧应对。

二、世界大国经济总量易位及启示

自 1500 年以来，世界新崛起的大国挑战现存大国的案例一共有 15 例，其中发生战争的有 11 例，最显著的就是德国。德国统一之后，取代英国成为欧洲最大的经济体。

世界大国经济总量易位过去已经发生过多次，未来还将继续发生，这是人类社会不断发展进步的一种正常现象。截至目前，世界上还没有哪一个大国能在风平浪静中走向繁荣兴盛，大国崛起总是伴随着国际秩序的重塑和国际关系的调整，大国之间的相互超越和易位，影响都是巨大的，其经验和教训值得我们重视和思考。

（一）美国经济总量超越英国，完成全球霸权交接

第一次工业革命后，英国曾长期位居世界经济霸主地位。19世纪中后期至20世纪中叶，第二次科技革命成果的广泛应用，使大国生产力水平实现了快速提升；两次世界大战使美国与欧洲大国的实力对比发生深刻变化；平等、民主与反殖民主义的价值观逐渐占据国际关系的道德高地，导致以殖民地为基础的传统霸权体系逐渐崩溃。在前所未有的世界大变局下，美国抓住第二次世界科技革命与两次世界大战的有利时机，不断提升自己的综合国力与国际影响力，最终取代英国成为新的世界霸主。

与历史上崛起国与守成国之间的权势转移主要通过两国之间的直接战争实现方式不同，在英美霸权转移过程中，两国之间不仅没有发生战争，而且在两次世界大战中都作为重要的战略盟友共同战斗。英美霸权的"和平"过渡，为崛起国与守成国权势转移过程中如何避免"修昔底德陷阱"提供了一个经典案例。

纵观近代以来大国力量的消长，一个国家能否成长为世界大国，不仅在于其是否拥有超强的国家实力，也在于其能否制定和

实施与其国家实力相匹配的国际战略。成功的国际战略在推动国家实力向国际影响力转变的同时，能够为大国崛起提供有利的国际环境，从而为大国成长提供重要保障。制定和实施成功的国际战略，是美国实现国家崛起和避免"修昔底德陷阱"的一个关键因素。

美国建国初期一直奉行"孤立主义"政策，借助英国力量维护美洲安全秩序，集中精力进行国内发展。第二次工业革命带来国际格局和国际秩序的显著变化，对美国崛起产生了重大影响。首先，英美两国实力对比发生重大变化。美国在工业产值和工业核心竞争力上赶超英国，但英国凭借其强大的海军实力和庞大的海外殖民地仍然保持着巨大的金融优势和贸易优势。其次，第二次工业革命极大地推动了美国工农业的发展，国内市场已经不能满足其工商业发展的需要，积极拓展美洲市场成为国内的共识。最后，美国周边环境发生巨大变化。第一次世界大战前，德国要求根据经济实力重新瓜分世界，不断挑战英国的势力范围，英国为应对来自德国的巨大压力被迫从非核心利益区——美洲地区撤退，为美国的地区性扩张留下巨大战略空间。

第一次世界大战重塑了国际格局和国际秩序，对美国产生了两个重要影响。一是加速了英国的衰落和美国的崛起，美国在综合国力上逐渐反超英国。美国在经济领域和科技创新领域形成了突出的优势，军事实力也明显上升。二是提高了美国的国际影响力。第一次世界大战以前，美国虽然在经济领域取得了巨大成就，但仍处于大国体系的边缘。第一次世界大战中美国的参战成为协约国取胜的关键力量，为其登上世界舞台提供了重要契机。

第一次世界大战带来国际格局的大洗牌，英国出现明显的局部衰退，实力大增的美国则通过有效的国际战略将国家实力转化为国际影响力优势。美国利用英国经济衰退的契机，抓住欧洲法西斯势力增长威胁英国安全的战略机遇，凭借其软硬实力削弱英国霸权，世界霸权的天平开始向美国倾斜，但这一时期美国的实力还不足以完全颠覆以英国为中心的国际秩序。

美国的强大不仅在于其经济总量大，而且在于它的经济结构具有显著的优势，它控制着全球产业链的前端、价值链的高端，实现了国家经济向全球经济的转型，美国经济不仅是经济全球化的领头羊，而且影响着经济全球化的发展方向，拥有从经济全球化中汲取财富的能力，它的全球霸权地位更进一步巩固了其经济影响力和控制力，为美国企业实现全球垄断提供了保护。

不同于世界上其他国家，英美两国有着深厚的历史渊源，而且语言、宗教、文化、价值观相近，尽管这样，英美霸权转移仍具有很大的借鉴意义。

第一，大国成长需要制定与本国实力相匹配的国际战略，并在复杂的国际环境中保持战略定力。大国成长是一个长期的过程，经济实力并不是国家实力的全部，经济实力的领先，并不意味着整体实力的领先和经济发展水平的先进。美国在经济实力超越英国后，并没有急于采取措施挑战英国权威，而是保持强大的战略定力，继续韬光养晦、不断扩充实力。即使在巴黎和会上英国遭遇失败，美国也没有采取冒进行为，而是努力提升与巧妙运用其软硬实力，直至第二次世界大战后欧洲国家普遍进入衰落期，才最终从英国手中接过世界霸权。英美两国全球霸权的易位说明，实现大国成长除了要对国家实力和国际格局进行准确评估外，还需要拥有在大变局中处理复杂国内外形势的战略定力。需要克服短期行为的诱惑和冲动，以理性超然的心态看待成长过程中的顺利和挫折。

第二，妥善处理大国间的结构性矛盾和张力是大国成长必须直面的重要问题。在国际社会中，守成国与崛起国之间面临深刻的结构性矛盾。大变局中国家间力量对比发生结构性变化，必然引发原世界霸主的焦虑。成长中的大国能否处理好同其他世界大国，特别是协调与守成国之间的关系，巧妙化解国家间的结构性矛盾和张力，对本国顺利崛起具有关键意义。在英美霸权转移过程中，英美两国在重大国际问题的应对中总体能够实现合作。英美竞合关系的形成一方面由当时的世界政治格局所塑造，另一方面是美国制定与实施了正确的对英战略。美国采取不直接损害英国核心利益、通过制度手段解决英美矛盾、加深英美相互依存程度的策略，大大降低了双方发生直接冲突的可能。虽然守成国与崛起国之间的结构性矛盾难以避免，但一些结构性矛盾的性质和处理结构性矛盾的空间也会随着国家间力量对比的变化而变化，大国成长需要拥有处理大国间结构性矛盾和张力的战略谋划与智慧。

第三，世界大国成长需善用软实力和巧实力等柔性力量，避免两败俱伤。大国国际战略目标的实现，单纯依靠硬实力或单纯依靠软实力都难以顺利实现，必须将两者结合起来灵活使用。在世界霸权转移过程中，美国不仅采取军事、经济等硬实力手段，不断扩展美国势力范围，而且深刻认识到软实力的重要作用，致力于向外传播美国价值观和制度，提高美国对外行为的合法性，最终构建起体现美国国家意志的国际新秩序，奠定美国制度性霸权的文化基础。与此同时，美国善于抓住国际机遇，主要是借助英国实力的衰落和英国同欧洲大国之间的矛盾冲突，通过讨价还价等方式进一步扩大自己的优势，最终实现国家实力的全面超越，完成英美霸权的和平转移。

（二）经济实力的差距是苏联在美苏争霸中落败的主要原因

美国和苏联是冷战时期的两大超级强国。为争夺世界霸权，两国进行了长达数十年的激烈角逐。最终，苏联输给了美国。美国之所以能够获胜，其中最重要的一个原因就是美国拥有强大的经济实力，而且远远超过苏联，美国依靠强大的经济实力最终拖垮了苏联。

美国是当时世界上经济实力最强的国家，不仅拥有强大的工业、发达的科技，而且拥有美元金融霸权，其经济实力远远超过苏联。第二次世界大战结束时，美国的经济和工业一度占到全球的一半左右，黄金储备更是占到了世界的 75%。

第二次世界大战后，苏联经过一段时间的恢复，经济实力不断增强，和美国的差距逐步缩小，但美国在经济上始终对苏联保持着领先优势。由于苏联当时属于计划经济，很难用 GDP 的规则进行统计，加上苏联数据的不透明，无法准确地计算当时苏联的经济总量。因此，人们对苏联的经济总量一直存在争议。苏联认为自己的经济总量达到了美国的 70% 左右。而西方各国则认为，苏联的经济总量只相当于美国的 40% 左右。尽管双方的估值差距很大，但有一点毋庸置疑，那就是苏联的经济始终远远落后于美国。即使按照苏联的说法，苏联的经济总量也不过是美国的70%。从理性的角度估计，苏联当时的经济总量大约为美国经济总量的50%～60%。

1975年被认为是苏联经济实力最接近美国的年份。但根据1975年公开的资料显示，苏联当年的经济总量为6 859亿美元，仅次于美国，位居全世界第二。而美国在1975年的经济总量为16 889亿美元，美国经济总量比苏联足足多了60%。如果按照购买力平价测算，苏联经济总量估计能达到美国的50%～60%。在20世纪70年代，苏联在经济、军事等领域达到了巅峰，但也仅为美国的一半左右。进入80年代，苏联开始走下坡路，其经济被日本超越。此时，苏联和美国的经济差距进一步拉大，到80年代末，苏联的经济总量已经不到美国的1/8。

苏联在经济上始终与美国存在着非常大的差距，论财力和经济，苏联根本不是美国的对手。如果考虑到美国还拥有日本、德国、英国、法国等一大批经济实力雄厚的盟友，双方的差距更大。很明显，在经济方面，以美国为首的西方阵营具有压倒性优势。到80年代中后期，日本、德国、英国和法国的经济总量都已经超越了苏联。这也是苏联输给美国的重要原因。由于财力不济，在和美国的争霸中，苏联不堪重负，负债累累，加上苏联自己内部的问题和固有矛盾，最终被美国拖垮。苏联试图通过强大的军事力量来压倒美国，但明显不现实。美苏争霸不仅是军事力量的比拼，更是经济和财力的比拼。拼到最后，囊中羞涩、无以为继的苏联撑不住了，最终解体。

（三）日本经济崛起与日美经济摩擦的启示

第二次世界大战结束后，美国因为在两次世界大战中本国经济没有受到较大的影响，并且获得了大量的军事订单而大发战争财，超越英国，成为世界第一强国。无论是政治、军事还是科技，美国都位于世界前列。日本虽然在第二次世界大战结束后一穷二白，但借助于朝鲜战争，日本也大发了一笔战争财，国内企业蒸蒸日上，为日后企业的快速发展积累了第一桶金。朝鲜战争期间，由于日本得天独厚的地理条件，美国在第二次世界大战后迅速改善了与日本的关系，给予日本大量的军事订单，极大带动了日本经济的复苏和国内相关企业的发展，两国的贸易量与年俱增。朝鲜战争结束之后，日美两国的贸易不但没有停止，反而越来越大。

1960 年，美国的经济总量达到了 5 433 亿美元，日本的经济总量仅为 443 亿美元，只相当于美国经济总量的 8.3%，完全没有挑战美国世界第一经济强国的可能。同时冷战时期为了应对苏联的挑战，美国也将战略重心放在欧洲，大力扶持欧洲和日本进行发展，扩大自己的盟友范围。

1980 年，日本超越德国成为当时西方第二经济强国，经济总量达到 1.11 万亿美元，为美国经济总量的 40%，而且经济增速是美国的三倍以上。同时苏联经济一蹶不振，已经无力再与美国抗衡，美国便开始着手打压日本经济的发展，不断增强日美之间的贸易摩擦。1990 年，美国已经基本取得冷战的胜利，而日本经济总量已经接近美国的容忍红线，占比达到了美国经济总量 60%，美国世界第一经济强国的地位开始受到来自日本的严重挑战，由此也揭开了日美贸易摩擦最激烈的阶段。随后，美国召集包括日本在内的国家签订了《广场协议》，这份协议使日元大幅升值，由此导致日本国内经济泡沫迅速扩大。最终日本经济泡沫破裂，经济崩溃，再无力与美国抗衡。

《广场协议》实施以后，随着日元的大幅升值，日本国内大量资本涌入楼市和证券市场，同时大量日本资本在海外进行大规模的地产和不动产并购投资。然而这一切的繁荣都是建立在泡沫经济的基础之上。1995 年后，伴随着日本经济泡沫的破裂，日本经济开始进入了长时间的萧条期，产业竞争力也开始急剧下降，国内产业空心化趋势逐渐显现。屋漏偏逢连夜雨，此时中国、越南、缅甸等国家由于劳动力成本较低，大量劳动密集型的产业开始由日本向这些国家转移，由此减少了美日在劳动密集型产品方面的贸易，美国对日本的贸易逆差占美国总体贸易逆差的比重开始不断下降。到 1996 年，日本在美国对外贸易逆差中的占比已经由峰值时超过 50%，降低至 28.1%。随着日本在美国对外贸易逆差中占比的不断降低，以及日本产业规模的进一步下降，美国开始将矛头指向中国等新兴市场，日美贸易摩擦也随之结束。

当今世界正处于"百年未有之大变局"的关键时期，美国作为当今世界第一强国，不断从经济、政治、军事和外交等方面对中国开始进行打压，试图以此遏制中国的发展，维护自身世界第一强国的地位。

从 2018 年开始，美国挥舞"关税大棒"，对中国商品进行贸易制裁。作为回应，中国商务部也宣布对部分美国商品增加关税，以此作为中国的反制手段。中国和美国作为当今世界的第二和第一经济大国，两国间的贸易摩擦势必影响两国的经济发展和世界经济格局。

回顾历史，日美贸易摩擦与当前的中美贸易摩擦存在许多异同之处。20 世纪 70 年代，日本开始经济腾飞并成长为世界第二大经济体。为了维护美国在经济领域的霸主地位，美国开始对日本展开经济制裁，主要是从贸易上对日本的钢铁、家电以及半导体产业进行限制。同时美国同日本签订"广场协议"，使日元对美元疯狂升值，降低了日本出口产品的竞争力。由于出口遇阻，日本国内制造业开始变得不景气，泡沫经济甚嚣尘上。但泡沫总是短暂的，1990 年日经指数暴跌 70%，房价下跌不断，国际资本四处逃窜。从 1991 年到 2011 年，在长达 20 多年的时间里，日本的国内生产总值不但没有增加，反而还有所减少，这 20 年也被称为日本"失去的二十年"。当前，中美贸易摩擦还在不断持续，受新冠疫情以及国际形势逆全球化的影响，两国之间的贸易摩擦未来如何演变还存在很大的不确定性。中国为应对中美贸易摩擦积极进行反制，加征对美商品关税；结合"一带一路"，扩大开放，深化改革，扩大内需，建立"双循环"新发展格局。这些行之有效的政策使 2019 年中国整体的货物贸易仍处于上升趋势，并且在 2020 年成为对外贸易额唯一正增长的国家。

通过比较可以发现，与日美贸易摩擦时的日本相比，当今中国不但拥有全新的人类命运共同体理念和中国式现代化建设，而且还有与当时日本完全不同的经济基础、综合实力、大国地位和政治制度以及当前美国制造业空心化的大背景。因此，只要中国充分利用好自身优势，扩大内需，建立国内、国际经济双循环；

加强重大科技创新，增强高水平自立自强，加快推进传统产业转型业升级；进一步扩大开放，坚持贸易反制等措施，必能妥善处理好中美贸易摩擦问题。

（四）印度的发展崛起值得引起重视

提及印度，国人总是免不了为其贴上"种姓制度"和"脏乱差"的标签。但是，印度作为世界四大文明古国之一，今天已成为全球人口第一大国、南亚次大陆最大国家，也是世界第二大软件生产国、世界第一大外包服务接包国，充满着经济活力和巨大发展潜力。

进入 21 世纪以来，印度的经济实现了高速增长，2021 年，印度的经济总量首次超过了 3 万亿美元，达到了史无前例的 3.08 万亿美元。据美国彭博社报道称：印度在 2022 年前三个月的名义经济总量为 8 547 亿美元，超过了英国的 8 160 亿美元，成为全球第五大经济体。国际知名投行摩根士丹利表示，由于全球发展趋势以及印度在技术和能源方面的关键投资，印度有望在 2027 年超过日本和德国，成为世界第三大经济体，并在 2030 年成为世界第三大股票市场。

印度在两年内接连超过法国和英国，追赶历程非常像中国 2005 年超越法国、2006 年超越英国。中国超越德国、日本的时间分别是 2007 年和 2010 年，从而成为世界第二大经济体。中国从世界第七大经济体跃升到世界第三大经济体仅仅用了 3 年时间。而从世界第三大经济体跃升到世界第二大经济体，中国又仅用了 3 年时间。印度从世界第七大经济体到世界第五大经济体用了 2

年时间，目前距离世界第四大经济体的德国大约还有 5 000 亿美元的差距，距离世界第三大经济体的日本还有 6 000 多亿美元的差距。

2010 年，中国经济总量跃居世界第二之后，世界经济排行榜上上升最快的国家就是印度。印度在 2010 年世界经济总量的排名为第九（还有一种统计是排名第十一），随后连续超过巴西、意大利、法国和英国而跃居世界第五，而且这种超越看上去都是历史性的。以印度目前的经济活力和发展潜力，无疑将继续拉开同英国的差距，把前殖民宗主国英国持续抛在身后。有报告称，印度有可能在 2026 年左右成为世界第三大经济体，2072 年将超过美国，成为世界第二大经济体。

印度凭借巨大的人口红利，以及有利的国际形势，正走在快速发展崛起的路上。中国经济总量赶超美国也将在很大程度上影响印度经济的快速崛起，如果国际形势继续剧烈变化，印度凭借在东西方不同意识形态和地缘政治方面的左右逢源，有可能进一步加快发展速度，提前成为世界第二大经济体，并成为中国未来最大的竞争对手。

值得注意的是，除了苹果之外，谷歌母公司 Alphabet、微软、IBM、百事可乐、Adobe、软银愿景基金等一批全球巨头企业的 CEO 都是印度裔，加上印度独特的"抱团文化"，印度移民的人脉关系网早已渗透进世界各行各业，这是印度在全球化时代的一大优势。

中美两国经济总量易位后，印度将成为中国在区域和全球的重要竞争对手和合作伙伴。中国企业需要抛开偏见尽早地走进印度、了解印度，通过建立经贸联系进一步深化相互理解、平等交流和互利合作。印度在经济上的崛起，将为中国企业和产业的发展提供巨大的市场机遇，同时，未来也将在多个领域与中国和中国企业展开更为激烈的竞争，中国企业需要认真研究与严肃应对。

尽管印度经济已进入高速发展的阶段，但印度自身也存在许多问题，印度历史上从未经历过激烈的社会革命，决定了传统和现代的双重属性，几乎存在于同一个印度社会。印度内部各种矛盾和冲突，以及种姓偏见、性别歧视、土地制度、贫富差距、教育滞后、社会混乱与发展不均衡等多种因素，使印度的国家认同和国家整体意识一直存在着多重挑战，印度的产业结构、经济形态、增长路径、发展机制和管理效率还存在一些不合理的情况，经济社会发展受到制度发展不匹配的严重制约。另外，虽然印度目前经济总量按购买力平价已接近中国经济总量的 40%，劳动力的成本比中国低 2/3，人均收入只有中国的 1/5，发展潜力巨大，然而如果印度不解决好自身固有的问题和矛盾，短时间内不可能取代中国成为世界制造中心，不可能取代中国成为西方发达国家产品的市场地位，更不可能取代中国成为全球重要的增长引擎。印度要实现真正的崛起还有很长的路要走。

三、中美两国经济总量历史性易位的全球影响

根据世界银行的数据，2023 年，中国购买力平价经济总量已经达到 30.32 万亿美元，美国为 22.9 万亿美元，印度为 11.87 万

亿美元，日本为 5.86 万亿美元，俄罗斯为 5.33 万亿美元，中国经济总量已经远远超越美国，印度也已经超越日本。在全球化发展的进程中，国与国之间的经济总量发生易位是一件正常而且必然的现象，各领风骚长则百年，短则数十年，后来者居上，轮流交替，但中美两国经济总量历史性易位不同寻常。

（一）中美两国在世界上的特殊地位决定了两国经济总量发生历史性易位将产生重大国际影响

中美两国是世界上两个最特殊的国家，是目前世界上两个最强大的影响力量，中美两国关系关乎世界发展全局。两者经济实力对比发生改变，决定了世界权力结构、大国格局、全球秩序和利益关系的改变和调整。最近中美两国的对抗博弈给世界带来的影响和巨大不确定性就充分证明了这一点。

中国庞大的经济总量和市场规模以及巨大发展潜力，决定了中国将长期成为全球经济增长的火车头，成为世界的希望。没有中国的全球化就不是真正的全球化，中国是引领全球化向更加包容平等、互利共赢、团结合作方向发展的核心力量之一。

中美两国具有完全不同的政治制度、经济体制、历史文化、发展模式和价值体系，中美两国是世界社会主义和资本主义两大阵营的旗帜和领头羊，一个代表东方社会主义及广大发展中国家，一个代表资本主义和西方发达国家，所以中美两国经济总量发生历史性易位将会产生强大的经济外溢效应和广泛的世界影响，并带来一系列政治关系、权利规则、意识形态、地缘政治、制度文化和价值理念的改变，甚至会改变对文明形态的评价。

（二）经济实力是所有国家综合国力和软硬实力的基础，经济总量易位最终会带来其他领域实力、地位的易位和变化

中美两国经济总量历史性易位对全球带来的影响将是深远的，它会带来大国格局、全球秩序、地缘政治、价值观念、产业链、供应链、科技创新、产品、市场、文化传播等重大变化，中国与外部世界的权力关系和利益格局也都将面临重大调整，因为经济实力会转化为军事实力、科技实力、地缘政治活动力和软实力，经济实力具有基础性、先导性的作用和高度关联影响，经济实力的增强，必然会对其他领域带来正效应和积极作用，迟早会促使其他领域提高至与其经济实力相应匹配的位置。

对所有国家而言，经济都是政治、军事、科技、教育、文化的基础，国家政治、军事、科技、文化的强大都是建立在强大的经济基础之上的，没有强大的经济实力，这些领域都将失去支撑，经济总量易位迟早都会影响上述领域的易位和一个国家综合国力的易位。任何一个国家脱离强大经济的强大都将难以持续，一个国家的经济越强大，它的文化就越强大，文化越强大，其道德标准也更正确，价值体系也更好，艺术也更加具有吸引力，国家也越被世界各国所尊重。从这个意义上讲，中美两国经济总量发生历史性易位必然会带来重大的全球性影响。

（三）中美两国经济总量历史性易位具有许多重要的标志性意义和里程碑意义

中美两国经济总量历史性易位，将充分证明中国特色社会主义制度、中国共产党的领导，中国的发展道路和中国式现代化模式具有独特优势；西方资本主义的制度和发展模式存在弊端，面临挑战。

中美两国经济总量历史性易位，意味着中国经济发展路径将完全摆脱美国的影响，并且将在许多领域成功超越美国，成为世界经济发展的引领者和开拓者。中国的易位将使全球化经济权力结构发生重大调整，而且将是新型经济全球化的重要标志，中国将在世界上扮演越来越重要的角色。

人类社会的发展道路和国家发展方式存在多种选择，中美两国经济总量历史性易位将具有划时代意义。中美两国经济总量发生历史性易位将是一个具有改变全球发展历史的重要节点，是人类社会发展的一个重要里程碑。社会主义中国将第一次超越西方发达国家的全部经济总量，位居全球第一大经济体，从此将开启全新的人类社会历史发展进程，而且这个进程将由中国引领。

（四）美国经济的重要性不可取代，不可或缺，仍将长期在全球具有决定性影响

中美两国经济总量未来发生历史性易位后，美国经济仍将十分强大，在全球化体系中仍将拥有相当大的结构性权力，能够强制性地使许多盟国与美国的核心利益保持一致，对世界经济政治仍然发挥着其他国家无法替代的作用。中美两国将长期竞争博弈甚至对抗，但仍然存在着全球合作的需要和可能，仍然存在着合作共赢、互相成就的发展选择，中美两国将共同影响世界的发展、推动世界的发展。美国是真正意义上的世界强国，世界上目前没有一个国家像美国一样具有全面的强大，超级的强大，而且领导统治世界超过 100 年，形成了体现美国意志和价值观念的经济、政治、文化、技术、制度和规则体系，影响和约束着世界的发展运行。中国经济总量超越美国其战略意义和政治意义以及全球价值远超其经济意义和事件本身价值。

美国多年来最大的担忧是害怕中国经济总量超越美国，害怕美国落后于中国，担心中国取代美国领导世界，心存疑虑已久而且恐惧不断加深。基于此，美国不顾一切地逆全球化构建反华联盟，制定多种机制分割世界市场，围堵打压中国，千方百计与中国脱钩，并将这种战略机制和政策长期化，这是中国经济总量超越美国前后最大的挑战和严重制约因素。

有统计表明，目前 90% 以上的美国制造业都依赖于中国作为其中间投入的主要供应商，中国深厚的供应链对美国有着巨大的影响力，而全球几乎所有国家制造的产品，都包含有中国制造的中间产品。世界已经全球化，中国不可替代，因为中国已经成为全球产业链、供应链的枢纽，已经占住供应链中许多重要节点位置，并且在关键产业链供应链中扮演着关键角色。

（五）中美经济总量历史性易位将会由量变转化为质变

按最新汇率计算的中国经济总量将在 2030 年前后超过美国，届时中国人均经济总量按美元计算将超过 20 000 美元，"十五五"是中美关系由量变转向质变的关键时期，中国极有可能从发展中国家阵营毕业，成为中等发达国家和经济最强大的国家，中美关系将逐步发生质的变化。自美国在 20 世纪初成为全球新的经济霸主以来，还没有哪个国家能够在经济总量上成功超越美国，美国无论在心理上还是战略上适应和调整的压力都前所未有。因此，美国也将面临百年未有之大变局，重新塑造以竞争合作为基础的新型中美关系对两国决策者都是巨大的挑战，也会深刻地影响着世界经济发展的格局。

四、中国企业的理性认知和应对策略

中国式现代化和中国经济总量超越美国，不可能在短期内完成，期间有可能会出现意想不到的困难和挑战，需要中国企业保持清醒冷静和理性的战略思考。无论未来世界是否会出现全球性经济危机和局部动荡，美国是否硬性同中国对抗脱钩，国际关系和秩序，权力格局和利益分配是否会发生严重失衡等极端情况，中国企业都需要保持战略定力，理性智慧应对。

（一）中美两国经济总量历史性易位仅仅是指中国经济总量超越美国，不是全面超越美国，中美两国将长期竞争博弈甚至对抗

中美经济总量易位后，中国的军事实力、科技水平以及文化教育等方面与美国仍然存在着较大差距。中国要赶上美国或全面超越美国还需要较长的时间，需要付出巨大的努力，对此中国企业必须保持清醒的认知和足够的耐心，切忌盲目骄傲，失去理性。

自第二次世界大战结束以来，美国从未遇到过像中国这样一个全方位的强大对手。美国害怕本国经济总量被中国超越是一大

心结。为了阻止拖慢中国的发展，近年来，美国采取了许多不惜自损的政策来遏制中国，给世界带来深深的不确定性。长期以来，美国一直坚持霸权思维，对中国、对世界、对自己一直存在着认知偏差和战略误判，一直存在着对其文明优越感的骄傲和自负，甚至存在着非理性恐惧。

中国快速崛起强大触动了美国内心文明的优越感，美国害怕中国崛起，动摇、改变其近代工业革命以来，美国领导所形成的制度规则和权力结构、利益关系和国际秩序，将中国视为制度威胁和全面竞争对手。中国改革开放进入新时代以来取得了巨大的发展成就，美国对中国的发展成就和制度优势存在嫉妒、怀疑和恐惧心理，对中国的许多情绪和过激行为源于美国不可超越的心理认知。中美两国经济总量易位后，中美之间的对抗竞争博弈将长期存在，而且将伴随中国崛起强大的全过程，中国与美国、中国与世界各主要经济体之间关系的深刻调整和相互适应也将是一个长期复杂的过程。

（二）中美两国经济总量历史性易位将是中国崛起强大、民族复兴和中国式现代化建设的客观结果

中国从未将超越美国作为国家的发展计划和奋斗目标，从未想取代美国，与美国争夺全球主导权和领导权，中国是唯一一个表明自己不会统治世界的国家、不称霸的国家。中国总是立足于自身，深度关注中国的发展，总是不断努力解决自身的问题和内部矛盾并致力于自我的发展超越。美国自 2018 年以来，一直在遏制围堵制裁打压中国，抱怨中国，而中国一直在自立自

强创新奋斗,一直在突破不断前进。由于中国的一些基础性因素,中国的制度和发展模式以及中国人民长期形成的自强不息和团结拼搏精神,决定了这种自我发展和自我超越的客观结果,就是在经济上必然超越美国,未来将全面超越美国。美国必须认识和接受这个客观结果,勇敢面对这个客观结果带来的一切变化和改变。

后疫情时代,世界已经发生重大变化,出现了许多新的经济机制,新经济机制将会导致各国政策和制度发生变化,对中国企业未来发展带来新的挑战和机遇。

中国经济将高质量地向前发展,进一步加快向现代化迈进。科技发展将出现跨越跃进的局面,不断向世界先进水平逼近;产业结构将大幅调整升级,新兴产业强劲发力,数字和绿色两大新经济逐步发展强大;区域结构将明显优化,城市群、都市圈强势兴起。上述局面的长期维持将面临较大的内、外部阻力,内以内循环不畅为要、外以美国的科技打压为最,中国必须加快国民经济的内循环,构建更高水平、更加开放的市场经济管理体制和现代化经济体系,同时加快科技自主创新,以高度的策略性应对美国的打压。

中国应进一步推动全球治理机制改革,构建基于和平、合作、发展和平等有序的多极化全球治理体系。坚定不移地推进世界反霸权,维护自身和广大新兴发展中国家的利益,同时尽可能地保持和增强与包括美国在内的其他发达国家的经贸合作,继续推进全球化。

（三）中美两国经济总量历史性易位后，中国企业的应对战略思考

美国和西方由于政治偏见和意识形态方面的影响，对中国一直缺乏客观公正和全面深刻的了解和认知。中国的崛起强大承载着中华民族的梦想和世界大多数国家的希望，中国的快速强大触动了美国内心深处的文明优越感，挑战了美国的全球霸权。中国的崛起强大和民族复兴已经进入关键时期，只要中国始终坚持战略定力，持续自立自强艰苦奋斗，不发生重大误判，不犯冒进妥协错误，智慧应对，世界上没有任何国家能够阻止中国崛起和中美易位。

中国经济总量超越美国后，中国企业应当更加积极地融入全球经济，积极参与全球竞争合作，在全球竞争合作中实现创造、超越，提升能力赢得引领世界经济发展的主动权，逐步调整身份定位，坚持多样性、包容性、相互信任和平等合作的传统文化价值观。中国企业应该深刻认识和科学利用全球资本和先进技术对世界经济发展的基础性作用，用强大资本和先进技术引领世界经济发展。

中国企业需要勇于引领变革，牵引世界经济发展，充分发挥中国国家强大资本的力量，帮助世界经济解决发展资本短缺的问题；充分利用中国国有企业的实力能力和功能作用，为世界经济发展提供先进适用技术，为其他国家企业发展提供机遇，搭建平台；充分利用中国优秀民营企业机制灵活、决策高效、敢于创新突破、管理极致精准的特点，大力发展关系民生的产业，满足人民对美好生活的需求；充分利用"一带一路"倡议，建设人类命

运共同体，妥善处理好帮助支持其他国家经济发展与获取资源利润的关系，做到互惠互利，合作共赢，处理好引领全球化发展与提高自身竞争力的关系，将中国企业未来的长远发展置于全球可持续发展之中；置于全球竞争之中，加快构建完善国内国际双循环发展格局和高水平对外开放体系，加快构建由中国企业主导的产业链、供应链、价值链，推动新型经济全球化健康可持续发展。

中美竞争博弈的过程是一个中美两国不断相互塑造的过程，美国可以将中国塑造为竞争对手，也可以将中国塑造为竞争伙伴，在中美竞争博弈过程中，两国既有自我塑造的能力，也存在互相塑造的能力。美国将中国塑造为竞争对手，可以唤起美国的忧患意识，为美国发展提供外部压力，必然会加剧中美的竞争；中国也可以将美国塑造为竞争对手，中美竞争将会更加激烈。中国如果将美国作为竞争伙伴而非对手，可以缓和中美竞争，为中美合作创造条件，符合中美两国人民的意愿。美国也可将中国塑造为竞争伙伴，使中美关系的发展成为可能类似于美欧的竞争与合作关系。中美两国竞争与合作对世界都具有重大价值。

中国企业必须充分认识到中国越强大，中国企业的责任也就越大。中国企业必须扛起时代赋予的新使命，进一步强化全球视野、大国自信和世界眼光，加快强大自己，迎接更加艰巨复杂的挑战。当前世界已经发生深刻变化，中国企业不能自我陶醉，孤芳自赏。应该深刻洞悉外部世界，集中精力做好自己的事情，始终坚持用发展去解决面临的问题，无论时局怎样变化，中美怎样竞争博弈，始终坚持加快发展自己，提高核心竞争力，以自身的不断强大作为重要支撑。

（四）中美未来经济竞争博弈的焦点在实体经济特别是高端制造业，最终会聚焦于科技教育和人才竞争

2021 年，美国经济总量达到了 23 万亿美元，但其中的实体经济总量——第一产业和第二产业合计只有 4.4 万亿美元。相比之下，中国的第一产业与第二产业创造的经济总量高达 53.4 万亿元人民币，约为 8.3 万亿美元，是美国实体经济总量的 1.9 倍。

实体经济中特别是制造业，2021 年美国约为 2.563 万亿美元，而中国制造业创造的经济总量为 4.864 万亿美元，是美国制造业规模的 1.9 倍，以制造业为代表的实体经济是中国经济的重要优势。对美国而言，以虚拟经济为核心的服务业是推动美国经济在全球领跑的主要因素。仍以 2021 年为例，美国 23 万亿美元的经济总量中，服务业总量贡献了 18.563 万亿美元，占美国经济总规模的 80.7%，实体经济总量占比不到 20%。2021 年，中国创造的经济总量中，服务业总量贡献了 60.977 万亿元人民币，约为 9.45 万亿美元，仅相当于美国服务业的 50.9%。或者说，美国服务业贡献的经济总量是中国服务业的 1.96 倍，中美两国经济结构性差异十分明显。

美国和中国目前分别是世界第一大和第二大经济体，美国是一个高度发达的资本主义国家，处于后工业化阶段，工业已经不再是经济的主导产业，其经济主导产业已经变为以商业、信息产业和金融业为代表的服务业。

美国曾是全球工业霸主，制造业成就了美国经济的全球领导地位，同时把美元推向了世界货币的地位，而美元作为世界货币，也使美国一步一步脱实向虚，逐步走向高度金融化、虚拟化和制造业空心化。但美国仍保留了高端制造业及核心产业。如航空航天（波音、Space X）、汽车（福特、通用汽车）、制药（强生、辉瑞）、半导体（英特尔、英伟达、德州仪器）、化工（杜邦、陶氏、孟山都）、军工（洛克希德马丁、雷神、通用动力），这些留在美国本土的制造业都属于高端制造产业，而且产品的附加值极高。与此同时，美国已经深刻认识到去工业化将严重侵蚀美国经济的根基，并正在逐步恢复发展中端制造业。

中美两国经济总量易位后，中国企业仍然需要更高质量地发展实体经济特别是高端制造业，中国传统中低端产业的发展规模扩张余地已经很有限，必须通过转型升级实现高质量发展、提高技术水平和附加值，加快提升核心竞争力。中国企业应瞄准全球生产体系的高端产业，大力发展具有较高附加值和技术含量高端的先进装备制造产业和战略性新兴产业；立足中国制造业现有的基础，着力推动钢铁、石化、纺织等传统制造业向高端化转型；充分发挥行业龙头企业作用，因地制宜，聚焦产业共性短板重点突破，提升产业集群发展水平、产业链现代化水平和产业基础高级化水平，进一步巩固中国制造业在全球制造业中的长期主导地位。

（五）理性看待中美竞争博弈，防止产生战略误判

中美两国在经济领域的博弈考验着双方的智慧，要避免产生战略误判，导致不良后果。中美两国均是世界经济大国，均有独立和完整的国民经济体系，双方的回旋余地都很大，美国现实的回旋余地可能要更大些，而中国未来的回旋余地则更大。中美经贸博弈逐步升级对双方均带来一定的不利影响，考验着双方的智慧和定力。中美博弈有时可能会被喧嚣的民粹裹挟，民粹常常具有非理性和难以管控的特点。在多种因素影响下有可能使一方或者双方决策者出现误判，使中美关系失控，导致不良后果，需要引起高度重视。

在新的全球化背景下理性看待中美经贸博弈。美国是全球化的主导者也是最大受益者，中美博弈加剧是全球化进入新时期的一大特征。全球化不可逆，但必须朝着更加包容、更加开放、更加普惠的方向发展。美国政府反对全球化的一系列举措，并不代表美国要抛弃全球化，而是力图使新的全球化更好地服务于美国的利益。因此，美国政府不仅对中国、印度等新兴经济体施压，也对其传统盟友和伙伴欧盟、加拿大和墨西哥施压。美加墨协议的签订体现了美国政府的全球化主张和初步成果。2017 年底，美国开始联合欧盟和日本就 WTO 改革展开对话，已经举办了 6 次贸易部长会议，形成了一些共识，针对中国的意图明显。

全球化背景下，通过贸易保护很难保护国内产业，也保护不了国内就业。中美经贸博弈竞争，美国对中国出口产品加征关税，能够替代这些产品生产的主要为亚洲其他发展中经济体，美国不可能长期不顾经济规律和比较优势大规模生产这些产品，这样做受损的不仅是中国出口企业，也包括美国的消费者。

保持战略互动，构建新型竞争合作关系，避免零和游戏。中美两国经济总量易位后，中国必须与美国和欧洲大国积极开展战略互动，在互动中开发拓展更广阔的战略空间、战略机遇和战略资源，为中国企业未来发展创造更加有利的外部条件。

避免舆情左右中美战略互动。在经济全球化和社会信息化条件下，民粹主义会放大风险管控难度，特别是移动互联网和智能终端的普及，使每个社会个体都可以自由发表自己的主张，影响社会舆论。理性的声音常常会被感性的宣泄所吞噬，民粹主义极易抬头和泛滥，美国总统候选人的胜选或多或少地受益于美国国内民粹主义的支持。民粹主义不仅会在一定程度上挤压双方妥协的空间，同时也有可能会为别有用心的团体所利用，干扰决策，造成误判，将中美经济摩擦引向全面对抗。

在中美经济摩擦以及博弈谈判妥协过程中，一定程度的舆论和民意宣泄，既是一种策略也是一份筹码，用得好会给对手带来压力。但是，在新媒体和自媒体时代，情绪化和民粹化宣泄有时会淹没理性的声音，干扰决策，造成误判。因此，一定要注意引导理性思维，不要让民粹化的宣泄走入极端，左右中美关系，影响改革开放的大局。应该看到，美国和大多数发达经济体以及美国和中国都是一种竞争合作关系，这种关系必须建立在充分对话、沟通协商和互信基础之上。

（六）中美两国经济总量易位将是一个全新的历史发展起点

中国自古以来就具有追求国家强大、民族复兴的坚定信念，中华民族也具有强大的凝聚力，为了实现国家强大和民族复兴，整个中华民族能够团结成为一个整体，前赴后继，赴汤蹈火，不怕千难万险，这是推动中美两国经济总量实现历史性易位最强大的持久内生性动力。中国企业具有无比巨大的发展潜力，它将成为中美两国长期竞争博弈的战略性工具和核心手段，而且极具综合性和持久稳定性，深刻认知、科学掌握、有效利用，价值无与伦比。

在新的起点上，中国企业要继续稳步发展，继续毫不动摇地做强做优做大，打造更多的世界一流企业和科技创新企业，为中国最终全面超越美国作出新贡献。

中国式现代化将全面释放中国发展的巨大潜力和发展空间，中国企业要牢牢抓住这个新的战略机遇，实现新的发展跨越，中国企业要善用中国智慧、中国思想、中国市场、中国技术、中国资本和中国产业体系，用最佳的方式和特殊的优势实现对世界经济发展的引领和推动，为构建人类命运共同体作贡献。

中美两国经济总量易位不是中国企业发展的终点，而是一个全新的发展起点。中美两国经济总量易位具体哪一年实现并不重要，重要的是这种易位是一种必然的发展趋势，是一种客观结果，是一种历史性易位，是一次百年未有的历史性机遇，这种易位是任何外部力量都无法阻止的。中国企业未来发展要立足于中国巨大完备的产业体系、强大稳定的产业链、供应链和价值链，单一市场规模全球第一的绝对优势；科技应用创新、产业化发展能力，双循环发展格局的相对优势，中国特色社会主义制度、全国一盘棋，土地公有制、集中力量办大事的新型举国体制的特殊优势，牢牢抓住并利用好这个机遇，始终坚持发展是硬道理，努力修炼内功，最大限度地克服自身的短板弱项，不停顿地加快做强做优做大，为中国和世界未来创造更多的机遇和红利。

（七）中国企业要立足于提高科技创新能力，资本创造能力，价值创造能力，帮助世界各国企业实现高质量发展

在新型经济全球化的大背景下，中美两国经济总量易位将加速到来，中国企业正面临前所未有的发展机遇。为了在国际舞台上站稳脚跟立于不败之地，中国企业需要努力提高科技创新能力、资本创造能力以及价值创造能力，依托技术、资本和价值优势，在全球开展全方位平等互利共赢合作，构建起具有综合优势的研发、生产、供应链体系，助力世界各国企业实现高质量发展。

提高科技创新能力是中国企业未来发展的关键。在人工智能、大数据、云计算等新兴技术的推动下，全球产业正在经历一场深刻的变革。中国企业需要紧跟时代潮流，加大研发投入，培养科技人才，推动技术突破，以创新为动力，不断提升自身竞争力。

资本创造能力是中国企业未来走向世界的重要支撑。资本是企业发展的血液，只有具备强大的资本创造能力，中国企业才能在激烈的市场竞争中脱颖而出，才能为其他国家的企业发展提供强大的支持。为此，中国企业要善于利用国内外资本市场，优化资本结构，提高资本运作效率和资本创造能力，为中国企业发展壮大提供有力保障。

价值创造能力是中国企业未来实现高质量发展的核心。在全球产业链、供应链、价值链的分工中，中国企业需要不断提升自身的价值创造能力，以优质的产品和服务不断满足国内外市场的需求。通过提高产品质量、降低成本、提升服务水平等方式，创造更高的经济效益和多重价值，为全球经济发展作出更大贡献。

中国企业只有立足于提高科技创新能力、资本创造能力、价值创造能力，才能发挥对世界经济的引领主导作用，才能更好地与其他国家的企业开展合作，实现共赢。面对新的机遇和挑战，中国企业需要自信、自强、自豪、自省，需要坚定信心，勇往直前，不断提升自身综合竞争力，同时，时刻保持清醒头脑，充分认识自身存在的短板不足，努力学习世界先进企业管理经验，不断自我完善，积极推动全球经济繁荣发展。

第二章
中国式现代化与中国企业现代化

现代化是一个世界历史范畴的概念，指从传统农业社会向现代工业社会的转型，是人类社会发展过程中的一种范式，也是人类文明的一种形态。发展是世界各国的核心议题，文明是人类追求的终极目标，现代化是世界发展的推进剂和文明进步的关键路径。人类以往的现代化，在极大推动人类社会发展和文明进步的同时，也不断产生许多新问题，影响可持续发展。西方式现代化和工业文明极大地推动了世界经济的快速增长繁荣和人类社会的全面发展进步，曾长期被世界各国作为推崇效仿的榜样和奋力追赶的目标。随着西方式现代化和工业文明的深入发展，逐渐暴露出越来越多自身无法解决的弊端和瓶颈障碍，给人类社会可持续发展带来严重影响和强大制约。

进入 21 世纪以来，世界各国开始重新审视西方式现代化和工业文明，并质疑是否能够成为国家未来发展的方向。中国根据现代化和工业文明的基本原理，结合中国国情、长期发展实践和成功经验及其教训，创造性地提出了中国式现代化，这是世界现代化理论、工业文明思想的重大创新和发展进步，是构建世界新型现代化、人类发展新范式、人类文明新形态和应对世界面临的共同问题新方案的探索实践，它代表了人类社会进步的一种方向，展现了不同于西方现代化模式的新图景，蕴含着独特的世界观、价值观、历史观、文明观和生态观，为世界现代化提供了一个全新选择，必将成为改变人类发展进程的又一次伟大创举。

一、中国式现代化将构建人类社会发展新范式

（一）中国式现代化的基本内涵和重大创新

中国式现代化既具有世界现代化的普遍性，也具有鲜明的中国特色。理解中国式现代化的普遍性，可从人类社会发展的大历史观进行把握。现代化是一个动态发展的变化过程，是一个不断追求先进、追求领先的动态历史进程。具体而言，是人类社会从农业社会向工业社会和更高级社会的转型、发展与变迁过程。

自西方工业革命以来，世界各国都进行了以学习、借鉴、模仿、赶超、改良、改革、革命、建设和发展等方式的现代化模式探索。作为后发外生型现代化模式，中国式现代化彰显了世界现代化的普遍性，对工业化、城市化、信息化、市场化、法治化的全面追求，中国人民为之进行了长期的探索奋斗，并分阶段分步骤制定和实现了现代化的阶段性历史目标。中国式现代化之所以取得成功，离不开中国共产党的坚强领导，符合中国国情，契合了中国人民的愿望、顺应了时代发展的大势和要求。

"中国式现代化是人口规模巨大的现代化，是全体人民共同富裕的现代化，是物质文明和精神文明相协调的现代化，是人与自然和谐共生的现代化，是走和平发展道路的现代化。"这是中国共产党对中国式现代化的最新认识成果，明确了中国式现代化的全新定位，为深刻理解中国式现代化的特殊性提供了基本依据。

1. 中国式现代化是人口规模巨大的现代化

人口是最基本的国情。回顾中国共产党领导中国现代化的百余年历程，各个历史时期现代化的顺利推进和持续发展都得益于对当时人口重大问题的积极应对与妥善调整。近现代以来，中国人口规模长期位居世界第一，相对于西方现代化国家的人口规模而言是史无前例的。作为后发现代化的中国，没有现成的现代化教材可以参考，也没有成功的现代化经验可以借鉴，更没有完整的现代化模板可以复制。一代又一代中国人民接续奋斗、主动开创的中国式现代化道路，其价值取向、基本内容、核心要义、理论体系、实施方案等均具有鲜明的中国特色。

人口国情是不断变化的。在中国实现现代化，面临长期性与紧迫性、艰巨性与复杂性的重大挑战，坚持从中国国情出发，直面人口众多、负增长下"少子老龄化"与人口区域不平衡等深刻复杂的形势变化，持续推进人口治理能力现代化，以教育现代化推动中国从人口资源大国向人才资源大国和人力资本大国转变，充分考虑人的主观能动性，充分调动广大人民群众投入现代化建设的积极性、主动性和创造性，为中国式现代化的全面推进提供源源不断的高素质人才和内生发展动力。

将拥有 14 亿多人口的发展中国家建成现代化国家，具有深远的世界性意义。中国式现代化将带领世界近 1/5 的人口实现现代化，大幅超越世界所有发达国家的人口总和，进而显著改变世界发展的趋势和格局，为世界现代化作出重大贡献，同时还将破解如何在超大规模人口国家实现现代化这一世界性和世纪性难题。

2. 中国式现代化是全体人民共同富裕的现代化

共同富裕是马克思主义经典作家对未来社会的美好建构，是中国共产党矢志不渝的奋斗目标。马克思在《1857—1858 年经济学手稿》中写道，在未来社会"生产将以所有人的富裕为目的"。从"贫穷不是社会主义"的朴素认知到"消灭剥削、消除两极分化、最终实现共同富裕"的伟大构想，中国共产党人根据不同阶段的中国国情与发展实际，持续深化对共同富裕规律的理解探究、对实现共同富裕目标的执着奋斗。

共同富裕是中国特色社会主义的本质要求。党的十八大以来，中国共产党把共同富裕摆在了更加重要的位置，从道路探索、理论阐释、目标部署等多个维度全面深化了对共同富裕的规律性认识与开创性实践。习近平总书记强调："共同富裕是社会主义的本质要求，是中国式现代化的重要特征。"共同富裕不仅是一个经济发展问题，更是一个关系党的执政基础的重大政治问题。

共同富裕是一个长期的历史过程。生产力的发展是共同富裕的物质基础，生产关系的革新是共同富裕的制度基础，共同富裕的本质是生产力与生产关系相适配的长期、动态、复杂、艰巨的历史过程。

共同富裕拓展了中国式现代化的内涵。在全体人民共同富裕战略目标引领下的中国式现代化，坚持把实现人民对美好生活的向往作为现代化建设的出发点和落脚点，致力于维护和促进社会公平正义，坚决防止两极分化，标注了中国式现代化的超越所在，开辟了人类文明发展的新道路和新方向，昭示了人类文明新形态的崇高价值追求。

3. 中国式现代化是物质文明和精神文明相协调的现代化

中国式现代化充分汲取世界现代化中"两个文明"不平衡、不协调的前车之鉴。在世界各国的现代化建设实践中，"两个文明"的协调发展并非轻而易举，更非自然而然。西方国家资本至上带来的物质主义膨胀、物欲横流、精神滑坡、道德沦丧、文明病丛生等弊端层出不穷，"两个文明"不平衡、不协调问题日趋尖锐，资本主义内生的矛盾性决定了其难以通过自身改革等方式化解上述弊端。

从"新民主主义文明"的伟大构想到"两手抓、两手都要硬"，到"三位一体""四位一体"，再到"五位一体"，中国共产党不断推进马克思主义的中国化时代化，将"两个文明"的认识提升到新高度。中国开创了"两个文明"相互协调的现代化道路，有效解决了经济增长过程中"两个文明"不平衡、不协调的世界性难题，实现了对西方式现代化的超越。

物质富足、精神富有是社会主义现代化的根本要求。没有社会主义文化的繁荣发展，就没有社会主义现代化的伟大实践。面向世界"百年未有之大变局"，立足新征程"两步走"的发展目标，"两个文明"协调发展要求中国必须坚持系统观念，科学把握"两个文明"的辩证统一关系，致力于使"两个文明"相辅相成、协同发力，统一于现代化建设的总体历史进程，进而推动中国社会实现整体跃升。

4. 中国式现代化是人与自然和谐共生的现代化

人与自然和谐共生的中国式现代化，在人类历史上第一次真正实现了用生态文明对旧工业文明的根本替代，具有人类文明的开创性意义。在进入工业文明的发展阶段，人类凭借科学技术创新的强大推动力量，开启了大规模利用自然资源、大范围破坏生态环境的时代，虽然创造了历史上从未有过的巨量物质财富，但也带来了严重的生态危机。第二次世界大战之后，发达的工业化国家既运用雄厚的科学技术和经济力量，在国内建设庞大的环保产业，使国内生态环境质量好转，但同时又把自然资源掠夺、生态环境污染的代价转嫁给未实现工业化的落后国家，造成了生态环境问题的全球性扩散和国际性生态不公正，激化了全球范围内的人与自然关系的矛盾。因此，西方发达国家的国内环境改善不能称之为真正意义上的生态文明发展道路。

中国的人与自然和谐共生的现代化，提出了相对于工业文明而言具有重大进步意义的生态文明目标，实现了对旧工业化道路的超越。一方面，人类文明发展的理想状态应该是人的自然本质和自然人的本质的内在统一。然而，传统工业文明的发展不仅没有做到这种统一，相反却制造了人类历史上最大范围、最大限度的人与自然的对立。中国式现代化坚持的价值原则是"良好生态环境是最公平的公共产品，是最普惠的民生福祉"，让良好生态环境与人的全面发展之间形成和谐共生的良性状态，既维护自然界的存在根基与生物多样性，又推动人的发展走向与自然相统一的美好境界。另一方面，从生态文明理念发展维度看，人与自然和谐日渐成为世界现代化进程中的共识与追求。尽管在西方式现代化进程中也出现了关注人与自然关系问题、反思人与自然主客二元对立的思维模式的自然主义、后现代主义等思潮，但是，贯穿工业文明发展进程的"人类中心主义"是一种"有人类无自然"的偏颇价值观。

中国式现代化坚持人与自然和谐共生，从马克思主义人化自然观、人的主体地位与自然界先在性相统一思想、人类遵循自然规律等理念出发，结合新时代中国高质量转型发展需求而提出的中国生态文明建设的目标追求，真正把握住了人与自然关系的主体论、价值论的真谛，在人类历史上第一次解决了生态环境保护和建设生态文明的目标追求问题。

5. 中国式现代化是走和平发展道路的现代化

中国式现代化致力于在维护世界和平的过程中发展自己。西方式现代化是以资本增值为目的、以资本逻辑为根本遵循、以资产阶级为利益核心的发展模式，内藏"国强必霸"的政治逻辑，马克思深刻指出："资本来到人世间，从头到脚，每个毛孔都滴着血和肮脏的东西。"走和平发展道路，是中国共产党基于对时代发展潮流的准确判断作出的符合人民根本利益的战略抉择，坚定回击了"文明冲突论""文明博弈论""文明中心论"和"历史终结论"。

中国式现代化以自身发展强有力地维护世界和平。新中国成立以来，中国从未主动发起过一场战争和冲突，从未侵占他国领土。中国始终坚持维护世界和平，不断向世界传递中国坚定走和平发展现代化道路的信心和决心，反对一切形式的霸权主义、强权政治，坚持"走自己的路"，坚持"走好自己的路"，绝不干涉他国发展模式，更不会强制输出中国经验、中国方案，有力驳斥了"中国威胁论"。中国式现代化是创造性和建设性的力量。

中国式现代化以促进各国共同发展开创人类更美好的未来。追求和平、维护捍卫和平是中国人民开创"强而不霸"的现代化发展之路，它以"一带一路"倡议为抓手，推动合作共赢开放的国际合作体系建设，以全人类共同价值推动建设新型国际关系，以人类命运共同体理念推动各国共同走和平发展道路，以多边主义为准则，坚持不懈推动完善全球治理，促进世界各国平等合作，互利共赢。

（二）中国式现代化将推动中国走向新阶段

作为现代文明的核心特征，现代化是一个包括经济、政治、文化、社会、科技等在内的综合发展进程。尽管各国在现代化发展中相互关联，但现代化发展进程往往并不同步，推进现代化的道路和方式也各不相同。人类艰难的探索和共同实践，使世界现代化进程呈现出多样性特点。后发国家推进现代化，可以借鉴先行者的成功经验，但照抄照搬鲜有成功者。只有走出符合自身国情的现代化道路，探索出适合自身实际的现代化发展方式，才能平稳健康地推进现代化。

新中国的成立，开启了独立自主推进现代化建设的进程。改革开放以来，中国式现代化驶入快车道。中国构建了社会主义市场经济体制，充分发挥市场在资源配置中的决定性作用，更好发挥政府作用，激发各类市场主体活力；坚持对外开放基本国策，积极主动对世界开放，形成了具有自身特色的现代化发展方式，加快了现代化建设的步伐。进入新时代以来，中国立足新发展阶段、贯彻新发展理念、构建新发展格局，推动高质量发展，全面深化改革开放，构建了高水平社会主义市场经济体制，推动新型工业化、信息化、城镇化、农业现代化叠加发展。坚持把实现人民对美好生活的向往作为现代化建设的出发点和落脚点，着力促进全体人民共同富裕，不断厚植现代化的物质基础。大力发展社会主义先进文化，促进物质全面丰富和人的全面发展，推动物质文明、政治文明、精神文明、社会文明和生态文明协调发展，走出了中国式现代化道路的新探索和新成就。

实践证明，不照抄照搬西方国家现代化模式，坚持走独立自主的现代化发展道路，立足本国国情探索适合自己的现代化发展方式，是中国式现代化取得成功的重要原因。它启示世界上那些既希望加快发展又希望保持自身独立性的国家和民族，通向现代化的道路不止一条，世界上不存在定于一尊的现代化模式，也不存在放之四海而皆准的现代化标准，适合自己的才是最好的；锚定自己的现代化目标，立足本国国情就能够探索出自己的现代化道路。

中国将全面开始中国式现代化建设，全面建成社会主义现代化强国，中国经济总量将超越美国，成为世界第一大经济体。这两件大事将给中国带来全局性的长期影响，必将再次改变中国和世界。

从传统社会走向现代社会，是一场深刻的革命。在这个过程中，西方资本主义国家的现代化先天性地包含着资本主义制度本身无法克服的局限性。这种以资本为驱动的现代化在带来经济社会发展的同时，也造成了贫富悬殊、两极分化、精神空虚等一系列问题，阻碍着人类经济社会的进一步发展。中国式现代化坚持以人民为中心，把促进全体人民共同富裕作为目标，既促进物的全面丰富，也促进人的全面发展，体现了社会主义的本质要求，超越了资本主义现代化的局限性。

在推进现代化建设进程中，中国始终坚持从国情出发想问题、作决策、办事情，注重解决地区差距、城乡差距、收入分配差距，促进社会公平正义，促进共同富裕。通过有效的减贫和扶贫政策举措，实现了农村贫困人口全部脱贫的目标；实施区域协调发展战略，持续缩小区域发展差距；逐步构建起全民共享的基本医疗保险体系和养老保险体系。中国在实现快速现代化的过程中，保持了社会稳定有序，并且不断提升全民共享改革发展成果的水平，满足人民对美好生活的向往，提升人民的获得感、幸福感、安全感。中国式现代化推动了物质文明和精神文明协调发展，不断夯实人民幸福生活的物质条件，大力发展社会主义先进文化，加强理想信念教育，传承中华文明，努力促进物质富足、精神富有。使中国的发展逐渐步入高质量发展的轨道，并不断迈向高质量发展的新阶段。

中国式现代化是人口规模巨大的现代化。假如现代化的成果不能惠及最大多数的人，且忽视对人口、人群的理解，是无法展开现代化路径的。人是要素，只有在全体人民中形成共识，并产生集体行动，才能实现现代化。中国式现代化必须依靠高素质的人来完成人的思维方式，价值理念与行为方式，同时也在现代化中不断完善优化。人的现代化是中国式现代化的前提和归宿。不能造成人的物质富足但精神空虚、道德退化，这样的现代化就走错了方向，甚至是文明的倒退。这也正是人类当下遭遇的一些西方现代化问题的症结所在。中国式现代化的成功实践表明，只有把实现人民对美好生活的向往作为现代化建设的出发点和落脚点，促进人的全面发展，现代化才有不竭的动力，现代化之路才能越走越宽广。

（三）中国式现代化将为突破西方工业文明发展瓶颈提供方案

人类社会走过的现代化是农业文明社会向工业文明社会转变的现代化。在人类文明发展的历史中，现代化对人类文明的延续有着决定性的作用。人类文明发展的每一个阶段，任何一种文明都会经过萌芽、兴起、繁荣期，然后步入瓶颈期，最终要么融入新形态的文明，要么走向衰亡。在这个过程中，自然环境与生态条件对人类文明的进程起着重要作用。

当农业文明发展到一定程度，生产工具的发明和应用，大规模地改造自然并破坏了生态环境，造成了水土流失，局部地区出现土地荒漠化，人类赖以生存的生态系统随之变得简单和脆弱，这一地区农业文明的发展也就宣告终结。阿拉伯文明、古巴比伦文明、楼兰文明、玛雅文明等古代农业文明的消亡在一定程度上或是缘于此。

随着人类社会的发展带来人口的增长，19 世纪末至 20 世纪初，传统农业已不能提供足够粮食满足人口增长的需求，因此农业文明进入到了一个瓶颈期。工业文明带来的科技支撑，使传统农业逐渐转向工业化农业，形成对工业化的依赖，也因此能够生产更多粮食满足人口增长的需求。

但是，工业文明发展到今天，资源短缺、生态破坏、环境污染动摇了工业文明的基础。从一定意义上讲，工业文明发展到今天也已经开始步入瓶颈期，这是"文明瓶颈"的现象。由于工业文明发展的全球性，使工业代谢型生态危机在全球不同地区重复。但人类不可能像重建农业文明一样，换一个地方去重建工业文明。如今，人类面临的生存困境之一就是全球变暖、气候危机。要突破这一瓶颈，人类社会必须再次经历现代化。

中国式现代化是人与自然和谐共生的现代化，是全球在人类文明发展新时期要经历的现代化，其核心就是生态文明建设，它揭开了世界图景重构、生存理念转变、发展模式再造的序幕。

当前人类发展的足迹已经遍布全球，现代工业造成的污染不是把工厂搬迁到另一个国家或地区就能解决的，众多发展中国家的生态破坏和环境污染已经严重推迟了 2030 年实现可持续发展目标的进程，当地球的环境容量已经使工业文明的发展进入瓶颈期，内外的压力驱使中国必须再度现代化，建设生态文明。

二、中国式现代化将构建人类文明进步新形态

现代化是人类社会发展的一次巨大转型，也是人类文明发展的重大进步。中国式现代化的成功实践，不仅为人类现代化提供了新的选择，而且创造了人类文明新形态。这一文明新形态赓续中华文明的优秀基因，彰显社会主义文明的本质属性，凝结着现代文明的时代精华，具有集成性、融合性、创新性和创造性，展现了人类文明向上向前发展的光明前景。中国式现代化的本质，其中一点就是"创造人类文明新形态"。随着中国式现代化的深入推进，人类文明新形态将更加生机蓬勃，为世界文明发展作出重大贡献。

（一）现代化既是一种世界现象，又是一种文明进步，也是文明的一个发展目标

现代化是人类文明的一种深刻变化，是文明要素的创新、选择、传播和退出交替进行的过程，是追赶、达到和保持世界先进水平的国际竞争。

作为一种现象，现代化是 18 世纪工业革命以来人类发展的世界前沿，以及追赶、达到和保持世界前沿水平的行为和过程。其中，发达国家要保持世界前沿水平，发展中国家要追赶世界前沿水平。

形象地说，现代化犹如一场人类发展的国际马拉松比赛，跑在前面的成为发达国家，落在后面的成为发展中国家。这场比赛中，发达国家可以掉下来，发展中国家也可以赶上去，位置转换

有一定规律性。研究发现，在 20 世纪后的 50 年里，发达国家掉下来的比例约为 10%，发展中国家赶上去的比例约为 5%，诸如阿根廷这样从准发达国家退缩回发展中国家的教训也同样值得我们深思。

现代化国家有三个特点：一是数量比较少。过去 300 年时间里，发达国家的比例不超过 20%。过去 50 年时间里，现代化国家的比例为 13%～15%。《中国现代化报告 2020》指出，2017 年现代化国家只有 20 个，分别是丹麦、瑞典、瑞士、荷兰、美国、比利时、新加坡、德国、挪威、芬兰、爱尔兰、法国、英国、日本、奥地利、澳大利亚、韩国、以色列、加拿大和新西兰。二是具有两个稳定性：比例稳定，过去 50 年里现代化国家占世界全部国家的比例在 13%～15%；地位稳定，过去 50 年里现代化国家保持现代化水平的比例大约为 90%。三是处于国际分工的高端。目前，现代化国家是"创新型国家"和"知识型国家"，都处在全球价值链的高端。

中国现代化的定量目标是，在 2035 年前后基本实现现代化，国家现代化水平进入世界前 40 位，步入中等发达国家行列；在 2050 年前后，全国平均实现现代化，国家现代化水平进入世界前 20 位，步入发达国家行列。

（二）西方式现代化发展的经验

西方式现代化发展到今天已经有三百多年历史，其发展过程积累了许多可供发展中国家借鉴的经验和教训，其中对科学、教育、人才培养的重视，对外开放的发展战略，引进与创新，注重利用后发优势的经验无不给正处于现代化建设的中国提供很好的借鉴。但其在发展过程中对资源的过度消耗，重经济、轻道德的教训也给中国式现代化发展提供了诸多反思作用。因此探讨西方式现代化发展的经验和困境，有利于促进中国式现代化在发展过程中借鉴经验，吸取教训，赶超西方现代化，建设现代化强国。

西方式现代化已经进入后现代化时期，其在现代化发展进程中积累了许多可供后发国家借鉴的经验，有学者称之为后发效应。马克思也说过："工业发达的国家向工业较不发达的国家所显示的只是后者未来的景象。"西方现代化发展经验主要体现在以下几个方面。

1. 高度重视科技、教育、人才的培养

纵观西方现代化发展的历史，任何一个国家的强大无不伴随着自身科学技术的进步和创新能力的提高。蒸汽机和纺织业的兴起促成了英国的率先崛起；有机化工和内燃机的开发帮助了德国后来居上；电力、铁路和钢铁业的成就圆了美国的世界强国之梦；人造卫星和航天技术的突破使苏联曾引领世界科技之先等。科技的先进促进了一个国家的强大、发展和在世界上的领先地位。正因如此，发达的资本主义国家在现代化建设进程中，都非常重视科技。例如，美国从 20 世纪初至今始终在全球发达国家中保持世界领先地位，美国不仅把发明和技术用于生产过程以获得竞争中的有利地位，它还使科技本身也成为产品专利发明、高科技产品的生产等直接为社会创造财富；特别是美国非常重视高科技，从 20 世纪 50 年代至今先后制定了一系列发展高科技的计划，如研制原子弹的"曼哈顿"计划和应对全球变暖问题的"阿波罗"计划等。日本在短短的几十年时间跃居世界第二经济大国，也是因为高度重视科学技术，确立了高科技发展战略和"技术立国"之路，先后提出了一系列符合国情的高技术开发计划，把科学技术作为经济发展的强大推动力量。

西方发达的现代化国家不仅高度重视科技，而且深知现代化的发展离不开教育、离不开人才，因而对教育、人才培育也非常重视。以美国为例，其延长普及教育的年限早于多数欧洲国家，20世纪80年代，美国所有的州县就都已经普及6岁到18岁的免费教育，75%的适龄青年完成了12年的免费教育。日本从明治维新时期开始就非常强调教育的重要性，1907年就基本上普及高小教育，1948年实现普及初中教育，到20世纪70年代末基本上普及高中教育，战后高等教育更是获得了迅速的发展，人们的平均受教育年限进一步延长，具有高中、大学学历的人在总人口中的比重迅速提高，1955年初中升入高中比率仅为51.5%，高中升入大学比率仅为10.1%，但到了1972年比率已经分别提高为87.2%和29.8%，1999年则分别达到96.9%和49.1%。日本还通过派遣学者出国、自我培养方式为日本经济振兴培养了大量人才。正因为西方发达的资本主义国家对科技、教育和人才的高度重视，使其经济发展水平一直大幅领先于世界其他国家，也成为后发国家效仿的重要内容。

2. 实行对外开放的发展战略

无论是"工业革命的摇篮"的英国，还是当今世界第一强国的美国，或者战后经济崛起的日本，其经济快速发展的一个重要因素就是对外开放。

英国在19世纪上半叶的工业革命中独领风骚，奇迹般地变成了世界现代文明的中心，雄霸世界长达两个世纪之久。这个只占世界人口2%的岛国变成了世界的工厂，到1860年它生产的工业品占世界工业品总产量的45%，拥有世界出口总额的1/4和世界进口总额的1/3。所有这些离开了对外开放是根本不能设想的。

美国作为一个移民国家始终坚持实行移民政策，这种移民政策实际上就是开放，是对思想、科技、资金和人才的全面开放。这种全面开放使美国从欧洲和其他地区吸引了大量人才和高素质劳动力；这种开放促使了以自由主义为主导的多元化思想在美国社会逐渐形成；这种开放使世界的科技中心最终转移到了美国，从而使美国从20世纪初以来成为全世界技术发明最多的国家。人才引进、思想进步和科技创新对美国经济的长期持续增长起到了决定性作用。

战后世界经济发展的一个奇迹是日本从战争的废墟中崛起，在20世纪60年代末成为资本主义世界第二经济大国，20世纪70年代中成为世界第二工业大国，20世纪80年代末成为世界头号金融大国。日本创造经济奇迹的一个重要原因就是对外开放，在科技上大量引进先进技术。据有关资料统计，日本在1955年至1970年的15年间，引进了半个世纪以来全世界几乎全部先进技术，从而实现了经济上腾飞。

3. 引进与创新相结合

后发国家靠引进实现工业化，走引进的道路并加以创新是必由之路。自从18世纪下半叶英国通过发起工业革命成为全球第一个工业国之后，其他西方国基本上都是沿着工业化的道路成长为发达国家。法国、德国、美国在19世纪发展工业化的过程中，引进和利用了英国的技术（特别是通过大量移民和贸易）并加以创新，实现了后来者居上的目标赶上并超过了英国。日本19世纪末和20世纪初特别是第二次世界大战后，在建立和发展本国的工业体系过程中，大量引进和利用美国、德国和其他工业发达国家的技术，在20年的时间里用60亿美元的代价，引进了其他工业国家用100年时间花费2 000亿美元开发出来的技术，迅速赶上国际先进水平，并发展成为世界上许多高新技术产品强有力的竞争者。

工业发达国家不仅在建立本国的工业体系过程中大量利用了别国的技术，就是现在为了同其他国家取长补短仍在大量利用别国的先进技术，当前国际上大量的技术转让都是在工业发达国家之间发生就说明了这一点。技术的引进与创新使发达国家的经济一直以较快的速度发展并在世界上占住了领先地位。

（三）西方式现代化道路面临的诸多挑战

在当前社会历史条件下，西方式现代化道路面临着来自实践和价值等方面的诸多挑战。在这些挑战中，既有来自现代化实践过程中的困境，也有价值观念层面的反思。我们有必要深入剖析这些挑战，以期在全球化背景下，找到一条适合中国国情的现代化发展道路。

在实践层面，西方式现代化道路所面临的挑战主要表现在以下几个方面：一是资源环境约束。随着现代化进程的推进，资源消耗和环境污染问题日益严重。西方发展模式往往以高能耗、高排放为特点，这将使中国在追求经济增长的同时，不得不面对资源枯竭和环境破坏带来的压力。二是社会分配不公。在西方式现代化进程中，贫富差距和社会分配不公问题日益凸显。资本市场的自由化可能导致财富集中在少数人手中，加剧社会贫富分化，影响社会稳定。三是人口老龄化。随着人口红利的逐渐消失，西方式现代化国家普遍面临老龄化问题。老龄化带来的养老、医疗、教育等方面的压力，向社会保障体系提出了严峻挑战。

在价值观念层面，西方式现代化道路也面临着诸多挑战。一是文化冲突。在西方现代化进程中，传统文化与现代化价值观的冲突日益凸显。如何在尊重和传承传统文化的基础上，实现现代化文化的融合和创新，成为一道难题。二是道德伦理困境。西方现代化进程中，个人主义、功利主义等价值观在一定程度上导致了道德伦理观念的淡化。如何重构道德伦理体系，引导社会成员树立正确的人生观、价值观，成为当务之急。

政治体制挑战。西方式现代化国家政治体制在民主、法治等方面存在一定程度的弊端，如选举政治中的金钱游戏、政治极化等。如何借鉴西方政治体制的优点规避其弊端，结合中国国情进行政治体制改革，是一个亟待解决的问题。

面对这些挑战，中国在推进现代化进程中，应充分借鉴西方现代化道路的经验和教训，同时坚持走符合本国国情的现代化道路。

三、中国式现代化将探索人类现代化的新路径，为解决全球化中人类面临的共同问题提供新方案

中国式现代化既是一项史无前例的伟大工程，也是对人类文明的重大贡献。改革开放 40 多年来，中国成功实现从农业文明向工业文明的转变，基本完成了第一次现代化和工业化仍是发展中国家。未来 30 年，中国将开启全面建设社会主义现代化国家的新征程，将迈入以第二次现代化为主导的新发展阶段，将先后升级为中等发达国家和建成现代化国家。中国的现代化之路，将为发展中国家的现代化开辟新途径、提供新选择，将为人类发展贡献中国智慧和中国方案。

（一）西方主导的现代化并非全人类现代化的唯一路径，现代化也不等于西方化

世界上既不存在唯一的现代化模式，也不存在放之四海而皆准的现代化标准。尽管现代化始于西方，但现代化道路绝非西方"专利"。西方式现代化建立在对非西方的掠夺和控制基础上，其历史黑暗面永远无法抹去。而那些盲目复制西方式现代化道路的国家，最终遭遇的大多是无尽的磨难。

今天，人们越来越清醒地深刻认识到，现代化不等于西方化，"西方模式"不是也不可能是现代化的唯一模式。在 16 世纪至 20 世纪初的世界近代发展历程中，现代化经验大多来自于西方，西方化也由此被塑造成为人类现代化的代名词。然而，在世界"百年未有之大变局"的背景下，这种神话正在被打破，人们正在更

加全面地认识西方式现代化。

西方国家的现代化固然有其共同特征，比如以资本主义经济为根本，政治上实行代议制民主制度，意识形态上信奉自由主义价值观，哲学上主张西方价值所谓"普世性"，排斥其他制度模式等。除了这些共性外，西方国家内部的现代化进程也存在较大差异。比如，英美现代化主要是在个体企业家和自由市场经济的基础上实现的，这种模式强调市场力量主导，倡导私有制加市场竞争；德国现代化更多地依靠政府力量和政治精英来组织信贷、协调和规划发展，实施重商主义，帮助企业发展壮大。在各国工人运动和国际共产主义运动的影响下，西方国家还形成了北欧模式等现代化道路。

不管走的哪条道路，西方式现代化都有其难以抹去的黑暗面。从原始积累时期通过圈地运动剥削农民，到机器大工业时代剥削工人；从寻找新大陆、建立贸易据点，到大规模殖民、建立跨洋帝国，西方式现代化展现出恃强凌弱、泯灭人性的掠夺本质。数百年间，欧洲人对美洲、非洲、亚洲、大洋洲的殖民化，使亿万人遭到奴役、遭遇非命。

为了掩盖这些历史罪责，占据道义优势地位的西方人制造出一系列理论神话，将欧洲置于世界的中心，将西方文明当作人类的典范，将西方现代性塑造成历史的终点。但这改变不了西方式现代化的深层逻辑，那就是资本主义的剥削本性。

现代化进程具有"追赶"性质，一些非西方国家完全以西方发达国家的社会和经济组织模式为样板，希望通过走西方的"老路"来实现现代化，不啻于缘木求鱼，陷入美国学者塞缪尔·亨廷顿所说的"没有现代化的西方化"困境。这些在历史上不属于西方文明的国家，忽视了西方式现代化特殊的历史文化背景和掠夺性的发展道路，结果只能是削足适履。

21世纪初，新兴经济体的迅速壮大，正在改变西方主导世界秩序的局面，知识、经济和政治博弈的天平明显向非西方世界倾斜。随着中国国力的提升与发展成就的凸显，越来越多的发展中国家关注并学习中国式现代化道路。中国成功推进和拓展了中国式现代化，开创了人类文明新形态。规模庞大的14亿人口一旦整体迈入现代化社会，将是史无前例的，在人类社会发展史上具有深远意义。

现代化不是单选题，资源禀赋、国情实际、历史条件和传统文化的多样性决定了世界各国现代化道路的多样性。世界各国人民追求美好生活的平等权利，注定了西方式现代化的独尊性必将被打破，也注定了西方主导的时代必然走向终结。

（二）中国式现代化为全球共同走向现代化提供新借鉴

中国式现代化立足于文明多样性、文明交流互鉴、文明交流对话促发展等中华文明观的价值规范，彻底革新了西方发达国家所谓的基于实力基础维护自身利益的单一文明史观，坚持以文明交流超越文明隔阂、以文明互鉴超越文明冲突、以文明共存超越文明优越，在理论和实践层面实现对西方式现代化"文明冲突论"与"国强必霸"逻辑的批判性超越。长期以来，文明被视为西方发达国家的专利，甚至是代名词，弱小国家毫无文明可言。"普世文明"成为西方全方位统治其他社会（包括文化统治）的辩护工具与合法外衣，"普世价值"将"自由、民主、人权、博爱"标榜为全人类的普遍利益，制造思想陷阱，垄断话语霸权，是当今乃至可预见的未来世界和平的最大威胁。

中国式现代化完全不同于西方式现代化的发展模式，是人口规模巨大的现代化，是全体人民共同富裕的现代化，是物质文明和精神文明相协调的现代化，是人与自然和谐共生的现代化，是走和平发展道路的现代化。中国式现代化的本质要求是"发展全过程民主""推动构建人类命运共同体，创造人类文明新形态"。

中国式现代化是对既有现代化模式的超越与创新，它不同于西方在实现现代化过程中制造巨大贫富差距并带来巨大环境污染，而是致力于实现共同富裕和实现人与自然和谐共生。特别是，中国式现代化不同于西方在实现现代化过程中战争不断、奴役其他国家与人民，而是以平等互利为基础，最终实现合作共赢、共同发展。可以说，中国式现代化为致力于实现现代化的国家，尤其是发展中国家蹚出了一条新路。它不仅有利于本国的发展，也有利于世界的共同发展。

（三）中国式现代化为世界文明发展作出了新的贡献

1. 拓展了人类文明发展路径

近代以来，人类社会的现代化是以资本主义为开端、以西方国家为主体，因而资本主义现代化模式曾被很多人认为是唯一的。但一些发展中国家追随欧美资本主义国家的发展理念和发展道路，到头来却并没有解决好自身的发展问题。发展中国家的现代化是后发性的，其发展的背景、起点、推进方式以及在世界体系中的位置、遇到的矛盾和问题等都与西方发达国家不同。解决这些复杂矛盾和问题，没有现成答案，而要着眼于自身的历史文化和国情实际，探索适合自己的道路。中国的成功实践，拓展了人类文明发展的路径，也向世界说明了一个道理：治理一个国家，推动一个国家实现现代化，并不只有西方制度模式这一条道，各国完全可以走出自己的道路来。走自己的路，并不是排斥借鉴别人的路，而是强调克服盲从，加强自主的理论和实践探索。这样的成功探索，对现代化和人类文明进程都是新的推动和拓展。

2. 丰富了人类文明内涵

中国式现代化是在遵循世界现代化发展一般规律的基础上，紧密结合本国实际形成和发展起来的。由此开创的人类文明新形态，既遵循人类文明发展的一般规律，更有创新创造，彰显鲜明的中国特色，丰富了人类文明的内涵。比如，中国提出并践行以人民为中心的发展思想，创新、协调、绿色、开放、共享的新发展理念，全过程人民民主等重要思想理念，为人类文明增添了新的内涵，提高了人类文明程度。在现代化探索进程中，许多立足中国大地、着眼解决现实问题的创新创造具有深远意义。比如，新的发展理念，超越了以往单一强调经济增长和经济结构转型的发展理论，为发展中国家摆脱有增长无发展的低度发展问题提供了新的理念和思路。再如，在经济发展史上，从来没有把社会主义和市场经济成功结合的先例。中国共产党立足中国国情和发展阶段，创造性地提出发展社会主义市场经济，建立起富有活力的社会主义市场经济体制，极大解放和发展了社会生产力。这样的创新创造，拓展和深化了人类对社会主义建设规律的认识，也为人类社会发展提供了新的经验。

3. 为人类文明发展注入了新动力

中国用几十年时间走完发达国家几百年走过的工业化历程，创造了经济快速发展和社会长期稳定两大奇迹，连续多年对世界经济增长的贡献率超过 30%，成为世界经济增长的主要稳定器和动力源。中国组织实施人类历史上规模空前、力度最大、惠及人口最多的脱贫攻坚战，提前 10 年实现联合国 2030 年可持续发展议程减贫目标，为全球减贫事业注入动力。中国把自身发展与世界各国共同发展结合起来，推进高质量共建"一带一路"，打造当今世界范围最广、规模最大的国际合作平台，给所有参与国家带来实实在在的发展机会。在新冠肺炎疫情给世界经济复苏带来严重不利影响、人类发展指数连续下降的严峻时刻，中国提出并以一系列务实举措推进全球发展倡议，为彷徨于十字路口的全球发展事业注入希望和动力。中国式现代化始终在与世界各国的良性互动中推进，不断为世界发展提供机遇、贡献力量。

4. 指引人类文明发展的正确方向

随着经济全球化的深入发展，各国之间联系日益紧密，经济社会和科学技术发展步伐不断加快，人类文明成果空前繁荣。但与此同时，人类面临的矛盾和挑战层出不穷，传统安全和非传统安全挑战交织叠加。面对全球性问题，有的国家将其归咎于经济全球化，筑起单边主义、保护主义的"高墙"；有的国家以冷战思维思考问题，试图用遏制、对抗的办法解决世界发展的矛盾和问题。事实证明，这些思维和主张不仅行不通，还会将世界带入分裂对抗的危险境地。站在人类文明何去何从的十字路口，面对"世界向何处去、人类怎么办"的时代之问，习近平总书记提出构建人类命运共同体的重要理念，为构建美好世界提供了中国方案。构建人类命运共同体理念，立足全人类整体利益和长远利益，倡导命运与共、团结合作、多赢共赢，指引人类文明发展的正确方向。中国在推进现代化建设过程中，注重加强与世界各国的互利合作，以实际行动推动构建人类命运共同体。构建人类命运共同体理念越来越深入人心，世界上的有识之士也越来越深刻认识到，霸道强权从来不是一个文明走向强盛的必然路径，零和博弈、你输我赢也不是人类文明发展的出路；只有坚持合作共赢、共同发展，人类文明才能永续繁荣。

5. 深化文明交往的规律性认识

人类文明是随着人类交往的扩大而形成、发展起来的。在人类文明体系中，各种文明都有自己的独特价值。不同文明之间相互尊重、求同存异、取长补短、交流交融，人类文明才能绵延不息、繁荣兴盛。如果自我封闭或者企图以"文明优越论""文明冲突论"等改造同化其他文明，就会给自己、给人类文明发展带来灾难。历史上，中华文明在兼收并蓄、博采众长中不断发展。而今，中国式现代化也在与世界其他文明的交流中推进和拓展，并以平等交流互鉴的方式丰富人类文明，促进人类文明的整体进步。以宽广胸怀理解不同文明的特质，尊重不同国家人民对自身发展道路的选择和探索，以文明交流超越文明隔阂，以文明互鉴超越文明冲突，以文明共存超越文明优越，以中国式现代化弘扬平等、互鉴、对话、包容的文明观，指明不同文明的正确相处之道，深化了人类对文明交往的规律性认识，促进人类文明持续发展进步。

四、中国企业现代化

中国企业是中国经济的主体，是中国式现代化实施的主力军，中国式现代化要求中国企业现代化，中国企业现代化是中国式现代化的重要组成部分，中国企业不实现现代化，中国式现代化将很难实现。

中国企业现代化，是中国企业从传统企业向现代企业、从现代企业向未来企业的发展转变和升级跃迁过程，是中国企业系统性补短板、强弱项和练内功的过程，是中国企业全面提升治理能力和科学管理决策水平的过程，是中国企业实现高质量发展转型转变和全面提升发展质量的过程，也是中国企业一次做强做优做大的过程。

（一）中国企业在中国式现代化中的地位和作用

1. 中国企业是中国经济的主体，是社会财富的重要创造者

现代企业是现代经济体系的主体，中国企业是中国经济的主体，是中国式现代化的重要建设者和实施者，是推动国家发展强大、实现人民共同富裕的重要力量。

从世界现代化发展的历史来看，一个国家经济社会现代化进程，大多表现为大批现代化企业涌现，不断进入市场体系、组织

要素参与竞争、实现经济发展跃迁的过程。中国经济的现代化也基本遵循这样的规律：伴随着市场经济体制的确立，中国现代企业制度的建立，以及越来越多具有现代企业制度特征的民营企业的参与，共同推动中国从传统经济向现代经济的转变。

中国企业经过几十年的快速发展，已经实现了历史性的整体发展蝶变，已经成为一种强大的整体性力量，不仅推动中国实现了崛起强大和民族复兴，而且将成为中国式现代化和中美两国经济总量历史性易位的重要推动者、实施者和主力军，而中国式现代化和中美两国经济总量历史性易位又将为中国企业的现代化和进一步发展强大提供新的重大历史发展机遇。

2. 中国企业是中国崛起强大和民族伟大复兴的重要推动力量和实施者

培育建设具有全球竞争力的世界一流中国企业，是实现国家崛起强大和民族伟大复兴的战略举措和兴国之举，是催动中国企业实现新的整体发展蝶变、加快做强做优做大的动力机制和兴企良方，是中国以世界大国、企业强国的身份定位担当更大国际责任的基础支撑和实践载体。

从维护国家安全的需要看，世界一流企业和强国重企是打造军工强国、航天强国、网络强国、能源强国、海洋强国和生态强国的主力军，是维护国家利益、保障国家安全、巩固国家地位的有力支撑，是中国应对任何挑衅和挑战的底气和自信。

从推动国家发展进步的视角看，进入新时代的中国需要通过建设更多的世界一流企业和强国重企，推动国家整体实现高质量发展，是推动产业升级、掌握关键核心技术、破解受制于人的发展困局、化解转型风险的重要路径，是满足人民日益增长的美好生活需要的重要实践。

从中国走近世界舞台中央、实现大国崛起的全球视角看，中国提出的"一带一路""人类命运共同体"等倡议、理念和主张，在国际社会承担应有的担当和道义，维护世界多极化、发展经济全球化的使命和责任，需要更多的世界一流中国企业和强国重企作为载体去传递、推动、实施，让强大的中国得到全世界的认可、接受、尊重和欢迎。

中国企业从诞生起就承担着比西方企业更多的国家使命和民族责任，始终是推动国家崛起强大的重要力量。中国企业在百年奋斗历程中创造书写了实业救国、实业建国、实业立国和企业兴国、企业富国、企业强国的辉煌篇章并作出了不可替代的历史性贡献。它的曲折发展轨迹、不凡奋斗历程、强大内生发展动力、集体理性自觉和超群的组织动员能力、生产制造能力和超大综合实力，决定了中国企业是中国国家力量和国家影响力的重要组成部分，是中国崛起强大和中华民族走向复兴的强大支撑，是世界经济繁荣发展的重要引擎。

站在新的历史起点上，中国企业必须肩负起更加重大的历史使命，加快实现新的发展蝶变，捍卫国家利益，维护世界多极化和经济全球化来之不易的发展成果，以中国企业的现代化和再次整体发展强大成就中国的崛起强大和中华民族的伟大复兴。

3. 中国企业是中国式现代化的重要载体、依靠力量和核心手段之一

中国式现代化建设的每一个节点，都伴随着中国企业现代化的组织变迁。中国企业必须将自身的发展置于国家和社会发展进步的大洪流中，构建基于自身时空条件和禀赋结构的现代化。

使命是企业组织存在的理由，使命决定战略。在市场经济条件下，如果企业仅仅把自己作为一个只具有"经济人"特性、只追求经济利益最大化的组织，企业就很难做强做优做大做久。卓越的企业组织从来不仅仅是把盈利作为企业唯一的使命和目标，盈利只是企业发展的必需手段，企业必须有为人类谋福祉，为社会发展进步作出自己贡献的崇高使命。

对于中国企业而言，应该把实现中国式现代化进而实现中华民族伟大复兴作为中国企业的根本使命，也是中国企业实现更高发展质量的目标和路径。中国企业应以建设中国式现代化为使命担当，围绕中国式现代化的本质要求，不断推进改革与发展。这是中国企业在中国式现代化建设中改革发展的逻辑基点。

4. 中国企业是构建人类命运共同体、引领全球经济发展的中国能力、中国力量和中国智慧的载体依托和重要工具

十年来，为应对世界之变、时代之变和历史之变，中国与世界各国携手共同推动构建人类命运共同体。在国际风云变幻的今天，人类命运共同体被赋予了更丰富的内涵和更多的责任。

世界正面临着政治格局、经济发展、环境变化、安全治理等一系列严峻的挑战，世界即将进入生产、消费无国界的时代，各国企业都面临着全球市场和经济环境变化的挑战。"人类命运共同体"不仅是国家层面的事业，更关乎每一家中国企业和亿万中国企业员工。人类命运共同体的理念孕育着丰富的内涵，它能让中国企业站在更高处思考企业与企业、企业与社会、企业与国家、企业与世界，企业与员工之间的链接关系。

推动构建人类命运共同体本身就是对人类共同繁荣的一种期盼，是对人类社会美好未来的愿景，可以说，人类命运共同体反映的是中国对"美美与共、天下大同"的义利伦理价值的追寻。纵观世界历史可以看到，不论是在古希腊时期，还是在太平洋西岸的古代中国，或是近现代历史时期，人类对社会经济的繁荣都有着共同的期盼，现代企业恰恰就是能够跨越国界和意识形态，推动全人类实现共同繁荣的有效制度工具和强大功能手段。

"命运共同体"思想作为解决国际重大利益冲突的创新思路，其理论内核是将利益关系上升为"你中有我，我中有你"的共赢关系。"利益共同"是企业间交往合作的首要特征，是对"你中有我，我中有你"关系的有效实践，是一种指向未来、持续共赢的思想基础。中国企业要以构建全球商业共同体为新目标，同心协力，共同合作，才能破解发展瓶颈、维护共同利益，实现共赢共享和人类社会的可持续发展。

5. 中国企业现代化是中国式现代化的内在需要、关键手段和重要保障

中国是一个超级大国，人类历史上第一次在一个如此大规模的传统社会和农业国家，开启"外生"的现代化进程。站在企业发展与创新的角度，理解中国经济的超级规模效应，在企业发展经营的基本原理基础之上找到符合中国企业独特条件的企业现代化之路。中国式现代化是在大国经济上的现代化，具有超级规模经济优势，也具有更高的复杂性和不确定性。规模意味着具有足够的要素供给、市场需求，具有充分的经济韧性和回旋余地，具有更加完整的产业链、供应链，企业发展更具有"杠杆"效应。与此同时，大规模经济体内部又有着超级复杂的结构性矛盾，有巨大的不确定性，对中国企业与时俱进创新和变革经营管理模式的要求也更高。中国企业必须正视这些优势、矛盾和风险，努力加快实现现代化。中国式现代化需要现代化中国的企业去实施，去应对现代化进程中的各种挑战和矛盾，中国企业不率先实现现代化，就无法在中国式现代化中担当重任，作出新贡献。

（二）中国企业现代化的主要内涵

根据中国企业的使命责任、发展现状和未来需求，我们尝试定义中国企业现代化的本质及其内涵，探索规范描述和系统表达这一重要概念，以便构建中国企业现代化实现的目标和路径。

中国企业现代化，本质上是中国企业生产经营管理方式从传统向现代的一次整体性转型升级，是中国企业发展方式的一次系统性变革和发展质量的全面提升，是中国企业制度和经营机制的一次系统性改革完善，是中国企业核心功能，核心竞争力的一次整体性的增强，也是中国企业创新突破、竞争发展、从大到强大的一次转型跃升。它的主要内涵是，企业制度中国化、企业发展高质量化、企业决策科学化、企业管理合规化、企业风险控制体系化、企业资产资本化、资本证券化、企业数字化、智能化、企业人才国际化、企业效益社会化等。

我们尝试定义中国企业现代化的本质及其内涵，赋予中国企业未来发展一个新的系统性目标，赋予实现这个系统性目标的内生动力和价值意义，使中国企业能够有意识、更加自觉地朝着一个有意义而且具体的目标方向，努力追求卓越，高质量地做强做优做大，实现新的发展跨越。

1. 现代企业制度中国化

制度创新和现代化是中国企业现代化的核心要素。中国企业现代化必须走制度创新引领之路。中国企业如何实现现代化，在西方经济学理论中找不到现成的答案，在苏联社会主义治理经验中也找不到成功的经验模板，在西方企业强国中也缺乏可以借鉴的标准范式。中国企业具有的独特优势，独特发展路径和巨大成功，积累的丰富实践经验，应当进行系统的科学总结，原理提炼和学术表达，从西方经济学和管理学的"影子"中走出来，创新建立具有中国特色的中国企业制度和理论体系。

今天，中国企业在中国乃至世界中的地位、影响、作用和贡献已经不是西方经济学、现代企业制度、企业治理理论和企业管理学说所能系统解释和准确说明的，中国企业迫切需要通过企业制度创新，建立具有中国特色的现代企业制度、现代企业治理结构和现代企业管理学说，实现中国企业制度的现代化，并充分发挥中国特色企业制度的伟大力量和功能作用。

当前中国企业发展面临的国际环境、市场规则、社会主体技术群和经济发展范式都已经发生了巨大变化。如何在新时代和"百年未有之大变局"的背景下促进中国企业在复杂多变的国际环境、市场环境、技术环境中实现高质量发展，实现现代化实现绿色低碳转型、持续做强做优做大，是中国特色现代企业制度、治理结构和企业管理学说必须解决的时代课题，也是中国企业现代化的重要内容。

2. 企业发展高质量化

以要素投入驱动为主，以速度和规模为目标的经济增长模式已经不可持续，高质量发展已成为中国发展的必然趋势和根本要求，中国企业现代化必须为中国企业高质量发展奠定坚实基础，以实现规模与效益、速度与质量、发展与安全之间的平衡。中国式现代化高质量发展需要高质量发展的中国企业，需要中国企业发展理念先进，发展方式科学，发展路径正确，发展效益优良，发展韧性持久，产品和服务一流，核心技术自主可控，需要中国企业发展高质量化。

中国企业发展高质量化，要摒弃跑马圈地的规模情结、速度情结，树立品质意识和成本意识。中国式现代化要求高质量发展，中国企业必须首先实现高质量发展。要素红利的"躺赚"时代已经渐行渐远，大多数产品在完全竞争下市场已经接近饱和，通过快速获取客户和跑马圈地的发展模式已经难以维系，中国企业要想长久生存下去必须通过中国企业现代化、提高自身的能力素质和独特竞争力。中国企业现代化的一个关键内容，就是要大力促进和实现中国企业发展的高质量化。而高质量发展必须是科技创新驱动的发展，必须是以科技创新为主导内容的发展，必须是以新质生产力为主要手段，通过提高核心竞争力的发展，必须是全面贯彻新发展理念，一种全新发展范式的发展。

3. 企业决策科学化

中国企业在自主决策、科学决策、民主决策等方面已经取得了很大成绩，但由于制度、文化、技术、管理等方面的影响，中国企业特别是国有企业决策科学化仍然存在一些问题。部分企业存在"一把手"说了算、企业内部人控制、一人提出、众人同意，导致企业不断出现因一人而兴、因一人而毁的现象。中国企业科学决策的体制机制仍然需要改进完善、决策效率需要提高，决策方法需要更加科学。

企业决策是企业管理的核心，科学决策是企业最具价值和最困难的工作。加强中国企业决策科学化建设就是抓住了中国企业管理的"牛鼻子"。中国企业现代化，就是要提高中国企业决策科学化水平，实现中国企业依法合规正确决策和科学决策正确，通过中国企业现代化促进这一目标的实现其意义重大深远。

4. 企业经营市场化

企业经营市场化是指在企业经营活动中引入市场机制，按照市场规则进行运作和管理。这意味着中国企业需要高度关注市场需求和竞争环境，根据市场变化来调整经营策略和产品结构，提高管理效率和服务质量，以增强企业活力、动力和市场竞争力。

利用市场机制可以激发中国企业的创新活力，推动中国企业不断改进技术和管理，提高生产效率和服务质量。市场化经营可以充分发挥市场机制的力量，使中国企业更加了解市场需求和适应市场竞争环境，制定更加科学合理的经营策略，提高中国企业的市场竞争力。通过中国企业现代化进一步强化市场化经营，通过市场竞争使中国企业优化资源配置，让资源更加合理地流向高效率的企业，提高整个社会的经济效益。企业经营市场化可以推动中国企业，特别是国有企业的改革和转型，加强成本控制和管理，让企业能够更加适应市场经济的要求，实现可持续发展。中国企业现代化就是要强化中国企业这一机制的发展与完善，使市场机制成为推动中国企业高质量发展和实现现代化的强大动力。

5. 企业管理合规化

提高中国企业管理合规化能力和水平，是中国企业现代化的基本内容和重要目标。企业管理合规化是指企业通过制定合规政策，按照国家有关法规的要求统一制定并持续完善企业内部规范，监督企业内部制度规范的执行，以实现增强企业内部控制，对违规行为进行持续监测、识别、预警，防范、控制、化解风险的一整套管理活动和机制。企业管理，与业务管理、财务管理并称为企业管理的三大支柱，是企业内控的一个重要方面，也是企业风险管理的关键环节。

企业合规管理是中国企业稳健经营运行的内在要求，也是防范违规风险的基本前提，是每一个中国企业都必须始终坚持的重要管理内容，也是保障中国企业自身利益和健康发展的有力武器。企业内控制度的完善离不开企业合规化严格管理及执行，中国企业合规化管理水平的提升能使中国企业内控制度效用最大化。

中国企业管理合规化可以防止决策失误，防止企业因决策失误引发公司的多米诺骨牌效应，合规化管理通过严格约束企业高层管理人员的相关行为和规范决策管理程序，能够最大限度地减少决策失误给企业带来的系统性风险。

6. 企业风控体系化

中国企业现代化要求推动和促进中国企业建立完善风险控制体系，精细化地加强企业风险管理。企业全面风险管理所应对的是企业的所有风险，企业内部控制通常控制的是企业内部可控的风险。因此，当企业完成风险识别、风险评估，制定风险管理策略时，需要围绕企业发展战略和目标，根据自身条件和外部环境，确定风险偏好、风险承受能力和风险管理有效性标准，选择风险应对策略，采取不同的控制措施。

中国企业建立完善的风险控制体系是中国企业现代化的重要内容，它有助于控制企业的风险并实现企业预期效益。企业内部控制体系的建设和全面风险管理体系的建设都是系统工程，两者在内涵上具有一定的重合，满足企业内部控制系统的要求也是企业风险管理体系建立应该达到的基本条件。因此，将中国企业全面风险管理体系和内部控制体系相结合，建立统一的风控体系更能实现全面风险管理的平衡性原则，合理权衡风险与回报、成本与收益之间的关系，以最小的成本实现有效控制，这也是中国企业现代化必须解决的重要问题。

7. 企业资产资本化、资本证券化

资产是企业用于从事生产经营活动为投资者带来经济利益而且产权清晰明确的经济资源，而资本是用来生钱的资产和货币，它以企业的股权和债权等价值形态的表现形式存在。资产可分为物质形态的资产和价值形态的资产，厂房、设备、原材料等物质形态的资产不具有追逐增值的本性，而且还会在使用中消耗。从价值形态上看，企业是资本的集合体，每一单元资本所对应的是企业所有资产的一个单元的有机结合。

资产型产业企业是中国企业的主体，尤其是大型央企，资产高达数万亿元，如何发挥资本经营手段和方式实现存量资产增值与价值创造，是中国企业现代化过程中应当重点思考的问题，也是中国企业现代化的重要内容。

资本证券化是通过将特定类型的资产及其资产的不同组合转化为可交易的证券，将有价资产进行财务量化，以价值经营形态为特征，通过流动、重组、调整等多种经营方式形成资本形态，最终实现企业资产的保值，增值和有效流动。加快中国企业的资产资本化、资本证券化，用市场手段解决大型国有企业巨额存量资产的保值增值和高资产负债率下维持中高速发展的难题，也有利于民营等多种所有制企业扩大融资渠道，是新时代中国企业通过加快市场化不断做强做优做大的重要手段，是中国企业现代化的重要探索内容和努力实现的重要目标。

8. 企业数字化、智能化

中国企业数字化、智能化是中国企业现代化的必经之路，也是中国企业加快实现现代化，进一步提高效率、降低成本、提升竞争力的关键。

随着全球经济一体化的深入推进，中国企业面临前所未有的竞争压力。为了加快实现现代化，进一步提高效率、降低成本、提升竞争力，中国企业必须走上数字化、智能化的道路。数字化和智能化不仅是中国企业现代化的必经之路，也是关乎企业生存与发展的重要抉择。

数字化、智能化有助于提高企业的运营效率。在现代企业中，数据已成为核心资产。通过运用大数据、云计算、物联网等技术，企业可以实时收集、分析和处理海量数据，从而为决策者提供准确、及时的信息支持，提高决策效率。同时，数字化、智能化技术还可以应用于生产、销售、物流等环节，实现自动化、智能化操作，降低人工成本，提高生产效率。

数字化、智能化有助于降低企业运营成本。通过对企业各项成本进行精细化管理，企业可以发现潜在的浪费和成本漏洞。通过数字化、智能化技术，企业可以实现资源优化配置，降低能源消耗，提高资源利用率。此外，智能化设备可以替代部分人工，降低人工成本，进一步提高企业效益。

数字化、智能化有助于提升企业的核心竞争力。在激烈的市场竞争中，创新能力成为企业生存和发展的关键。数字化、智能化技术为企业提供了强大的研发、创新平台，使得企业能够快速响应市场变化，开发出更具竞争力的产品和服务。同时，智能化生产、供应链管理等功能为企业带来了更高的灵活性和协同性，进一步提升企业的市场竞争力。

数字化、智能化还有助于企业实现绿色可持续发展。通过应用清洁能源、节能技术、环境监测系统等智能化设备，企业可以有效降低污染物排放，保护生态环境，实现绿色发展。在中国积极推动绿色发展的背景下，企业实现绿色可持续发展具有重要意义。

中国企业要实现现代化，提高竞争力，数字化、智能化是必经之路。企业应抓住数字化、智能化发展的历史机遇，积极拥抱新技术，不断创新，以实现企业的长远发展。同时，政府和社会各界也要为企业数字化、智能化发展提供良好的政策环境和市场氛围，共同推动中国企业迈向现代化、全球化。

9. 企业人才国际化

随着经济全球化与知识经济时代的到来，"走出去"成为中国企业实现持续发展最终发展为跨国公司的必然选择之路。中国企业如何在国际化经营和发展中稳步前进，无疑是中国企业现代化推进过程中一个关注的焦点。如今，经济全球化的聚焦点在于知识经济和智能经济，而知识经济和智能经济的原动力无疑是人才的竞争。人才国际化对中国企业现代化的价值在于，它是中国企业进入国际市场、实现可持续发展并成为具有全球竞争力的世界一流企业的关键要素。

人才素质国际化。对人才素质的要求，全球正在趋同。全球视野，创新能力，复合型知识结构，较高的信息敏感度，良好的人际关系与协调能力，较强的组织能力与学习能力，良好的跨文化沟通能力以及国际化的运作水平等，已经成为国际通行的高素质人才标准。符合国际标准的优秀人才已成为世界各国企业竞相争夺的目标，也是中国企业引智的重点。

人才构成国际化。人才构成国际化是人才流动国际化的必然结果。不同肤色、不同种族、不同国别的优秀人才聚集在同一地区或同一企业已经是较为普遍的现象。来自不同国家和地区的人才具有不同的文化传统，不同的思维方式，不同的创新能力，他们聚集在一个企业团队里往往能够发挥东西文化交融互补的协同效应。中国企业现代化，就是要推动企业人才国际化，推动中国企业秉持更加开放的态度，加快培养一流的国际化人才，助力中国企业更好地开展好国际化经营。

10. 企业效益社会化

企业是经济、社会的主体，社会是企业利益产生的来源。企业发展与社会进步休戚相关，企业与社会之间可谓密不可分的"鱼水关系"。中国经济发展已经进入新常态，在保持经济平稳健康发展同时，实现就业稳定、民生改善、文化繁荣和生态良好，离不开中国企业对社会责任的切实履行。

中国企业是中国社会中的企业，中国企业需要实现商业价值和社会价值的统一，只有社会发展了，现代化程度提高了，中国企业才能有更好的商业、市场和人文环境。在中国式现代化建设中，中国企业应该更加重视、更加主动承担社会责任，积极参加各种公益、慈善事业，积极参与所在区域的社会治理和公共事务，为政府分担压力，为社会尽责，同时努力树立良好的品牌形象和传播企业先进的价值观，实现商业价值和社会价值的统一。

中国企业需要积极参与促进共同富裕事业。需要中国企业建立有利于实现共同富裕，激发劳动积极性的利益分配机制。实现共同富裕是中国式现代化的本质要求，也是中国企业现代化追求的目标，中国企业是推动中国实现共同富裕的主体。中国企业现代化的第一要务就是发展，不断提高企业创收创富的能力，提高企业全体员工的收入水平，使企业员工达到富裕人群行列。很难想象一个亏损的企业如何带领自己的员工实现共同富裕。中国企业要在做大蛋糕的基础上优化分配蛋糕，更多地关注低收入和生活困难的人群，不断提高他们的收入。中国企业是促进共同富裕的重要阵地，中国企业需要通过企业自身的现代化，不断提高企业自身的功能和能力，让企业广大员工实现共同富裕，同时为实现全体中国人民共同富裕多做贡献。

中国企业现代化的本质和内涵，决定了中国企业现代化的价值和意义，也决定了对中国式现代化的价值和意义。深刻认知这个价值和意义，并努力实施推进中国企业现代化，是中国企业的使命责任和目标追求，因为它将再次成就中国企业发展强大，成为伟大的中国企业。

（三）中国企业现代化的民营企业实践

比亚迪、华为、宁德时代三家中国民营企业是新时代中国企业现代化的代表，它们在各自领域创造的非凡成就和取得的市场地位，不仅是中国企业的骄傲，也是全球产业创新的典范，是行业引领的佼佼者。

比亚迪，全球新能源汽车产业的领军企业。从电池技术研发到整车制造，每一个环节都掌握在自己手中，2023年，比亚迪以超过300万辆的惊人销量，书写了中国乃至全球电动汽车产业的传奇，而且在电池技术、电机、电控等核心技术上取得了自主突破，为全球可持续发展贡献了中国智慧和力量。

华为，以其深厚的通信技术底蕴，编织了全球互联互通的未来网络。华为的核心能力不仅限于先进的5G通信设备，而且有深入人心的智能终端产品，以及构建智能世界的云服务和AI解决方案。华为的核心竞争力，是不懈的科研投入和前瞻性的全球视野。即使面对重重挑战，华为始终坚持自主研发，不断突破技术壁垒，以高质量的产品和服务，赢得了全球用户的信赖。华为不仅仅是一个品牌，而且是连接梦想与现实的桥梁，充分展现了中国科技企业在国际舞台上的坚韧与自信。

宁德时代，新能源浪潮中崛起的电池巨人。它的核心产品——高性能锂离子电池，正驱动着全球电动汽车和储能系统的创新发展。其核心竞争力在于对电池技术的极致探索与规模化生产能力的完美结合。宁德时代不断突破电池能量密度的极限，提升电池安全性与充电循环寿命，确保每一次充电都是对高效能和环保理念的践行。与全球各大汽车制造商的深度合作，不仅巩固了其全球市场领导地位，更彰显了中国企业在新能源领域的全球影响力和合作开放的态度。

比亚迪、华为、宁德时代，这三个名字是中国制造向中国创造转变的鲜活例证。在新时代的浪潮中，它们勇立潮头，以科技创新为帆，以市场需求为舵，引领着全球相关产业的发展方向，为中国乃至世界产业的转型升级树立了标杆，为中国企业现代化发展提供了典范。

探讨比亚迪、华为、宁德时代为何能在各自领域取得如此非凡的成就，我们不得不深思那些塑造它们成功背后的多重因素。这些因素不仅揭示了中国企业成功的内在逻辑，也是时代、市场与中国企业战略相互作用的生动写照，也是中国企业不断走向现代化的辉煌过程。

1. 牢牢抓住时代赋予行业的机遇

比亚迪、华为、宁德时代，它们都是时代的敏锐观察者，更是勇敢的实践者。在绿色低碳、信息技术、智能制造的浪潮中，它们不仅抓住了历史赋予的机遇，而且以创新为动力，成了推动时代进步的重要力量和引领者。

2. 不惧残酷的市场竞争，勇于在市场激烈中创新发展

在激烈的市场竞争中，为了保持竞争优势，这三家企业进行了长期的技术创新与产品迭代。华为在 5G、人工智能领域的不断突破，以及宁德时代在电池能量密度和快充技术上的创新，都是在市场竞争倒逼压力下，对企业研发能力的极大激发。市场竞争犹如一面镜子，映射出企业的不足，也照亮了前进的道路。比亚迪、华为、宁德时代正是在这样一种严苛而残酷竞争的市场环境中，不断挑战自我，不断创新突破，最终成就了各自的辉煌。

3. 实行的残酷的人才迭代，对创新人才的极度重视和培养

在这些行业巨头的内部，高素质人才始终被视为是推动企业创新与维持竞争优势的核心动力，而不仅仅是资源的堆砌。华为的"45岁退休"制度，要求员工在职业生涯的黄金期不断突破自我，同时也为公司带来持续性的新鲜视角和发展活力，这种看似"残酷"的人才迭代机制，实则是企业面对瞬息万变的市场环境，为了保持敏捷性、创新力和竞争力，不得不采取的一种自我革新策略。正是这种对人才的严格筛选与培养和对创新人才的极度渴望，使得比亚迪、华为、宁德时代能够在各自的领域中，如同破浪前行的旗舰，引领着行业发展的方向。比亚迪、华为、宁德时代，它们在创新人才的招揽上展现出了全球视野，不仅面向全中国，而且放眼全世界，积极搭建国际化的招聘网络，吸引来自世界各地的顶尖人才。这不仅仅是地理意义上的广纳贤才和人才国际化，更是学科交叉、文化多元的融合，为企业的创新体系和生态注入了丰富多元的思考维度和解决问题的能力。

4. 坚持核心主业不动摇，专注执着关键核心技术突破

在当今这个充满多元化诱惑的商业世界里，比亚迪、华为、宁德时代向我们展示了另外一种成功哲学：即对核心主业的极端专注与坚持。这三家企业的成功，证明了在多元化与跨界合作盛行的时代，保持对核心主业的极度专注与深度耕耘同样重要。它们通过在各自领域对核心主业的关键核心技术的深耕细作，不仅巩固了自己的市场地位，而且在技术上也树立了难以逾越的行业标准。这种专注与坚持，是它们能够在全球竞争中脱颖而出，成为行业标杆的关键所在。

5. 对市场变化保持极度的敏感性，不断引领行业发展的方向

比亚迪、华为、宁德时代，这些业界翘楚，正是凭借其对市场变化的极度敏感和科学把握，不断调整航向，始终在各自领域中傲立潮头。比亚迪，作为新能源汽车的领航者，深刻理解到消费者对于环保、高效能车辆的渴望，以及对于电动化、智能化的未来市场发展趋势，不仅迅速地在新能源汽车上优先布局加大研发，还前瞻性地投资电池技术，精准满足了消费者和全球市场对安全与长续航的双重需求，引领了行业的发展方向。华为的故事，是关于如何在通信技术快速迭代的浪潮中保持领先的故事。从2G 到 5G，华为不仅紧跟每一次技术革命的步伐，而且在某些领域已成为规则的制定者。面对全球对新能源汽车需求的爆发式增长，宁德时代迅速扩大产能，同时不断优化电池性能，提高能量密度，降低生产成本，以适应市场对高性价比、长续航电池的迫切需求。

6. 对国际化经营的极度热情，不断开拓国际市场

在全球化的今天，国际市场是检验企业真正实力的试金石。比亚迪、华为、宁德时代不仅在国内市场独领风骚，同时以更加开放的姿态积极开拓国际市场，参与全球竞争与合作。它们通过国际化布局，不仅拓宽了市场边界，还促进了技术交流、品牌影响力的提升和国际竞争力的增强，展现了中国企业在世界舞台上的自信、雄心与实力。

微信、支付宝、抖音、新能源汽车、通信、动力电池等，为什么能在全球市场创造重要影响的"现象级"产品？为什么这些中国品牌大都来自中国民营企业？中国民营企业在众多领域中能孕育出"现象级"产品，得益于其内在的灵活性、市场化的激励机制、激烈的市场竞争环境、资本市场的支持、国际化的发展战略、产业政策的扶持，以及最为关键的企业家精神。这些元素共同构成了中国民营企业独特的创新生态，推动着中国企业在新时代的浪潮中乘风破浪，引领潮流，不断加快现代化。

1. 灵活性与速度的较量

民营企业以其天然的灵活性，在快速变化的市场中如鱼得水。以微信为例，它从一个简单的通信软件迅速演变成集社交、支付、服务于一体的超级应用，这种快速迭代的能力，正是得益于民营企业的决策高效与市场敏感性。它们不像巨轮般笨重，能够迅速捕捉市场用户需求，灵活调整航向。它们能够迅速调整策略，响应消费者需求，果断高效做出决策，甚至主动引领趋势。在互联网、高科技和新能源这些日新月异的行业中，时间就是生命，民营企业能够做到感知快、反应快、决策快、执行快，这是它们能够在短时间内推出创新产品，占领市场高地的关键。

2. 激励和淘汰机制的魔力

中国民营企业普遍采用更加市场化的激励方式，包括股权激励、绩效奖金等，这种机制直接将个人利益与企业命运紧密联系在一起，激发了员工的创新动力和工作热情。相比之下，国有企业在激励机制上可能受限于观念、体制和政策，难以达到同样的激励效果。

3. 市场竞争的洗礼

民营企业从诞生之日起，便置身于激烈的市场竞争之中，这种环境逼迫它们不断寻找用户需求、发现差异化优势，不断创新突破，以求生存与发展。中国民营企业深深植根于中国本土市场，对消费者的需求有着深刻的理解和快速响应。无论是支付宝解决线上支付的信任问题，还是电动汽车企业针对城市出行痛点的精准定位，都是基于对中国社会变迁的敏锐洞察。正是这种"适者生存"的自然选择机制，催生了一大批具有国际竞争力的中国优秀企业。

4. 资本市场的助力

中国民营企业更容易获得风险投资和公开市场的融资，这为它们提供了快速扩张和技术创新所需的"燃料"。资本的涌入，不仅解决了资金问题，更带来了先进的管理经验和资本盈利能力。

5. 国际化视野和国际化能力的拓展。

许多中国民营企业自成立之初就具备全球化思维，积极开拓海外市场，通过与国际企业的合作与竞争，不断提升自身的技术水平和管理水平，进而反哺国内市场，推出更具竞争力的产品。以电动汽车领军者比亚迪为例，它们不仅在国内市场独领风骚，更在全球范围内与国际巨头同台竞技，展现出"中国创造"的实力。

6. 产业政策环境的优化

中国政府制定了长期的支持培育新能源汽车的产业政策，对民营经济给予了前所未有的支持和长期正确的发展导向，出台了一系列鼓励创新、减税降费、优化营商环境的政策措施，为民营企业的成长和提高市场竞争力创造了良好的外部条件。中国政府长期性、连续性和前瞻性的产业政策和持续优化营商环境，为民营企业的成长壮大和创造非凡业绩奠定了特殊而不可替代的基础。

7. 企业家精神的光辉

在中国民营企业的背后，站着一群富有远见卓识的企业家。这些民营企业家身上体现的是敢为人先的勇气、持续创新的决心和对社会责任的担当。他们的故事激励了一代又一代创业者，形成了良性循环的创新生态。他们敢于梦想，勇于冒险，不畏挑战，正是这种企业家精神，驱动着中国企业不断突破边界，创造出一个又一个"现象级"的产品和服务。

五、中国企业现代化的实现路径和重要措施

中国企业现代化是一个长期系统工程，需要有具体的实现路径和重要措施支撑。中国企业现代化应借助建设世界一流企业和专精特新高科技企业，加快做强做大，实现高质量发展，发挥国有企业的带动引领作用，实行与民营企业优势互补、协同发展，积极参加国际化竞争和高水平国际化经营，创造新领域、新产业、

新赛道，构建新范式、新质生产力，培养新优势，在与中国式现代化互动互促相互成就中逐步推进实现。

（一）加快建设各行业世界一流企业和各领域专精特新高科技企业，推动中国企业实现现代化

全球经济一体化的深入发展，使中国企业面临前所未有的挑战和机遇。为了适应新的形势，推动中国经济高质量发展，必须加快建设各行业世界一流企业和各领域专精特新高科技企业，以引领中国经济创新发展，全面推动中国企业实现现代化。

加快建设各行业世界一流企业是中国经济发展的重要任务，也是中国企业实现现代化的重要路径。我们需要通过培育具有国际竞争力的企业巨头，在规模上占据领先地位，在技术创新、管理水平、品牌价值等方面具备世界一流水平，去引领、推动、激励中国企业加快实现现代化。通过建设世界一流企业，引导中国企业树立全球视野，培养全球思维、塑造全球格局，积极引进国际先进技术和管理经验，不断提升自身核心竞争力。

推动各领域专精特新高科技企业发展，是实现中国经济创新发展的关键，也是中国企业实现现代化的关键。专精特新高科技企业通常具备现代鲜明的技术特色和市场优势，是推动产业链升级、优化产业结构的重要力量。通过培育和大力发展专精特新企业，培育壮大新兴产业，助力中国科技创新。同时，引导中国企业紧密围绕国家发展战略，聚焦主业，持续创新，提高科技成果转化能力，以实现中国企业可持续发展。

建设世界一流企业和专精特新高科技企业可以形成系统性的

目标、方向、规范、标准和导向，全面推动中国企业实现现代化。建设世界一流企业和专精特新高科技企业，是推动中国企业迈向现代化进程的重要战略举措。这两类企业不仅为行业发展树立了标杆，更为国家经济的繁荣提供了坚实支撑。世界一流企业代表着全球范围内的卓越竞争力，它们凭借先进的技术、优质的产品和高效的管理，赢得了国际市场的广泛认可。这些企业不仅推动了行业的创新发展，还为国家经济的持续增长贡献了重要力量。专精特新高科技企业则专注于某一特定领域或产品，通过深度挖掘和精细化运营，形成了独特的竞争优势。这些企业在细分市场中占据领先地位，为整个行业提供了丰富的产品选择和技术支持。通过建设这两类企业，可以形成一个系统性的目标导向和规范标准。这不仅有助于促进中国企业提升整体竞争力和创新能力，还能推动整个行业向更高水平发展。

建设世界一流企业和专精特新高科技企业是一个长期过程和系统行为，可将这两个过程和系统行为链接起来形成一体互相促进。建设世界一流企业与专精特新高科技企业需长期努力和系统布局，两者应相互链接、互动互促，共同推动发展。世界一流企业需具备全球视野和战略布局，优化管理，提升竞争力；专精特新高科技企业应专注科技创新，拓展市场，实现快速发展。两者可合作研发、开拓市场，实现资源共享和优势互补。同时，重视人才培养和引进，为长远发展提供坚实保障。

加快建设各行业世界一流企业和各领域专精特新高科技企业，两者相互促进，共同发展，是中国经济创新发展的必由之路。只有紧紧抓住这个战略机遇，才能推动中国企业实现现代化，为中国经济高质量发展贡献力量。

（二）加快发展数字化、智能化，全面提升企业创新发展能力和科学管理水平，实现中国企业现代化

数字化、智能化是世界现代化发展的方向、重点、路径和象征，也是中国企业现代化建设的重要内容。它们不仅指引现代化发展的方向，更是我们追求卓越、迈向未来的关键所在。对于中国这样一个正在迅速崛起的大国而言，数字化和智能化已经成为中国企业现代化建设的重要内容，具有深远广泛的影响。借助数字技术，企业能够实时了解市场动态，精确掌握消费者需求，实现资源的最优配置，从而提升生产效率和市场竞争力。智能化，则是在数字化的基础上，将人类智慧与机器智能相结合，推动企业的运营和管理迈向新的高度。在智能化的驱动下，企业可以凭借人工智能、机器学习等尖端技术，实现自动化、智能化的决策和运营。

数字化、智能化是提升中国传统产业技术、改变粗放管理、提高企业效率最有效的路径和方式。数字化技术通过引入大数据、云计算等，实现生产过程的精准控制和智能化管理，提高生产效率和质量。智能化技术则通过模拟人类智能，使机器具备自主决策能力，降低对人工的依赖。二者结合，能为中国传统产业带来广阔发展空间，促进产业链协同创新。据统计，许多传统产业在数字化和智能化的推动下已经实现显著进步。未来，数字化和智能化将继续推动传统产业转型升级，推动中国企业加速现代化。

　　加快数字化、智能化建设，可以全面提高中国企业现代化水平、整体效率效益和员工素质能力。数字化建设是中国企业现代化进程中的重要一环。通过引入先进的信息技术和数字化工具，使中国企业可以实现对业务流程、管理模式的全面优化。例如，利用大数据分析和云计算技术，企业可以精准地分析市场需求、优化产品设计和生产流程，从而提高生产效率和市场竞争力。同时，数字化技术还能助力中国企业实现精细化管理，提升决策效率和准确性。

　　智能化建设是数字化建设的升级版，它利用人工智能、机器学习等先进技术，进一步提升企业的智能化水平。通过引入智能机器人、自动化生产线等设备，使中国企业可以实现对生产过程的自动化、智能化控制，减少人工干预，降低生产成本。此外，智能化技术还能帮助中国企业实现精准营销、智能客服等功能，提升客户体验，增强品牌影响力。

　　数字化、智能化建设还能有效提升企业员工的素质能力。通过培训和学习，员工可以掌握先进的数字化、智能化技术，提升自己的专业技能和综合素质。使员工能更好地适应企业发展的需要，增强员工的自信心和成就感，激发员工的创新精神和创造力。通过引入先进的信息技术和智能化设备，中国企业可以全面提高现代化水平，提升整体效率效益和员工素质能力，为企业的长远发展奠定坚实的基础。

　　越来越多的中国企业开始重视数字化和智能化的建设，未来，随着技术的不断进步和应用领域的不断拓展，数字化和智能化将会为中国企业带来更多的机遇和挑战。

（三）以高质量发展促进中国企业实现现代化

在全球经济日新月异的今天，中国企业必须加快转变发展方式，实行高质量发展，促进实现现代化，中国企业只有全面实现现代化，才能长期保持高质量发展。

中国企业实现高质量发展需要具备一定的能力和基础，中国企业的现代化就是创造这种能力和基础。中国企业实现高质量发展需要具备技术创新、市场开拓、管理运营等多方面能力，并在企业文化、组织结构上实现全面升级。中国企业现代化是创造这些能力和基础的关键。通过技术创新、市场洞察、高效管理、人才培养以及文化、组织结构的优化，中国企业能够提升竞争力，实现高质量发展。

加快转变经济发展方式是中国企业现代化的关键。过去，中国企业依靠低成本、高消耗的发展模式取得了显著的经济成果，但这种方式已不再适应新时代的要求。中国企业需要从要素投入驱动转向创新驱动，提高科技创新能力，发展新兴产业，培育新动能，实现经济增长的质量变革、效率变革和动力变革。

调整优化产业结构是实现中国企业现代化的必要途径。中国企业现代化要坚持走中国特色的产业发展道路，推动产业结构不断升级，促进产业链向高端发展。一方面，要加强基础设施建设，提升传统产业；另一方面，要大力发展战略性新兴产业，为中国经济发展注入新活力。

提高产品和服务质量是中国企业现代化的核心。在激烈的市场竞争中，企业要想脱颖而出，就必须以质量求生存、以质量求发展。中国企业需要大力实施质量强国战略，弘扬工匠精神，培育一批具有国际竞争力的品牌企业，提升中国产品在国际市场的地位。

提高经济效益是中国企业实现现代化的内在要求。企业要不断优化资源配置、降低成本、提高盈利能力，为实现可持续发展奠定坚实基础。在此过程中，要充分发挥市场在资源配置中的决定性作用，深化国有企业改革，推动企业创新管理、提高经营效益。

加快转方式、调结构、提质量、增效益，做强做优做大，实行高质量发展，是推动中国企业现代化的根本原则。中国企业要紧密围绕国家战略，积极适应新形势，勇于担当，不断开拓创新，为实现中国企业现代化贡献力量。只有这样，中国企业才能在世界经济的大潮中破浪前行，谱写出新时代中国企业的辉煌篇章。

（四）积极参与全球化，在国际竞争中实现中国企业现代化

中国企业需要加快高水平国际化经营步伐，积极参与全球化竞争与合作，逐步实现中国企业国际化，以助推中国企业实现现代化。在全球经济一体化和全球竞争日趋激烈的环境下，中国企业实现现代化最好的路径方式就是开放与积极参与全球竞争，在全球竞争中，创新发展超越，在全球竞争中提升能力强大自己，在全球竞争中赢得主导权，确立主导地位，实现现代化。

加快高水平国际化经营是中国企业应对全球化挑战的关键。在全球化背景下，企业之间的竞争已经从国内延伸到国际市场，企业需要具备全球视野，关注国际市场需求，优化全球资源配置，

提高国际竞争力。加快国际化经营，不仅有助于中国企业拓展国际市场，提高市场份额，还能促进中国企业技术创新、管理创新和文化创新，为中国经济高质量发展贡献力量。

积极参与全球化竞争与合作是中国企业走向国际化的必然选择。在全球产业链、价值链、供应链不断整合的背景下，中国企业需要与国际企业建立紧密的合作关系，共同应对市场变化和风险挑战。通过与国际企业的竞争与合作，中国企业可以学习先进的管理经验、技术工艺，提升自身核心竞争力，实现可持续发展。

实现中国企业国际化是助推中国企业现代化的根本途径。国际化经营有助于中国企业在全球范围内整合资源、开拓市场、提高品牌影响力，从而实现企业的转型升级和产业结构优化。此外，国际化经营还有助于中国企业践行社会责任，推动全球经济可持续发展，提升中国在世界经济中的地位。

加快高水平国际化经营，积极参与全球化竞争合作，逐步实现中国企业国际化，是助推中国企业实现现代化的必然选择。中国企业应抓住全球化发展的历史机遇，以国际化的视野和举措，不断提升自身竞争力，推动中国企业走向世界舞台的中心。

（五）创造新领域、新产业、新赛道，构造新范式、新质生产力，培育新优势，加快中国企业实现现代化

加快中国企业实现现代化，需要中国企业不断创新，开拓新领域、新产业、新赛道，构建新范式、新质生产力，培育新优势。

探索新技术，开拓新领域。随着科技的飞速发展，新的应用场景和市场需求不断涌现。中国企业应敏锐捕捉这些变化，积极投入新技术的研究和应用，不断拓展产业边界。人工智能、大数据、物联网等新兴技术为中国企业提供了丰富的应用场景，如智能制造、智慧城市、无人驾驶等。中国企业应紧密跟踪这些技术的发展趋势，提前布局，抢占市场先机。

培育新优势，提升竞争力。在全球产业链、价值链重构的背景下，中国企业需要不断调整产业结构，培育新优势，提升产品质量、优化生产流程、加强品牌建设等多个方面。中国企业应关注产业链上下游的整合，通过并购、战略合作等方式，实现产业资源的优化配置，提高整体竞争力。

构建新范式，推动产业升级。新范式是推动产业升级的重要动力。中国企业应关注产业变革的最新动态，主动拥抱新技术、新模式，如共享经济、平台经济等。中国企业还需加强创新能力，推动产学研一体化，形成创新链条，为产业升级提供源源不断的动力。

创设新产业、新赛道，引领未来发展。在新一轮科技革命和产业变革中，中国企业应充分发挥中国产业链齐全、市场规模巨大的优势，积极创设新产业、新赛道。通过培育新兴产业，对传统产业进行转型升级，通过不断创新，引领未来发展，为中国经济持续增长注入新动力。

深化国际合作，共享发展机遇。在全球经济一体化的大背景下，中国企业应积极参与国际合作，拓展国际市场，分享全球发展机遇。中国企业具备全球视野，了解国际市场需求，善于利用全球资源，提高国际竞争力。同时，企业还应关注国际政治、经济、文化等方面的变化，做好风险防范，确保稳健发展。

在中国企业迈向现代化的进程中，创造新领域、新产业、新赛道，构建新范式、新质生产力，培育新优势是关键。

（六）积极参与中国式现代化建设，在与中国式现代化互动互促和互相成就中，在国有企业和民营企业优势互补、协同发展中，加快实现中国企业现代化

中国式现代化建设的步伐日益加快，为中国企业现代化提供了广阔的舞台和无限的机会。在这一进程中，中国企业必须积极参与，与中国式现代化互动互促，相互成就，才能最终实现自身的现代化。

深刻把握中国式现代化的本质内涵和鲜明特点，对于中国企业至关重要。中国式现代化不仅仅是一种经济现象，更是一种社会、文化和政治的综合转型和变革。它强调在保持国家主权和民族特色的基础上，吸收和借鉴国际先进经验，推动经济、政治、文化、社会和生态文明建设的全面发展。因此，中国企业在实现现代化进程中，必须紧密结合中国式现代化的特点，注重自身的社会责任和民族情怀，实现经济效益和社会效益的双赢。

中国企业现代化需要与中国式现代化互动互促，相互成就。中国企业不仅要关注自身的利益和发展，还要积极参与国家和社会的发展大局，为国家的现代化建设贡献力量。中国企业通过积极参与国家重大基础设施建设、科技创新项目、社会公益

事业等，推动国家整体实力的提升。同时，中国企业也可以借助国家政策的支持和市场的机遇，实现企业自身的快速发展和壮大。

国有企业与民营企业在中国式现代化建设中，应充分发挥各自优势，在不同行业和领域、互相支持、相互成就、协同发展。国有企业和民营企业是推动中国式现代化建设的两个主要引擎，缺一不可，两者共同的协同发展将推动中国式现代化再创辉煌和奇迹，同时，也推动两者自身加快现代化。实现国有企业和民营企业的现代化、将奠定整个中国企业现代化的主体。事实上，一大批优秀的国有企业和民营企业已经实现或正在实现高水平的现代化，这是中国未来崛起强大的希望，是中国超越美国、主导引领世界经济发展的重要基础。

实现中国企业现代化是一个长期而艰巨的任务。在这一过程中，中国企业必须保持战略定力，坚定信心，不断创新和进取。同时，中国政府和社会各界也应该给予中国企业充分的支持和帮助，为中国企业现代化创造良好的发展环境和实现条件。

积极参与中国式现代化建设是中国企业实现现代化的必由之路。通过与中国式现代化的互促共进与相互成就，中国企业不仅可以加快实现自身的现代化，也可以为国家的现代化建设作出新的更大贡献。

第三章
变革经济发展范式与中国企业高质量发展

　　未来十年至十五年是中国新质生产力的形成期，是比较优势的转换期，是中美两国经济总量历史性易位的关键期，是中国崛起强大的决定期，也是国际格局的大调整期，对中国具有决定性和全局性的意义。这一时期，世界科技革命和产业变革将取得重大突破、全球治理体系将快速重构，国际经济秩序和经济发展范式将发生深刻变化。这一时期，中国将全面实现中国式现代化，中国经济总量将超越美国，成为世界第一大经济体，中国企业将再次改变中国，影响世界，并塑造一个全新的未来。

　　中国企业实现高质量发展，必须充分认识国际关系的深刻变化、全球科技革命的发展趋势和中国式现代化建设的新需求，制定符合中国国情、符合中国企业发展实际的高质量发展目标和实现路径，以科技创新和深化改革双引擎改变经济发展范式，提升全要素生产率，构建新的增长机制和增长模式，实现中国企业高质量发展，推动中国式现代化全面、早日完成。

一、高质量发展是中国经济发展的历史必然和时代进步的客观要求

高质量发展是时代进步的要求和历史发展的必然。高质量发展是人类经济社会发展到一定阶段的必然结果，高质量发展的提出顺应了社会经济发展的客观规律，是破解中国发展不平衡、不充分矛盾的必然要求，是实现中国式现代化的必然路径。随着中国经济社会的不断发展，高质量发展已成为中国全社会的共识和中国企业追求的新目标。

纵观新中国成立以来中国经济发展的演变轨迹，从发展阶段来看，中国经历了由追赶时代到引领时代的发展历程；从发展理念来看，中国呈现出由追求速度到强调效益的动态转变；从发展效益来看，中国实现了由强调数量到注重质量的伟大飞跃。从立足中国式现代化视角来看，高质量发展已成为新时代中国式现代化建设的主旋律，高质量发展不仅表现为经济发展水平的进一步提升，而且更加强调经济社会发展的协同性，更加体现以人民为中心的价值导向。

（一）实现高质量发展是中国经济社会发展的需求，是中国特色社会主义理论和实践的统一

中国共产党在领导中国人民进行革命、建设和改革的百年历程中，不断总结正反两个方面的经验，从中国的历史传统、文化积淀和基本国情出发，牢牢把握不同发展阶段的历史性特征，进行了富有智慧的实践探索，并及时上升为思想理论，科学地指导

实践，创造了经济快速发展和社会长期稳定两大奇迹。

从历史上看，高质量发展是中国共产党在推动经济建设不断向高级形态迈进过程中形成的。中国走向高质量发展是一个历史渐进过程，不可能一蹴而就。新中国成立初期，中国经济发展面临一穷二白的局面，国家集中资源在短时间内建立起独立的比较完整的工业体系和国民经济体系。1978年11月，党的十一届三中全会提出，把全党工作的着重点和全国人民的注意力转移到社会主义现代化建设上来，对内进行改革，对外进行开放。1982年，党的十二大提出，到20世纪末力争使全国工农业年总产值实现翻两番的经济建设目标。此后一段时间，中国经济经历了高速发展的时期，生产潜力不断得到释放，生产要素有效利用，经济规模越来越大。与此同时，经济增长方式粗放，经济结构不合理，能源、资源、环境等约束日益凸显，经济发展方式转变问题日益成为必须解决的重大问题。党的十三大开始强调经济效益和经济结构的问题，提出要从粗放经营为主逐步转向集约经营为主的轨道，党的十五大提出了可持续发展战略，党的十七大进一步明确了加快转变经济发展方式的战略任务。党的十八大以来，中国特色社会主义进入了新时代，党中央提出要适应、把握、引领经济发展新常态，坚定不移贯彻新发展理念。党的十九大根据中国发展阶段和社会主要矛盾发生重大变化，这一实际情况，明确提出了中国经济必须从高速增长阶段转向高质量发展阶段。党的二十大强调，高质量发展是全面建设社会主义现代化国家的首要任务。

从实践上看，高质量发展是中国全面建设社会主义现代化国家的需要。当前，中国社会主要矛盾已经转化为人民日益增长的美好生活需要和不平衡不充分的发展之间的矛盾。发展不平衡不充分本质上是发展质量不高。经过多年的发展，中国在一些领域和地区已经实现现代化，有些领域正处于现代化过程中，有些地区则还停留在发展落后的状态。现阶段，中国生产函数正在发生变化，经济发展的要素条件、组合方式、配置效率不断发生改变，面临的硬约束明显增多，资源环境的约束越来越接近上限，碳达峰碳中和成为中国未来中长期发展的重要框架，高质量发展和科技创新成为多重约束条件下求解最优结果的正确路径和有效方法。在全面建设小康社会阶段，中国主要解决的是"量"的问题；在全面建设社会主义现代化国家阶段，中国必须解决好"质"的问题，在质的大幅提升中实现量的持续增长，才能适应时代和人民发展的需要。

从理论上看，高质量发展是中国共产党把握发展规律、从实践认识到再实践再认识的重大理论创新。经济发展理论必须与时俱进。马克思主义的认识论强调，新理论产生于新实践，新实践需要新理论指导。党的十八大以来，以习近平同志为核心的党中央作出经济发展面临"三期叠加"、经济发展进入新常态等重大判断，强调不能简单以生产总值增长率论英雄，必须深化供给侧结构性改革。党的十九大作出了中国经济已转向高质量发展阶段的判断，并对高质量发展的本质内涵、价值目标和路径方式进行了全面阐述。并作了进一步强调。这些思想环环相扣，系统回答了经济形势"怎么看"、经济工作"怎么干"、为什么要实行高质量发展的问题。推动高质量发展的重要论述，连同经济发展新常态、深化供给侧结构性改革、统筹发展与安全、贯彻新发展理念、构建新发展格局等，成为习近平经济思想的重要组成部分，是马克思主义政治经济学的最新成果。这些重要思想是党的十八大以来中国经济发展取得历史性成就、发生历史性变革的根本思想保证，是全面建设社会主义现代化国家过程中必须长期坚持的重要指导思想。

（二）中国已经具备了实现高质量发展的基础条件和综合能力

高质量发展必须具备基础条件和综合能力。实现现代化是近代以来中国人民的不懈追求，也是世界各国人民的共同追求。100多年来，中国通过自主实践找到了一条中国式现代化道路，创造了人类文明新形态，同时中国在经济社会发展方面也积累形成了强大的基础实力，具备了向高质量发展转型升级的能力和条件。

亿万级市场主体是中国经济发展的底气和韧性所在。全国市场主体已经突破 1.6 亿户，带动就业近 3 亿人，2013 年以来新增的涉税市场主体 2023 年纳税额达到 4.76 万亿元，国有经济布局优化和结构调整持续推进，非公有制经济发展环境不断优化，民营企业数量从 1 085 万户增长到 4 457 万户，充分展现了中国经济的强大韧性和发展活力。

中国市场化、法治化、国际化营商环境不断提升。中国营商环境全球排名从 2013 年的第 96 位跃升至最新的第 31 位；引资规模稳居发展中国家首位，2021 年实际使用外资 1.15 万亿元人民币，较 2012 年增长 62.9%；10 年来，服务业增加值增长 1.49 倍，服务贸易进出口年均增长 6.1%。过去 10 年，中国对全球增长的带动和贡献已经超过七国集团总和。今天的中国，已成为 140 多个国家和地区的主要贸易伙伴，每天有 3.2 亿美元中国直接投资走向世界，每月有 3 000 多家外资企业落户中国。

基础设施是中国经济社会高质量发展的重要支撑和必备条件。中国的交通、能源、水利和新型基础设施发展取得了历史性成就，现代综合立体交通运输体系和现代能源体系加快构建，基础设施整体水平实现跨越式提升，为经济社会高质量发展提供了有力保障，也为全面建设社会主义现代化强国打下坚实基础。10 年来，中国现代化综合立体交通运输体系建设布局、结构功能和发展模式不断优化，战略骨干通道加快建设，多层级一体化综合交通枢纽体系逐步完善，覆盖范围和通达深度持续拓展。

中国基础设施工程建设和技术创新水平不断进步，创新驱动发展能力显著增强。从高速铁路、大跨度桥梁到特高压输电、三代核电，从特大型水利工程、新一代移动通信到工业互联网等，中国在诸多基础设施工程领域实现跨越式发展，离岸深水港、大型机场工程等建造技术已迈入世界先进或领先行列。

中国着力提高供给体系质量，产业结构进一步优化。新兴产业加速发展，服务机器人、人型机器人蓄势待发，新能源汽车产销量连续 7 年居世界首位，新材料产业实现重大突破，传统产业改造升级步伐加快，数字化、绿色化转型全面推进。区域布局不断优化，重点地区龙头带动作用进一步增强，电子信息、轨道交通等领域形成一大批先进制造业集群。

中国着力提升服务经济社会发展能力水平，信息通信业实现迭代跨越。目前已建成了全球规模最大、技术领先的网络基础设施，光纤网络接入带宽实现从十兆到百兆、再到千兆的指数级增长。移动网络实现从 3G 突破、4G 同步、5G 引领的跨越。历史性实现全国行政村村村通宽带，为全面完成脱贫攻坚目标任务作出了积极贡献。互联网在消费领域的应用更加丰富，在生产领域的应用加速拓展深化。5G、工业互联网、大数据、云计算、人工智能等先进技术与制造业深度融合，推动产业数字化、数字产业化不断加快。数字经济发展势头迅猛，为中国全面实现高质量发展创造了有利条件。

（三）新一轮科技革命的兴起为中国企业高质量发展提供了新的动力引擎

以人工智能为代表的新一代数字技术的广泛应用和新的重大突破，推动世界各国经济社会的数字化转型不断深化；以应对气候变化为目标的全球倡议与行动，推动绿色低碳转型加速发展。从全球发展历史经验看，重大科技革命和产业变革是推动经济增长机制和发展范式创新、世界发展和人类文明进步最重要的原因。

1. 人工智能科技革命

以 ChatGPT 为代表的人工智能科技革命的意义不亚于电力革命中的交流电与信息革命中操作系统的诞生。人工智能科技革命正在深深地影响着各行各业和人类社会发展的未来。体力劳动者正在被智能机器取代，脑力劳动者正在被智能算法取代，工作模式正在发生前所未有的变化。人工智能带来了计算能力的革命。就像蒸汽机之于蒸汽时代、发电机之于电气时代、计算机和互联网之于信息时代，人工智能正在成为推动所有行业的新动力，并有可能为各个行业和领域变革赋能、未来人工智能将使所有产业基础再造，产业链重构，创新链重塑，价值链重组，将创造一个全新的世界。

人工智能，既可以带来全新的发展机遇，也会深度改变发展范式，它将促进生产和社会服务的创新、为发展中国家带来数字机遇、帮助实现绿色转型、创造新业态、打破技术创新瓶颈等；同时也会带来新的挑战，例如取代熟练工人、改变社会就业格局、加剧贫富差距、加深数字鸿沟、威胁隐私和安全等。

以人工智能为代表的新一代数字技术迭代速度快，渗透能力强，影响面广，已经并将继续深刻影响人类的生产生活方式。互联网技术快速推进，已经从 PC 互联进入移动互联，正在进入万物互联时代；大数据、云计算、人工智能技术的进步，将带来更加深刻的变化。这些变化至少表现在四个方面：一是推动人类生活方式的深刻变化，网上购物、数字消费早已经飞入寻常百姓家；二是推动生产方式革命性变化，数据成为新的生产要素，数字经济成为当前最具活力的领域，数字技术还能为其他产业赋能，智能制造、服务型制造、数字贸易等新的生产方式或贸易活动风起云涌；三是促进国家治理体系和治理能力现代化，数字政府在治理理念、平台、流程、标准等方面将发生深刻变革；四是推动国际竞争范式的深刻改变，数字经济发展水平很大程度上决定着一国的国际竞争力，数据安全已成为事关国家安全与经济社会发展的重大问题。未来，如果量子计算、超级计算、智能计算三者实现重大创新突破并融为一体，协同发展，有可能推动人工智能产生革命性的进步，将彻底改变延续几百年的生产生活方式和人类社会发展范式，创造一个全球的世界和未来。

2. 绿色清洁能源革命

全球气候变化，已成为 21 世纪人类的严重威胁。化石能源的大量使用，改变了地球系统自然碳循环路径，导致温室气体超量、超前排放，地表温度持续攀升，达到近 150 年来的最高水平，连续多年的夏季全球异常高温为气候变暖再敲警钟。

在能源转型变革的背景下，减碳成为全球共识。人类的减碳思维与行动，推动能源演化从薪柴时代、煤炭时代和油气时代，向新能源时代发展；相应的能源体系也将从高碳向低碳，甚至向零碳方向发展，从碳基能源向非碳基能源转型。应对气候变化日益紧迫，绿色低碳转型加速推进。目前，应对气候变化已经从倡议转变为行动，能源结构、产业结构甚至生活方式的绿色化转型正在加速建构。经济社会发展的绿色化转型在带来巨大挑战的同时，也将催生新技术、新产品、新服务，蕴含着巨大的发展潜力。光伏、风电等新能源蓬勃发展，新能源汽车快速兴起，绿色化转型带来了全新的发展机遇。

中国已经在上述领域处于全球领先地位，为中国企业把握数字化和绿色化转型的战略机遇、全面实现高质量发展奠定了坚实基础。需要指出的是，数字化与绿色化并非互不相交的两条平行线，而是相互融合、相互促进，这将使中国企业未来发展转型更加广泛、深刻和快速。中国企业必须清醒认知这一重大趋势性变化，以高度的历史自觉和理性科学的精神把握好两大转型并激发出两者的叠加效应，实现高质量发展。

3. 人工智能与绿色低碳融合发展

人工智能与绿色低碳发展融合将催生出大量新领域新赛道，中国企业应予高度重视，采取得力措施，把握机遇，应对挑战。中国企业需要尽快做好顶层设计，深入研究不同领域技术创新与产业发展的趋势与规律，以全球视野进行谋划，既重视新领域新赛道，也重视利用新技术改造提升传统产业，新旧并举、共同发展。

中国企业应坚持双轮驱动，利用好有为政府和有效市场的作用，推进深层次改革，充分释放创新发展的潜力与活力。中国企业应积极推进高水平对外开放，充分利用中国超大规模市场优势，吸引汇聚全球高端要素资源和先进技术，聚天下英才而用之，增强国内国际两个市场两种资源联动效应，加快实现科技高水平自立自强。在实现高质量发展过程中，中国企业需要更好统筹发展与安全，维护产业链供应链安全稳定运行，有效应对各类风险挑战。

从人类现代化进程来看，凡是能够引领科技革命的国家，总能够抓住先机、抢占未来发展制高点，率先获得新科技、新产业带来的发展机遇。面对数字化和绿色化这两大转型，只要中国企业坚持科技自立自强，完全有能力、有条件成为新一轮科技革命和产业变革的引领者，开创中国企业高质量发展的新空间、新领域和新赛道。

二、中国企业高质量发展的价值目标和社会责任

中国经济已经由高速增长阶段转向高质量发展阶段。推动高质量发展是当前和今后一个时期国家的发展战略和工作重点，中国企业需要深刻认知和理解把握高质量发展的本质内涵、价值目标和社会责任，为推动中国经济高质量发展做出新贡献。

（一）高质量发展的本质内涵和社会价值目标

中国在全面建成小康社会后已迈入第二个百年奋斗目标——全面建成富强民主文明和谐美丽的社会主义现代化强国。中国过去四十多年的高速经济增长创造了巨大的物质财富，中国经济总量稳居世界第二位。快速工业化推动了城镇化发展，促进了经济现代化水平的提升。但也要看到，区域发展自主创新能力不强、部分行业产能过剩、金融风险上升、外部供给和内部需求错配、资源环境约束加重等经济发展质量不高的问题突出。基于此，二十大精神提出了中国经济必须由高速增长阶段转向高质量发展阶段的重大论断。即要转变要素投入驱动和成本推动的粗放增长方式，走一条符合国情、依据新发展理念、构建新发展格局的高质量转型发展之路。

高质量发展的本质内涵体现在多个方面，不仅包括经济总量和物质财富数量的增长，还包括经济、政治、文化、社会、生态等各方面质的全面提升，重点需要解决经济社会发展中突出的不平衡、不充分问题。衡量高质量发展的标准通常包含经济发展的有效性、协调性、创新性、持续性、分享性等方面，这些标准的

评价涉及多个维度。系统观视角下的高质量发展就是要让创新成为第一动力、协调成为内生特点、绿色成为普遍形态、开放成为必由之路、共享成为根本目的的发展。

高质量发展的本质内涵是不断动态变化的，高质量发展的标准是根据国情民意的需求不断丰富充实的，我们不能把高质量发展的路径方式简单理解为高质量发展的全部内涵乃至高质量发展的全部要求，也不能将现阶段的标准作为长期的目标。

高质量发展有明确的社会价值目标和社会责任。使人民更健康更高质量地生活，保护生态环境，科学有效地利用有限的资源，实现清洁低碳循环发展，真正依靠科学技术创新作为发展的主要驱动力量来推动经济增长，实现人民共同富裕，使人民群众有更多的获得感和幸福感，促进实现人与自然的和谐共生，实现长期可持续发展，实现物质文明与精神文明的协同发展，这是高质量发展的真理要义和本质内涵。我们不能简单地将高质量发展的手段路径和方法作为高质量发展的本质。

速度与质量是辩证的统一，没有一定的发展速度就很难谈到发展的质量，高质量发展必须同时注重发展的"量"和"质"。其显著特征是：从关注经济规模和增长过程，转向关注增长的结果和增长的效益；从关注经济增长的一个维度，转向关注经济发展、社会公平、生态环境等多个维度；从片面重视高增长产业，转向关注产业协同发展、构建现代产业体系；从关注经济增长的要素投入，转向关注要素生产率的提升和要素优化配置。由此可见，高质量发展是更充分更均衡的发展，并需要在更高水平上实现供给和需求的动态平衡。

（二）高质量发展的核心要义是提升人民群众的福祉，实现共同富裕

实现高质量发展的根本目的是为了人民，实现高质量发展的根本动力必须依靠人民，实现高质量发展的评判标准是人民群众的获得感。

高质量发展是从现实的人出发，明确了发展是为了人民的正确价值取向。马克思主义以唯物辩证法和唯物史观为基础，实现了从"抽象的人"到"现实的人"的转变，提出人是具体的、现实的、有生命的个体。"现实的人"强调认识人要从具体的、现实的前提性条件出发，从人生活的现实环境出发。新时代社会主要矛盾转变后，人民群众对美好生活的需要呈现出多样化、多层次、多方面的特点。高质量发展不仅强调了发展是为了人民的根本目的，而且把满足"现实的人"的需要体现在经济社会发展的各个环节，使每个人都能够享受到经济发展的红利。

高质量发展是对新时代人民群众美好生活需要"质"的转变的有效回应。人的需要是一个不断发展的动态过程。当中国特色社会主义进入新时代，人民群众对美好生活的需要发生了变化。"高质量发展，就是能够很好满足人民群众日益增长的美好生活需要的发展。"高质量发展解决的是"好不好""优不优"的问题，意味着高质量的供给、高质量的配置、高质量的投入产出、高质量的经济循环等，价值旨归是满足人民群众的美好生活需要，促进人的全面发展和社会全面进步。

人民是评判高质量发展成效的主体。这是高质量发展为谁、让谁满意、由谁说了算的问题。习近平总书记强调，"我们党的执政水平和执政成效都不是由自己说了算，必须而且只能由人民来评判"。人民是我们党的工作的最高裁决者和最终评判者。高质量发展的根本目的是人民，人民是高质量发展成效的评价主体，人民标准是评判发展如何的标尺。

人民群众获得感是实现高质量发展的评判标准。习近平总书记多次强调要"让人民群众有更多获得感""把是否促进经济社会发展、是否给人民群众带来实实在在的获得感，作为改革成效的评价标准"。获得感来源于客观现实，形成于人的主观感受，是客观与主观的有机统一。当人们在享受到"可感、可触、可摸"的成果时，能够住得起房、看得起病、接受优质教育、享受公正权利时，会产生积极的情感体验和精神慰藉，形成获得感。因此，高质量发展要把人民群众获得感的提升作为衡量尺度。

实现高质量发展答好人民满意答卷。时代是出卷人，我们是答卷人，人民是阅卷人。坚持人民标准，提升人民获得感，实现高质量发展，要牢牢把握新时代社会主要矛盾的转变，完整、准确、全面贯彻新发展理念，解决发展不平衡不充分的问题。抓住"人民对美好生活的向往"这根主线，切实解决影响人民群众生产生活的突出问题和"急愁难盼"问题。做好基础性民生改善工作，解除人民群众的后顾之忧。深化供给侧结构性改革，提高人民群众生活品质。统筹区域与城乡发展，让发展成果更多更公平地惠及全体人民，保证发展成果由人民共享。完善制度建设，保证社会公平正义，保证人民群众获得感的持续性。

高质发展应取得新成果，创造新业态、构建新经济、形成新的社会主体技术群，进而形成新质社会生产力在把握高质量发展科学内涵的基础上，我们还要看到，当今世界正经历百年未有之大变局，中国正处于实现"两个一百年"奋斗目标的历史交汇期。推动经济高质量发展，既是适应内外环境深刻复杂变化的需要，也是决胜全面建成小康社会、开启全面建设社会主义现代化国家新征程的内在要求。因此，高质量发展要不断取得新成果、创造新业态、构建新经济、形成新的社会主体技术群，进而形成新质社会生产力。

中国经济从高速增长阶段迈向高质量发展阶段，对社会生产力提出了新要求。为了适应高质量发展阶段的新要求，党中央前瞻性地提出了"新质生产力"的概念，而且将新质生产力与新能源、新材料、先进制造、电子信息等战略性新兴产业以及未来产业紧密联系在一起。不管是战略性新兴产业还是未来产业，其顺利发展壮大的最关键保障都是科技创新。国家"十四五"规划在阐释"发展壮大战略性新兴产业"时，专门强调要"加强前沿技术多路径探索、交叉融合和颠覆性技术供给"，由此充分表明，新质生产力是以科技创新为根本驱动力和保障，这也决定了新质生产力与传统生产力存在着本质差别。

在科技创新的引领下，战略性新兴产业和未来产业的发展能够促使生产力的三要素发生深刻变化，从而使新质生产力超过传统生产力，带动经济与社会实现更高水平的发展。就劳动者而言，与传统生产力相匹配的劳动者主要是普通工人和技术工人，与新质生产力相匹配的劳动者则是智力工人。与普通工人和技术工人相比，智力工人在劳动素质和劳动技能方面表现得更加突出，能够更好地适应智能设备等高端和尖端设备的要求。就劳动资料而言，与传统生产力相匹配的劳动资料主要是普通的机器设备和电子计算机，与新质生产力相匹配的劳动资料则是战略性新兴产业和未来产业的高端精密仪器和智能设备。高端精密仪器和智能设备能够生产更高端、更高品质和更多功能的新产品，提高供给体系的质量和效率。就劳动对象而言，与传统生产力相匹配的劳动对象主要是以物质形态存在的机器设备等，与新质生产力相匹配的劳动对象不仅包括以物质形态存在的高端设备，还包括数据等非物质形态的对象。数据等非物质形态的劳动对象不再受到空间和时间的限制，可以更加灵活地进行劳动生产，大大提高了生产能力。

实现高质量发展，需要加快增长动能转换，着力提升全要素生产率。新质生产力的提出，为提高全要素生产率提供了新的视角。厘清新质生产力和全要素生产率的关系，首先需要厘清生产力和生产率的关系。生产力和生产率，都是指人类征服、改造、利用、协调自然的能力，旨在创造更多满足社会需要的产品和服务，以实现使用较少投入获得较多产出的目标。新质生产力是人类一种全新的能力，它具有鲜明的时代特征，具有全新的内涵和价值意义，是对传统生产力的一种创新发展，它通过创新、绿色转型、数字赋能、改变人与自然的关系，实现大规模提高生产力水平，改进资源配置效率，促进自然社会经济三大系统更加和谐长期可持续发展。

加快形成新质生产力，有助于加快技术进步速度，从而提升全要素生产率。习近平总书记指出，要想加快形成新质生产力，需要"整合科技创新资源"。这正是当前和下一阶段中国加快技术进步的关键。经过数十年的发展，中国与世界先进国家的技术差距已经大幅缩小，后发优势在递减，发掘更大发展潜力与空间，已过渡到更多依靠自主创新来实现技术进步。研发创新尤其是基础性研究具有较强的不确定性，需要耗费巨额前期投入并且需要较长时间才能有所突破，政府部门应加大扶持力度。培育新质生产力的过程中"整合科技创新资源"，可以为研发创新尤其是开展基础性研究注入新动力。伴随着技术进步速度的加快，全要素生产率随之提升，从而有助于实现高质量发展。

加快形成新质生产力，有助于优化资源配置效率，进而提升全要素生产率。中国经济在高速增长阶段面临的挑战之一，是行业之间的资源配置效率不高，一些产能过剩行业挤占了信贷和市场等资源，阻碍了新行业的发展，限制了全要素生产率的提升。在新发展阶段，加快形成新质生产力，需要"积极培育新能源、新材料、先进制造、电子信息等战略性新兴产业，积极培育未来产业"，这无疑将会提升行业间的资源配置效率，从而提升全要素生产率。积极培育战略性新兴产业和未来产业的过程中，政府和市场都会将更多资源配置到这些领域的高效率产业，配置到产能过剩行业和夕阳产业的资源将随之减少，这些低效率产业也会逐步退出市场，实现发展结构的优化升级。

加快形成新质生产力，需要让新质生产力的三要素实现更高水平的升级，更需要让生产关系更好地与新质生产力相适应。同时，利用数字化和绿色化先进技术对传统产业进行科技赋能、改造升级、降本增效，使旧有生产力实现脱胎换骨，大幅提升成为新质生产力，另外，在网络空间、数据空间、太空、低空、深海、量子微观空间等新空间形成的技术和能力将成为新质生产力的重要组成部分。

统筹科技、教育、人才三大战略，为新质生产力的形成提供强大科技支撑。新质生产力与传统生产力的根本差别就是以科技创新为主导。科技创新离不开人才，而人才培养的目标需要通过强化教育才能实现。将科技、教育、人才三大战略统筹实施，才能切实提升科技创新的速度，为新质生产力提供最重要的科技支撑。

进一步深化制度改革、优化营商环境，为新质生产力的形成提供适宜的制度保障。良好的制度环境能够促使企业和居民个体具有充分的活力，并且保障生产要素在企业间、行业间和地区间实现高效率配置。通过完善产权保护、市场准入、公平竞争、社会信用等市场经济基础制度，优化营商环境，能够更好地形成与新质生产力相适应的生产关系，为新质生产力的形成和发展提供适宜的营商环境和制度保障，加快形成新质生产力。

稳步推进供给侧结构性改革和需求侧管理，为新质生产力的成型、成势破解结构性障碍。当前，中国经济仍然存在总需求结构失衡、供给结构失衡、收入分配结构失衡等经济结构失衡问题。这些问题导致企业等经营主体难以做出最优决策，阻碍战略性新兴产业和未来产业的发展，不利于新质生产力的形成和发展。为了让供给结构与需求结构更好地相适应，近年来相继实施了供给侧结构性改革和需求侧管理新举措，加快了新质生产力的培育，推动了中国经济的高质量发展。

（三）高质量发展的宏观目标

高质量发展具有鲜明的宏观目标并主要体现在以下四个特征。

1. 增长的稳定性

中国企业高质量发展必须保持稳定的增长速度和领先的规模优势。高质量发展在宏观上意味着必须保持经济增速的稳定，不能出现大起大落的波动。

2. 发展的均衡性

高质量发展中，经济增长的速度依然重要，但是强调在更加宽广的领域上实现各个产业领域之间的协调均衡发展。高质量发展需要实现实体经济、科技创新、现代金融、人力资源协同发展，构建现代产业体系，创新成为推动高质量发展的主要动力，不断推动经济发展从规模速度型向质量效率型转变，从粗放增长向集约增长转变，推动经济发展向结构更加合理、附加值更高的阶段演化；同时，高质量发展还必须实现城乡之间、区域之间的均衡发展。

3. 生态环境的可持续性

绿色发展理念为高质量发展提供了更加丰富和宽泛的内涵。高质量发展要求中国企业能够创造更多的物质财富和精神财富，满足人民日益增长的美好生活需要，尤其是要提供更多优质生态产品，满足人民日益增长的优美生态环境需要。

4. 社会的公平性

中国企业的高质量发展要兼顾生产、生活与生态，要坚持以人民为中心的发展思想，坚持发展为了人民、发展依靠人民、发展成果由人民共享。在宏观经济层面，高质量发展的内涵还涉及经济、社会、生态等诸多方面，应把增进民生福祉作为发展的根本目的，并且形成有效的社会治理、良好的社会秩序，促进社会公平正义。

（四）高质量发展的产业目标

从产业层面理解高质量发展，是指产业布局优化、结构合理，不断实现转型升级，并显著提升产业发展的效益。

高质量发展是坚持质量第一、效益优先的发展。中国企业要充分重视保持经济运行的稳定性，确保经济的可持续性发展。在社会生活层面上，要缓解人民群众就业压力、完善社会保障措施，增强人民幸福感。质量与效益提升是产业转型的重点，要以最小的质量成本产出最大的质量效益，并不断提升可持续发展的能力。

高质量发展是追求更高效率的发展。粗放型经济发展模式已不再适合新时代条件下的中国经济和中国企业，如何提高资本的利用效率，降低资源的消耗和浪费，推动经济集约化发展是中国企业当前向高质量发展转型的关键。

高质量发展是创新驱动的发展。在新发展格局下，中国企业需要加快推进科技创新，构建新型科技创新体系，积极发展高技术行业和战略性新兴产业是正确的战略选择。创新是引领发展的第一动力，是建设现代产业体系的战略支撑；创新是产业实力的综合反映，是竞争能力的核心要素。因此，实施创新驱动发展战略，是促进中国产业转型发展的需要，是支撑消费升级的需要，是增强国家竞争力的需要。实现高质量的创新发展，就要在中高端消费、创新引领、绿色低碳、现代供应链、人力资本服务等领域培育新的增长点、形成新的发展动能。

高质量发展是系统性整体性的发展。中国经济社会发展不平衡不充分的问题仍然突出，调整好城乡结构、产业结构是高质量发展的关键一步。产业实现高质量发展，要求产业组织结构日益优化，一二三产业结构合理，并且不断深化融合发展。

高质量发展是体现更高水平、更高质量对外开放的发展。新时代，中国经济立足高水平、高质量的开放要求，中国企业需要坚持双循环的发展格局和积极参与全球竞争与合作，努力实现从数量规模向质量效益转变，更好地利用国际资本和先进技术促进高质量发展。

高质量发展需要先进产业规模不断壮大。高质量发展意味着先进产业规模不断扩大，现代农业、先进制造业、现代服务业等不断完善发展，形成健全的现代产业体系和企业生态。尤其是要重视制造业的升级发展，先进制造业不但是中国实体经济的主体，还是技术创新的"主战场"，其产业规模和技术水平反映了当前中国制造业发展的基础实力，以及产业体系的完整程度与规模效益。

（五）高质量发展的企业目标

从企业经营层面理解，高质量发展包括一流的竞争力、质量的可靠性与持续创新的能力、企业和产品品牌的影响力以及先进的质量管理理念与方法等。

1. 中国企业应具有全球一流的竞争力

具有国际竞争力的世界一流企业，都具备国际竞争力、影响力和带动力。竞争力体现在企业能够跨越多个经济周期，在经济效益、风险防范、公司治理、管理水平、人才队伍建设等方面始终保持竞争优势，在激烈的国内外竞争中不断胜出、持续发展、创造价值。影响力体现在中国企业具有举足轻重的行业地位，在规模实力、区域布局、品牌影响力等方面处于行业的前列，在行业标准和行业规则制定上具有话语权，是行业的重要领导者。带动力体现在中国企业是行业发展和产业变革的引领者，在技术创新、制度创新、商业模式创新、管理创新等方面走在前面，其产业培育与孵化能前瞻性地把握行业趋势，具有导向性和指引性。

2. 保持产品质量的可靠性与持续创新

质量的范畴不仅包括产品质量，还应该包括服务质量和工程质量。坚持"质量为先"，需要提高农产品、工业产品的质量，以及服务质量和工程质量，全面提升中国质量总体水平。高质量发展是由创新驱动的发展，需要以企业为主体，强化技术创新和产品创新，才能不断增强企业创新力和竞争力。提高产品创新能力是提高企业竞争力和产业竞争力的关键，创新能够提高产品和服务的附加值，降低资源消耗，以更少的生产资料生产出高质量产品。创新还能有利驱动生产率的提高和产品性能的提升，促进新科技、新模式、新产品、新业态的出现，不断推动产业向价值链的中高端迈进。

3. 具有全球品牌影响力

从品牌价值看，"中国制造"还未具有"日本制造"或者"德国制造"那样的整体影响力，由于长期强调"质优价廉"的理念，造成"中国制造"的高端品牌不足。在中国企业层面实现高质量发展，意味着大量具有世界影响力的品牌出现，中国企业应顺应消费个性化、多样化发展的大趋势，努力增加高品质商品和服务供给，在产品细节、做工、创新、性能上多下功夫，形成具有全球影响力的知名品牌。

4. 拥有先进的质量管理方法和技术基础

中国企业层面的质量管理包括企业先进质量管理方法、认证与检测、标准与计量等支撑产品质量提升的内容。中国企业推动高质量发展，应大力推广先进技术手段和现代质量管理理念及方法，并形成具有中国企业特色的质量管理体系，致力于全面提升质量和效益。

高质量发展的最终目标是推动中国企业和中国经济发展方式的转变，建立现代经济体系，为实现"两个一百年"奋斗目标、实现中华民族伟大复兴的中国梦构筑雄厚的经济基础。总体来看，推动中国企业高质量发展，应在继续保持中国企业总体规模优势的同时，不断推动发展质量变革、效率变革、动力变革，坚持走绿色均衡发展的新型工业化道路，不断促进社会公平正义，让高质量发展成果更公平地惠及全体人民。

三、中国企业实现高质量发展的路径方式探讨

中国企业已经实现了具有历史性的整体发展蝶变。中国企业的历史性发展跨越既是国家崛起强大、民族伟大复兴的重要组成部分，也是强大的推动力量。今天，中国企业已经实现了从无到有、从少到多、从小到大、从"引进来"到"走出去"、从落后

到赶超、从经济全球化的旁观者到推动者、从世界经贸体系的"因变量"到"自变量"的跨越式发展奇迹。在企业数量、整体规模、产业门类、发展方式、管理水平、盈利能力、企业生态、品牌形象、全球产业链功能地位和全球影响力等多个领域和维度实现了从量变到质变的发展变革，具有从"破茧"到"成蝶"的历史性意义。

中国企业新的发展跨越是为了强企，更是为了强国。中国已经成为具有全球影响力的世界企业大国，中国企业需要乘势而上，加快实现从"大"到"强大"的新发展跨越，这是现代企业制度的发展规律，是中国企业推动国家崛起强大、民族复兴所必须承担的国家使命和历史责任，是中国企业发挥全球影响、参与构建人类命运共同体的重要担当。有了掌握关键核心技术和强大科技创新能力的中国企业作支撑，国家高质量发展才有坚实的基础，国家安全才有更充分的保障，国家利益才能得到更加有效的维护，国家地位才能得到更好地巩固，中国才能有充分的底气和自信应对任何霸权国家的挑衅，更有力地捍卫世界多极化格局，实现多极共治、平等合作、互利共赢的发展。

中国企业未来高质量发展与国家崛起强大和世界经济繁荣发展存在着深刻的互动互构、互塑关系，中国企业的新发展跨越期也与百年未有之大变局、后疫情时代和"十四五"时期"四期叠加"，中国企业要在充满不确定性的国内外环境条件下实现高质量发展和新的跨越，扛起更加艰巨的国家使命，在新的经济全球化变革中担当引领角色、发挥全球影响，需要在各个行业加快培育一批掌握关键核心技术，具备核心创新能力、基础理论创新能力和系统科技创新能力的强国重企，才能在任何时候都能自主可控而不受制于人，为中国企业赢得竞争主动权，为中国赢得发展自主权。

中国企业高质量发展是一个系统工程，需要有坚实的基础，需要多措并举和多方面支撑，需要正确有效可行的实现路径，才可能实现可持续的高质量发展。中国企业高质量发展必须聚焦整体长远发展，聚焦长期价值创造，聚焦持续科技创新，聚焦长期竞争合作，聚焦高素质人才培养，聚焦战略资源保障，选择正确的发展路径和发展方式。

（一）提升产业基础，升级传统产业，构建战略性新兴产业，建设现代产业体系

产业的基础和整体发展水平制约并决定着企业的发展质量。中国传统产业是中国产业强大的长期优势，不能一退了之。要尽快转型升级高级化。

中国新兴产业是中国的未来，中国在任何新兴产业领域都有可能成为世界行业领导者和开拓者的发展潜力。

建设现代产业体系对中国企业整体实现全面高质量发展十分重要，需要努力实现传统产业转型化、新兴产业规模化、优势产业高端化、高端产业集群化，通过加快原创技术创新引领，构建各产业相互支持，相关产业全链条贯通、全生产要素汇聚、多应用场景相连融合，建设中国特色的现代产业体系。

中国企业要充分利用中国产业高度集群化优势和产业链配套优势，做强做优做大关键产业链实现高质量发展。

中国企业需要将链织成网并形成生态，不断进行前瞻性、颠覆性技术研发和重大技术创新，使产业链不断高端化、智能化、绿色化，实现各产业链上下游企业协同发展、科学发展、高质量发展。

这是中国企业实现高质量发展的重要的现实可行路径，也是中国企业高质量发展的重要目标。提升中国产业基础，就是提升中国企业实现高质量发展的基础。产业基础升级和提升现代化水平，就是延长产业的黄金期和产业的生命周期，促进中国企业更高水平更长时间实现高质量发展。

构建新发展格局是提升中国产业发展水平的重要措施，关键在于促进经济循环的畅通无阻。从国内的生产、流通、分配、消费等主要环节看，当前经济循环不畅主要表现在产业链、供应链现代化水平不高，造成产业供给质量不高、不能有效满足消费者要求，使生产和消费之间、供给和需求之间不能很好地实现动态匹配。迫切需要构建与新发展格局相配套的、与当今世界经济发展水平和发展环境相适应现代的产业体系，特别是加快推进产业链现代化，增强在全球产业链、供应链、创新链中的影响力。

做强产业链，延长产业链，提升价值链，完善利益链打造具有国际竞争力的中国产业链集群，进一步提高产业链现代化水平，整体效率和竞争力，是中国企业实现高质量发展的重要路径措施。加强产业链薄弱环节建设、维护产业链安全是保持产业链体系完整性和发挥竞争优势的关键环节。以产业基础高级化、产业链现代化为方向，以人工智能、大数据为支撑，补短板、锻长板，推动产业链向智能化、高级化转型升级。同时，优化区域产业布局，补齐产业链、供应链短板，推动产业链、供应链向价值链中高端迈进。

优化供应链，加速完善供应链体系和结构。经过多年发展，中国已建成门类齐全的制造业体系。但产业链、供应链数字化基础设施薄弱，缺乏"链主企业"等问题较为突出，部分产业链、供应链可替代性较强、自主可控能力较弱。需要大力提升供应链智能化水平，增强对供应链上下游资源的整合能力，推动形成以"链主企业"为主导、中小企业相配套、产学研协同的共生共赢产业生态。

打通创新链，构建创新引领的自主创新体系。面向世界科技前沿，瞄准前沿技术和高端产业集群，重点突破关键核心技术，通过产业创新和产品创新催生发展新动能。面向企业需求，充分发挥企业创新主体作用，设立科技创新中心和中试平台，加快技术创新成果产业化，使产学研之间的联系畅通，打通创新链到产业链的"最后一公里"。

提升价值链，增强全球资源高效配置的能力。构建新发展格局，需要更好统筹国内国际两个市场、两种资源，提高资金、信息、技术、人才等要素配置的全球影响力。通过优势领域、共性技术、关键技术的重大突破，提升制造业价值链向微笑曲线两端延伸，将产业链、供应链、创新链有机嵌入全球产业分工体系。

未来中国的新质生产力可在三个维度形成。第一个维度是在战略性新兴产业和未来产业发展中形成的全新的新质生产力；第二个维度是在对传统产业进行科技赋能和管理性技术创新，形成的新生产力；第三个维度是在新的空间和领域如网络空间、数据空间、低空领域等形成的新质生产力。这三个维度形成的新质生产力核心都是创新起主导作用，都是通过科技创新推动产业创新，通过产业创新提高经济的整体效率和财富价值的增加。

当今世界正经历百年未有之大变局，围绕完整准确全面贯彻新发展理念、服务和融入新发展格局，中国企业应深入推进产业链与供应链、价值链、创新链、资金链、人才链等多链融合、闭环发展，精准发力、推进延链补链强链，做优做强做大优势产业集群，构建具有鲜明中国特色的现代产业体系。同时，中国政府必须制定长期的产业政策，确立长期的资本投资，营造长期的发展环境，支持鼓励中国企业对优势产业的发展实行长期的执着坚守和创新积累，推动和促进中国企业全面高质量发展并为中国经济高质量发展提供强大的坚实支撑。

（二）明确科技创新的方向和重点，选择正确的技术路线，抢占制高点，形成科技创新驱动的企业发展方式

通过科技创新推动技术不断进步是实现中国企业高质量发展的关键路径。通过科技创新，使中国企业拓展认知，提升能力，以更高效率和更有价值的方式配置各类生产要素和稀缺资源，同时创新资源要素组合方式，优化产业企业组织模式，扩大经济增长边界，改变增长机制，变革经济发展模式。

坚持以科技创新为核心驱动力，加快做强做优、加快形成科技创新的核心能力、基础能力和系统能力，是中国企业未来实现高质量发展的关键路径和措施，也是中国企业实现现代化和新发展跨越的重要路径。

长期以来，中国企业持续发展的动力主要来自国家经济社会高速发展的带动、改革开放的催动和经济全球化的推动。今天，中国企业规模化快速扩张的发展方式已经完成了历史使命。未来，中国企业实现高质量发展需要在做大的基础上加快做强做优，向以科技创新为核心驱动力的高质量发展方式转型升级势在必行。

中国企业要在战略技术上处于领先地位，需要努力突破美国的封锁打压，独立攻关，实现高水平的自立自强。这是中国企业非走的一步，也是不得不下的决心和做出的选择，而这个决心和抉择，无论未来中美关系怎样发展变化，中国企业都要始终坚定不移。

中国企业实现高质量发展和新发展跨越，亟须解决关键技术"卡脖子"问题，加快形成科技创新的核心能力。习近平总书记多次强调："关键核心技术是要不来、买不来、讨不来的。只有把关键核心技术掌握在自己手中，才能从根本上保障国家经济安全、国防安全和其他安全。"中国企业要在推动高质量发展、维护国家安全方面发挥重要作用，就必须下苦功夫掌握关键核心技术。中国企业只有在关键核心技术上实现自主可控，才能在全球供应链、价值链、产业链中保持自主地位，才能有底气不被脱钩断链，才能有坚实的基础来构建新发展格局，实现高质量发展。

在经济全球化时代，国家博弈和市场竞争主要通过核心技术和科技创新的比拼来实现。西方世界一流企业长期保持全球竞争优势的关键，是他们掌握了先进产业的关键核心技术、具备了推动经济高质量可持续发展的核心创新能力。中国企业依靠规模体量难以保持长期竞争优势和高质量发展，必须加快掌握关键核心技术、提升核心科技创新能力，用强大的核心科技创新能力来加强基础创新能力、完善系统创新能力。

2018年以来的中美贸易摩擦深刻警醒中国企业，当前最迫切、最关键的就是努力在关键核心技术、重大基础装备和科技创新人才三个方面加快实现突破。中国企业需要在国家的统筹领导下，将资源更多地向被"卡脖子"的关键核心技术领域集中，加快解决关键领域对外依存度高、不能自主可控、受制于人的问题，加快掌握关键核心技术。同时发挥中央企业和大型制造企业的骨干作用，整合产业链上下游资源，引领构建中国高端装备国产化协作体系，加快解决工业母机、基础材料、设计软件等重大基础性装备技术和高端材料国产化问题。在此基础上，努力实现科技创新人才队伍的全产业链化，确保在关键技术领域、全部产业链条、所有关键环节实现中国科技人才全覆盖。

中国企业实现长期高质量发展，需要重视基础理论研究、加大原始创新投入力度，夯实科技创新的基础能力。

中国企业今天所面临的关键核心技术"卡脖子"问题，大多是基础理论研究跟不上，源头和底层原理没有掌握。长期以来，中国企业的主要任务是为国家解决"有没有"的问题、为市场解决"够不够"的问题，这也导致大多数中国企业实用主义至上，更重视能够快速转化为经济效益的改进创新、集成创新、引进消化创新和商业模式创新等"表层"创新、"事功"创新和"实用"创新，对原创性、颠覆性科技创新背后深层次、源头性的基础理论深入研究不够、重视投入不足，导致中国企业在全球竞争中难以主导引领更多的像华为 5G 技术这样的颠覆式科技创新和发展范式创新。

据统计，一项重大科技创新从立项到形成成果平均需要 14 年时间，仅仅依靠科研院所和国家投入是远远不够的，必须发挥中国企业在科技创新中的主体地位，发挥大企业的引领支撑作用。中国企业应当从对民族、对国家、对历史负责的高度，抓住战略机遇期，加大对基础理论科学的研究投入，培养一批能够坐得住冷板凳、耐得住寂寞、潜得下心思的基础理论创新人才，打造一批媲美"贝尔实验室"的企业科研中坚力量，奠定掌握关键核心技术、引领科技创新、推动颠覆性创新的基础性能力。

中国企业科技创新能力的提升不能仅仅依靠少数"独角兽"企业和大企业的"点状"突破，需要加快完善创新链条、构建协同创新平台、打造创新生态，提升科技创新的系统能力。

中国企业要实现高质量发展必须高度关注新一轮人工智能技术的飞速发展和广泛应用。AI 大模型已进入万亿参数级，其通用性能、场景应用范围、思考探索能力、智能整合生成能力、模仿人类创造力和创新能力将进一步快速提升，人工智能即是科技进步的产物，也可能成为推动科技创新进步的革命性工具，是新一轮科技革命和产业变革的重要驱动力量，将会带来世界新一轮生产力革命并为全球新的经济发展范式变革注入新能量。人工智能是一次不能错失的科技革命，中国企业必须敏锐把握和深刻感悟它的巨大价值和深远意义，深刻认识人工智能将带来全球性的机遇、风险和挑战，以及可能会给人类社会带来的伦理困境、贫富分化和国家安全等重大负面影响，提前加快布局，尽早确立这个战略方向和创新重点，科学选择正确的技术创新突破路线，抢占未来科技创新的制高点，努力突破人工智能技术性、生物性和社会性三大发展瓶颈，创造更高的计算能力、更先进的数字算法和更有效的数据处理方法，实现更高水平的通用人工智能和自主创造性人工智能。中国企业要努力成为全球人工智能革命的领导者，成为推动世界科技重大创新的一支重要力量。

中国企业需要加快补齐在研发端和应用场景构建端的短板，加快构建完善创新链条。科技创新是一项科技成果从理论化研究、工业化生产、市场化销售和社会化应用的完整链状结构。中国企业在巩固现有生产能力优势和市场规模优势的同时，积极用好国家鼓励企业加大研发投入，对企业投入基础研究实行税收优惠，并按一定倍数视同利润加回的这一政策红利，持续加大基础科技创新投入，并且高度重视新商业模式的同步创新，主动设计、构建与新技术、新产品相匹配的应用场景和应用范式，提升科技研发和消费拉动在国民经济中的贡献比重，进一步完善中国企业科技创新链的完整闭环。

中国企业要实现高质量发展需要抓住国家重大工程和重大科技专项的重大机遇，以国家平台为枢纽，加快形成贯通产业链上下游企业的协同创新平台和跨界创新生态，占领新一轮全球科技革命的制高点。中国从"两弹一星"到三峡工程再到载人航天工程，中国基于重大工程和重大科技专项的引领和带动能力，培育了一批具有世界领先水平的强国重企、科研院所和产业体系。中国未来还将实施川藏铁路、西部陆海新通道、国家水网、星际探测、量子计算、核聚变、北斗产业化应用等重大工程，瞄准人工智能、集成电路、生命健康、脑神经科学、生物育种、空天科技、深地深海等前沿领域，实施一批具有前瞻性、战略性的国家重大科技项目，为中国企业实现高质量发展提供了巨大的发展机遇和极具价值的成功路径。

国家重大工程和重大科技项目是发挥制度优势、整合要素资源、放大个体禀赋、进行集体赋能的重要平台，这与中国企业形成科技创新系统能力、实现高质量发展，在基础、路径、目标方面具有高度的一致性。国家平台具有单一企业无法企及的巨大枢纽效应，能够在产业链上下游企业间形成更加紧密的优势互补、风险共担、收益分享、机遇共享的机制，为重点领域和产业的企业搭建科技创新平台。

企业不是越大越好，而是越强越好，一个企业强大的核心标志就是拥有强大科技创新能力。无论一个企业过去和现在怎样辉煌，只要停止创新，停止在创新上的持续投入，企业发展将会结束，未来都会以失败而告终。中国企业所要实现的高质量发展和新发展跨越将是一次以科技创新为核心驱动力的全局性变革，也是富强国家、影响世界、塑造未来的变革。

（三）巩固提升制造业，强化世界一流制造和智能制造，实现制造强国和质量强国

中国的制造业是中国实体经济的主体和代表，一直主导和引领着中国实体经济的增长路径和发展机制。

中国制造业是全球效率最高的制造业，中国也是全球效率最高的"世界工厂"。中国制造业的成功和优势不断显现，是中国

经济成功转型和高质量发展的重要标志。也是推动世界经济持续增长的重要力量。

智能制造将是第四次工业革命的核心技术，也是未来制造业发展的方向。世界各主要大国都已制定发展战略，以智能制造为抓手，抢占新一轮全球制造业制高点。

中国企业要实现高质量发展，必须将智能制造作为实现制造强国的主攻方向，实现制造产品的高端化和高端产品制造过程的高端化，加快建设一流智能化工厂、智能化生产线和人形智能机器人，以彰显世界制造强国的实力和标志，并引领智能制造健康发展。

中国是全球制造业大国和强国，500种主要工业产品中，中国有四成以上产品产量位居世界第一，目前中国制造业产能是美德日三国之和，如果中国制造业质量再次全面提升，这既是中国企业高质量发展的题中之意和重要路径措施，还将再次提升国家竞争力和国家整体发展质量。

制造业是国民经济的主体，是立国之本、兴国之器、强国之基。历史与现实都表明，没有强大的制造业，就没有强盛的国家和民族。党中央高度重视推动中国制造业转型升级、建设制造强国，习近平总书记曾多次强调，"制造业特别是装备制造业高质量发展是中国经济高质量发展的重中之重"，提出"把推动制造业高质量发展作为构建现代化经济体系的重要一环"，要求"把实体经济特别是制造业做实做优做强""打造有国际竞争力的先进制造业集群，打造自主可控、安全高效并为全国服务的产业链供应链"。让国家真正强大起来，就必须打牢大国制造的坚实基础、激发科技创新的强劲动力。

中国企业要实现高质量发展，首先必须实现制造业高质量发展。要实现中国制造业高质量发展，中国企业需要制定完善引领制造业高质量发展的长期战略。过去几十年，中国创造了经济快速发展的人间奇迹，40 年平均增长速度接近 10%，迅速成为世界第一大制造业大国、第二大经济体。之所以有这样快的发展速度，是因为中国从实际出发，吸收其他国家的发展经验，形成了一套高速增长的发展战略和发展模式。现在，新一轮技术革命和产业变革已经开始，为中国企业实现制造业高质量发展提供了历史性机遇。要实现制造业高质量发展，需要有一套制造业高质量发展的长期战略来引领，即需要通过新技术、新产品、新模式、新业态来引领制造业高质量发展，抓住历史机遇发展新经济，用技术革命的成果创造新的热点，引领新的发展。同时，要用好新技术改造和提升传统产业。信息技术在传统制造领域的深度应用，不仅带来新的消费模式，也带来制造业生产方式的巨大变革。

制造业高质量发展首先是创新发展，没有创新就谈不上制造业高质量发展；同时还要协调的发展和绿色的发展。过去，我们在快速发展过程中，粗放的发展方式在资源环境方面付出了很高的代价。高质量发展必须彻底改变这一状况。

中国企业要从高速增长、粗放式增长转向高质量发展，一定要有全新的体制机制和政策保障。要建立起更加完善的知识产权保护体制，更加严格的生态保护机制、更加合理的产权和财税机制，长期稳定的产业政策和支持措施，这是中国企业发展阶段转变提出的一个迫切要求。经济体制的改革和创新，必须紧紧围绕推进中国企业高质量发展这样一个核心目标，重新构造一整套有利于中国企业高质量发展的体制机制和产业政策。

不断完善支撑中国企业高质量发展的要素条件。推进高质量发展，需要不断完善支撑中国企业高质量发展的要素条件。传统的生产要素，如劳动、土地、资本依然要发挥好作用，提高效率；随着经济的发展，生产要素不断丰富，技术变得越来越重要，数据变成为一个新的生产要素，需要更加重视发挥技术、人才、数据等新的生产要素的作用。

技术要进步，关键靠创新。与发达经济体相比，中国制造业的技术水平还有差距，有的领域差距还相当大。目前，中国每年研发投入已经位居世界第二，拥有数量最多的研发人才队伍。应尽快实现技术超越，关键是建立和完善研发创新体制机制，充分调动企业开展技术创新的动力，充分激发研发人员的积极性，更好地保护知识产权。

中国人口的数量特别是劳动力数量已经过了峰值，人口老龄化的挑战已越来越严峻，在高质量发展阶段最重要的是提升劳动力的素质，需要靠教育和终身培训，需要在整个社会环境里形成一套鼓励提升人力资本的文化氛围，形成一种终身学习的环境和条件。以色列虽然是一个小国，人口也不多，但是创新能力极强，靠的就是人力资源。中国应该学习借鉴以色列的经验。作为一个制造业强国，除了需要大量的创新人才、研发人才、管理人才，还需要高水平的工匠、技术工人，大力发展技术培训，以适应中国制造业高质量发展的需要。

数据是信息化时代新的生产要素，要给予充分的重视。中国数据资源丰富，相关产业的发展有优势，但是如何用好数据资源、保护好消费者的隐私，还需要进一步探讨。中国企业高质量发展时期，要高度重视数据资源，特别是非结构化资源。同时要尽快完善制度，既能够用好数据资源，又能够保护好国家和个人的信息安全，让数据能够成为支撑中国企业高质量发展的一个新的生产要素。

中国企业要实现制造业的高质量发展，必须形成更具比较优势的制造业体系，走出一条具有中国特色的中高端一体、技术快速迭代创新的、政策与市场相结合的制造业发展之路。在观念、战略、体制、机制、政策和生产要素支撑等多方面一起发力，并形成合力，使中国制造业长期持续成为中国经济的主要支柱产业，始终保持世界制造业的领先地位和全球工业主导国和全球制造业第一强国。

（四）全面提升人才、技术等要素质量和资源配置效率，聚焦低碳、绿色、循环、可持续发展

人才质量决定企业的发展质量，技术先进决定企业的发展质量，一流的人才和先进的技术始终是中国企业实现高质量发展的根本和关键，也是最主要的正确路径和根本保证。中国企业人才济济，又如此勤奋好学，没有不实现高质量发展和成功的理由。

提高资源配置效率是将资源配置到单位收益最大化的领域与部门，但必须通过市场化流动来实现，而不是靠人为干预来完成。所谓资源的有效流动是指人们追求个人利益最大化的动机在价格激励下的市场化流动。假设一个行业的回报比其它行业高得多，

那么，资本自然会从低回报率的领域流向这个领域，每个工人也会寻找能够给他们报酬最多的工作。当各种各样的资源都能够按照这种规则进行配置时，不仅个人收入得到了提高，整体的资源配置效率也得到了改善。随着资源从低收益部门向高收益部门转移，低收益部门在国民经济中所占比重将会逐步收缩，高收益部门在国民经济中所占比重会快速扩大，经济结构会沿着优化的方向变动，高质量经济增长就有可能实现。因此，当市场化流动实现了个人利益的同时，也促进了社会利益的提升。斯密说，"工人们不会去想着提升公众的利益，他们也不知道自己能提升多少，他们只在意自己的所得。他们被无形的手牵引着，不自觉地走向目的地"。市场机制作为这只"看不见的手"，通过价格引导资源配置在实现个人利益最大化的同时，也增进了社会利益。从这个意义上说，市场配置资源是最有效率的形式。在一定条件下，即使没有新增投入，只靠存量资源按照市场经济规律再配置，也可以推动经济有效增长。

提升中国企业的要素配置效率，是实现中国企业高质量发展的又一重要路径和关键措施。

改善营商环境是当前深化改革与高质量发展的出发点。因为有效的营商环境是资产转化为资本的制度基础。秘鲁经济学家赫尔南多·德·索托在他的《资本的秘密》一书中指出，许多发展中国家之所以不发展，根本原因不在资本短缺，而是缺乏资产转化资本的渠道与环境。经过40多年的改革开放，中国社会主义市场经济体制建设取得了重大进步，但是仍然存在一些制约与阻碍资源要素流动的因素。现行的市场环境与中国企业高质量发展要求还存在着较大差距。

提高企业管理水平，对标世界一流企业，强化自身的现代化治理、管理和运营体系的建设。过去中国经济高速增长时期，中国企业面临的是一个快速扩大的市场环境，资源配置和经营的重点放在营销端、业务端，对管理不够重视，管理体系的现代化程度不高，尤其是在公司治理、成本管理、品牌管理等方面，科学化、精细化和创新化程度不高。下一步，企业应该在这些方面下功夫，通过提高管理的现代化提升整个企业的现代化。

充分发挥资本市场的作用，通过市场化并购与重组，加快创新型企业成长为龙头企业，促进高收益部门加快成长为新支柱产业。全球500强企业成长的经验表明，几乎没有一家500强企业是完全靠自我积累实现规模扩张的。借助资本市场的并购重组是这些创新型企业实现规模化发展的有效途径。特别是在科技进步日益加快的时代，机器设备的无形损耗与专用性知识贬值的时间都大大缩短，更加快了创新型企业并购与重组的动机。如果资本市场发育不完善，企业之间的并购重组就无法有效推进，创新型企业转向龙头企业，具有高科技含量的新产业转向支柱性产业的步伐都会放慢。

（五）塑造企业内生动力和自我发展创新能力，形成企业长期价值创造能力

新质生产力要素数据的加入，人工智能的全面应用，创新为主要驱动力的发展方式的确立，形成了新质生产力，重大科技创新改变了企业发展方式，改变了社会主体技术群和产业结构，重

大制度模式创新改变了原有的生产关系，稀缺资源的发现、创造、重构，改变了价值形成模式。上述方面的重大改变都将导致经济发展范式的创新变革和深度调整。

中国企业内生的动力和自我发展的创新能力，来自于使命责任和对美好生活的向往追求，来自于拼搏向上和勇立潮头的民族性格和民族特质，来自于中华优秀传统文化的传承和外部封锁、内部竞争的压力，中国企业应该主动塑造这个动力和能力，朝着长期价值创造的方向努力前行，实现高质量发展。

高质量发展是中国经济社会未来长期发展的主题，关系中国式现代化建设全局。高质量发展不是单一的经济要求，而是对经济社会发展的总要求；不是只对经济发达地区的要求，而是所有地区发展都必须贯彻的要求；不是一时一事的要求，而是必须长期坚持的要求。

企业内生动力和自我发展创新能力，无疑是构建企业长期价值创造能力的基石。在日新月异的市场环境中，这两大能力对于企业的生存与高质量发展将起到决定性的作用。

首先，企业内生动力并不仅仅来源于经济利益的驱动，更在于企业内部的文化塑造和员工激励。一个有着强大内生动力的企业，必然拥有一个充满激情、富有创新精神的团队。这样的团队在面对挑战时，具有强大的内驱力和追求卓越的不竭动力，能够迅速调整状态，积极寻找突破口，从而推动企业不断向前发展。

其次，自我发展创新能力是企业能够持续领先市场的关键。一个具备自我发展创新能力的企业，必然对市场发展趋势有着敏锐的洞察力，敢于突破传统思维的束缚，勇于尝试新的商业模式和先进技术。这样的企业能够在竞争激烈的市场中脱颖而出，实现长期的可持续发展。

为了塑造这两大能力，企业需要做好以下几个方面的工作。首先是强化人才队伍建设，通过系统的培训和激励机制，激发员工的创造力和工作热情，为企业发展提供源源不断的人才支持。其次是加大研发投入，不断投入资源进行技术研发和产品创新，确保企业在市场竞争中始终保持领先地位。再次是优化企业管理体系，通过引入先进的管理理念和方法，提高企业的运营效率和市场响应速度，同时拓展外部合作，积极寻求与各类合作伙伴的合作机会，实现资源共享和优势互补，共同应对市场的挑战和机遇。最后是需要持续创新的企业文化，培养开放、包容、进取的企业文化，鼓励员工敢于尝试、勇于创新，为企业的发展注入不竭的动力。

塑造企业内生动力和自我发展创新能力，形成长期价值创造能力，需要企业在人才、技术、管理、合作和文化等多个方面进行全面的提升和优化。只有这样，企业才能在激烈的市场竞争中立于不败之地，实现持续、健康的发展。

（六）依托中国超大市场和国内国际双循环，实现高水平对外开放和深度融入世界一体化发展

中国超大市场是全球最具发展潜力的市场，是一个极其重要的战略资源。国内国际双循环是中国独有的发展格局，是一个极具价值的发展优势。中国企业要实现高质量发展，必须充分利用

这个战略资源和发展优势，走出一条独特的高质量发展之路、可持续的高质量发展之路。

高水平对外开放和深度融入世界，是中国既定的国策和战略，是中国企业实现高质量发展的重大机遇和关键性路径。中国企业要深刻认知、正确把握和精准利用，为实现高质量发展、开辟新的领域和新的赛道形成高质量发展的新优势。

"形成强大国内市场，构建新发展格局"，这是面对中华民族伟大复兴的战略全局和"世界百年未有之大变局"作出的主动作为，是与时俱进提升中国经济发展水平的战略抉择，也是塑造中国国际经济合作和竞争新优势的战略抉择，它构成了"十四五"规划的重要内容和突出特色，也为我们展望2035年更长远的发展提供了方向性引领。

推动国内国际双循环相互促进，是构建新发展格局的关键所在。国内循环和国际循环不是各自独立，而是相互配合、融合发展的循环体制，只有建立这个循环体制，整个国民经济的血脉才能畅通。

更好利用国内国际两个市场、两种资源，需要强化国内外产业链的关联和互动，形成以国内产业链为基础，努力向国外中高端产业链延伸，内外兼顾的国内国外产业链新布局。要防止两个循环生态体系的脱钩，坚持进口和出口并重，利用外资和对外投资协调，增强国内国际两个市场、两种资源的黏合度。推动在关键领域的进口替代，努力突破"卡脖子"问题，抢占产业变革的制高点、经济发展的制高点。

党的二十大报告提出，推动货物贸易优化升级，创新服务贸易发展机制，发展数字贸易，加快建设贸易强国。

贸易强国的内涵包括较大的贸易规模与市场占有率，在技术、进出口结构、贸易模式、产品质量、品牌国际化、货币国际化、国际投资、贸易竞争力、国际分工地位等方面达到世界领先水平，以及实现拥有重要商品国际市场议价和国际规则制定的话语权等战略目标。改革开放以来，中国开放型经济建设取得了举世瞩目的成就。但是，在开放型经济发展过程中也存在一些问题，特别是开放发展在区域间、城乡间存在不平衡现象，开放发展与绿色发展需更好协调，开放对创新的提升作用有待进一步加强，贸易高质量发展还存在堵点和瓶颈。当前，全球正在经历数字化、绿色化转型，中国企业要抢抓机遇，提升贸易投资合作质量和水平，大力推进贸易强国建设。

以创新发展理念支撑贸易强国建设。坚定不移推进贸易创新能力建设，深化科技创新、制度创新、模式和业态创新，培育新形势下参与国际合作竞争的新优势。提升中国科技创新水平，抓住新一轮科技革命和产业变革带来的机遇，鼓励中国企业参与国际竞争与合作。发挥市场主体创造性和积极性，加快发展外贸新业态新模式，利用新技术赋能外贸发展、优化贸易结构，实现中国制造业向全球价值链中高端攀升。稳步扩大制度型开放，营造一流营商环境，积极培育技术和品牌、提升质量和服务，加快建设世界一流企业。在数字时代，要充分发挥和增强完备数字基础设施优势、超大规模市场优势、丰富应用场景优势和海量数据资源优势，加快数字产业化进程，不断夯实数字贸易产业基础、优化数字贸易发展环境、提高数字贸易发展活力。同时，要发挥好制度优势，加大对跨境电子商务、市场采购贸易、外贸综合服务等贸易新业态新模式的支持。

以协调发展理念促进贸易平衡充分发展。在区域协调方面，要优化开放空间布局，通过加快自由贸易试验区、自由贸易港等对外开放高地建设，引导沿海内陆沿边开放优势互补，促进区域协调发展。结合各地区特色优势实现差异化发展，巩固东部沿海地区和全国特大城市的开放先导地位，加快中西部和东北地区开放步伐。在产业协调方面，推动货物贸易优化升级，创新服务贸易发展机制，促进加工贸易向研发设计等环节攀升，稳步提高出口附加值。坚持"引进来"与"走出去"相结合，持续营造市场化、法治化、国际化一流营商环境，着力构建全方位多层次复合型合作机制。

以绿色发展理念推动贸易可持续发展。发展绿色贸易，培养绿色动能，是贸易可持续发展的重要内容。坚持"绿色"这一经济发展底色，着力构建绿色贸易体系，大力发展高质量、高技术、高附加值的绿色产品贸易，引导要素合理化配置，不断提升绿色低碳产业竞争力和绿色产品竞争力。通过培育绿色低碳贸易主体，鼓励条件成熟的外贸转型升级基地、进口贸易促进创新示范区等产业集聚区先行先试，引领外贸企业优化能源结构、革新技术工艺、采用绿色原料，完成绿色低碳转型，培育新的绿色贸易增长点。

以开放发展理念推动贸易提质增效。优化国际市场布局，推动全球产业链供应链共建共享。在巩固原有市场的基础上，着力深化与"一带一路"沿线国家的贸易往来，推动共建"一带一路"高质量发展。扩大面向全球的高标准自由贸易区网络，拓展新兴市场，培育新增长点。以自由贸易试验区等对外开放高地建设为抓手，优化全球资源配置、推动科技创新，同时利用综合保税区等特殊经济功能区拓展新型国际贸易、跨境电子商务、跨境金融服务和大宗商品交易等贸易模式。有序推动人民币国际化，支持人民币跨境结算，提升产品国际定价权，深度参与全球产业分工和合作，维护多元稳定的国际经济格局和经贸关系。

以共享发展理念推动全球经贸往来。共享发展意味着让发展成果更多更公平惠及全体人民。中国企业要积极提升中国农产品的国际竞争力，围绕粮棉油糖、肉蛋奶、种业等关系国计民生的重要行业，培育一批具有国际影响力、科技创新力的头部企业。以发展农村电商为重点拓宽商贸流通渠道，以财税、金融、电商平台为支撑，助力农业农村、中小微企业融入国际贸易发展。通过共建"一带一路"倡议等合作机制共同推动全球经贸往来向更加互利共赢的方向发展，让世界各国共享开放型世界经济的成果。

中国企业还需要积极推动全球经济治理体系改革。维护和践行真正的多边主义，践行共商共建共享的全球治理观，维护以世界贸易组织为核心的多边贸易体制，积极参与全球经济治理，推动全球治理体系朝着更加公正合理的方向发展。在国际经贸往来中，利用好共建"一带一路"倡议、金砖国家峰会、二十国集团、上海合作组织等合作机制，逐步推广相关议题，参与贸易规则制定，为推动贸易强国建设营造更好的环境。

（七）追求高质量的规模和速度，努力提升"一利五率"水平，提高中国企业内在发展质量

中国企业目前和未来都不能放弃对高质量发展规模和适宜发展速度的追求，这是中国发展强大和民族复兴的需要。没有高质量的规模和速度就没有实力和影响力，就要落后，落后就要挨打。中国企业的高质量发展必须是有质量的规模和速度的发展，没有一定的规模和速度就不是真正意义上的高质量发展。

中国国有企业是中国特色社会主义的重要物质基础和政治基础，是中国特色社会主义市场经济的"顶梁柱"，发挥着主导引领和支撑托底作用。中国国有企业能否在实现高质量发展上迈出实质性的步伐，对推动中国企业和中国经济实现高质量发展、促进中国经济由大向强转变具有重要影响。

中国国有企业发展与中国经济发展密切相关。中国经济快速发展，为中国企业包括国有企业快速发展提供了广阔的市场空间和难得的发展机遇。推动中国国有企业高质量发展是中国经济高质量发展的内在要求，已经成为一项具有战略性、全局性、时代性和现实性的紧迫任务。

中国国有企业在航天、航空、造船、石油、石化、电力、通信、军工、金融等中国许多重要行业和关键领域处于支配地位，但在新经济领域的布局还不够广泛，对产业变革的控制力和影响力还不够强大。波士顿咨询公司（BCG）公布的《2022 年全球最具创新力的 50 家公司榜单》中，有 7 家中国公司入围，全部是民营企业。这表明，在推动中国经济高质量发展过程中，需要进一步提高中国国有企业的发展质量。

推动中国国有企业加快实现高质量发展，需要探索完善中国国有企业经营指标体系，进一步强调利润总额、资产收益率、资产负债率、研发投入强度、营业现金比率、全员劳动生产率（以下简称"一利五率"）等指标的重要性。

科学的经营指标是反映中国企业高质量发展的重要标志，可以将其作为中国企业重要的追求并导向规范中国企业的发展目标和行为，使中国企业特别是国有企业高质量发展水平有明显提高并引导其他企业高质量发展。

中国国有企业从整体上看需要在提高企业经营发展质量上下功夫，这是中国国有企业实现高质量发展的内在基础。中国国有企业要摒弃粗放的发展规模和发展速度，处理好质量提升和量的扩张。中国国有企业还不到放弃规模和速度的时候。高质量的发展规模和有效速度对中国仍然十分宝贵和极其重要。

"一利五率"经营指标，聚焦中国国有企业经营本质，注重可持续投资能力的提升，推动中国国有企业不断关注权益资本的投入产出效率，引导企业树立价值创造理念，重视为股东创造价值的能力，在关注账面利润的基础上，更关注现金流的安全，避免和克服一味求大的倾向，能够有效推动中国国有企业增强内生性发展能力、自我盈利能力、可持续发展能力和价值创造能力，从而全面提高企业经营业绩的"含金量"。

中国国有企业高质量发展的成果，可以通过"一利五率"指标体现出来；同时，在"一利五率"指标引导下，可以有力促进中国国有企业转变发展方式、优化布局结构、提升精益管理水平、提高资产经营质量，进而实现高质量发展。因此，中国国有企业应牢牢把握做强做优做大这一根本目标，以"一利五率"指标为牵引，努力提升核心竞争力和增强核心功能，以价值创造为关键抓手，扎实推动中国国有企业高质量发展。

强化考核激励引导作用。用好考核"指挥棒"，推动共性量化指标与个体差异性指标有机结合，实行"一企一策"精确考核，激励引导中国国有企业牢固树立价值创造理念，更加注重投入产出效率，更加注重现金流，更加重视风险防控，推动中国国有企业实现质的有效提升和量的合理增长。

突出精益运营和精益管理。把价值创造作为提升企业管理水平的本质要求，加强价值分析和成本费用研究，从物资采购、生产制造、库存管理、销售回款全流程入手，建立成本费用管控机制，突出抓好关键环节和重点要素管控，促进全生命周期成本最优，切实提高中国国有企业资产回报水平。

采取差异化负债率管控措施。坚持"有保有压，总体稳定"的原则管控国有企业负债率。对处于战略投入期且本身负债率较低、风险可控的国有企业，可以允许其负债率适度合理上升，但对负债率高于警戒线或管控线且投资方向不符合主业实业要求、投资管理水平较差的国有企业应坚定不移压降负债率。

将经营指标与企业负责人考核合理挂钩。以"一利五率"经营指标为基础，结合行业企业实际情况，建立科学全面的高质量发展考核指标体系，并深入分析影响相关指标的驱动因素，采取有效措施，确保核心指标持续优化。将考核指标与企业负责人经营业绩考核紧密挂钩衔接，确保责任落实到位，在确定和审核各企业具体目标时，应充分考虑行业差异、发展周期和企业特殊情况等因素，做到实事求是，"一企一策"确保客观公正。

统筹平衡好指标之间的关系。"一利五率"指标之间存在显著的联动关系，个别项目的变化会导致其他指标发生不同变动。例如，营业收入上升是利润总额增加的直接原因，但营业收入上升的同时会导致营业现金比率下降；增加净资产规模可以降低企业资产负债率，但同时会导致企业净资产收益率下降。因此，在确定具体经营考核指标时，应该加强统筹和协调平衡，做好测算，确保规模和速度、效益和质量、发展和安全的统一协调。

第四章
国有企业改革与中国企业制度创新发展

中国国有企业是在特定历史时期和特殊政治背景下，国家对国民经济发展实行计划与控制的产物，具有经济组织和企业制度之外的一些特殊使命和重要功能，中国国有企业改革不仅是中国国有企业本身的改革，还涉及国家经济制度改革和国家治理体系机制改革等许多方面。

从1978年开始，中国国有企业改革进入了一个全新的历史发展阶段，国家启动了自上而下、持续深化的改革探索。按照时间顺序，先后采取了建立企业基金、简政放权、减税让利、利改税、经营承包、企业租赁、拨改贷、贯彻企业法、转换企业经营机制、改革企业领导体制，建立现代企业制度、强化使命责任和核心功能等一系列重大改革举措。尽管在改革的初期乃至之后相当长的一段时间里，中国国有企业改革一直是摸着石头过河，探索前行，逐步深入，但最终还是提升到了整体性改革和系统性改革，并取得了丰富的实践成果和理论成果，也积累了许多宝贵的经验和深刻的教训。回顾半个世纪的中国国有企业改革历程，有几个重要历史阶段的改革值得我们总结思考和重新审视，有几个涉及中国企业制度创新的重要问题需要继续深入探讨。

一、中国国有企业改革的历史、逻辑和经验

1978 年，在中国大地上开启了一场改变中国、影响世界的伟大改革开放事业，在这场伟大的事业中，中国国有企业的改革始终是其中一个重要的内容和一段荡气回肠的经历，回想这段经历，有五个重要历史阶段值得总结和重新审视。

（一）中国国有企业改革的五个历史阶段

第一阶段改革：放权让利，扩大企业自主经营权。

这是中国国有企业改革的起始阶段，之所以从放权让利开始，是因为在当时的传统计划经济体制下，中国国有企业具有特殊组织形态、特殊功能结构和特殊行为方式，这些特殊功能属性和行为方式使中国国有企业与中国国家行政机关具有很强的同质性，企业目标的多元化和功能泛化，使中国国有企业成为无所不包的"小社会"和无所不管的"大组织"，行为方式和功能目标表现出明显的社会性、非经济特征和非价值取向，并且内在地塑造了中国国有企业的特殊定位，行为方式和运行机制，阻碍了中国国有企业成为真正的市场主体，进而公平参与市场竞争。在当时的计

划经济体制下，大多数中国国有企业都是一个生产单位，而不是独立的市场主体，更不是完整意义上的现代企业。

在传统计划经济体制下，中国国有企业的生产计划由国家下达、生产要素由国家分配、产品由国家收购、亏损由国家补贴、经营由国家指导、盈利由国家享有，中国国有企业处于无权、无利、无活力的沉寂局面，平均主义和"大锅饭"现象极为普遍。

针对这一普遍现象和明显弊端，第一阶段的中国国有企业改革是在保持计划经济体制框架基本不变的前提下，赋予中国国有企业一定的留利权和经营自主权，强化物质激励，以调动企业的生产积极性。但是，这一阶段的改革权责不同步、政策不配套，使获得一定自主权的中国国有企业既不处于有效的产权和市场竞争约束控制之下，也不处于反映价值规律和供求关系的市场机制之中，使放权让利的中国国有企业改革成效并不明显，甚至一度陷入了"放权—收权—放权"的循环之中，这一阶段的改革未能达到预期的目的。

第二阶段改革：利改税，明确国家与国有企业之间的分配关系。

为了进一步搞活中国国有企业，20 世纪 80 年代末，国家对国有企业实施了两步利税改革。第一步是"利税并存"，国有企业除上缴税收以外，用直接纳税的方式替代国有企业按行政隶属关系上缴利润；第二步是"利改税"，完全以税收方式代替国有企业利润上缴，取消利税并存。

利改税混淆了征税和缴利两种完全不同的经济行为和概念，将国家的行政管理职能和资产所有者的身份混在一起，不加区分，这种改革措施，并没有改变中国国有企业政企合一的体制，在提倡"利润多上缴多、利润少上缴少"的同时，还保留了"无利润不上缴"的保护落后政策，这种改革还导致了有的高盈利企业重复建设投资，以规避纳税，有的经济效益差的企业无所事事、无所作为。

尽管"利改税"改革没有从根本上解决中国国有企业存在的深层次问题，但当时仍不失为搞活中国国有企业的一种积极尝试。实施"两步走"利税改革，保证了国家财政收入的稳定增长，有效维护了国家利益，同时也为国有企业合规留下来依法纳税后的利润，为企业发展生产、改进技术、提高员工福利提供了物质基础，企业的活力和动力也由此增强。同时，国家还开始了投资体制改革，将国有企业固定资产投资方式由国家拨款改为企业贷款，新的投融资体制开始确立，这对后来的国家经济体制改革意义重大，影响深远。

第三阶段改革：承包经营，实行国有企业所有权与经营权分离。

前两个阶段改革实施之后，国有企业的活力和动力得到了一定程度的释放，但国有企业经济效率低下、市场竞争力不强、管理体制僵化等顽疾仍未得到根本解决。20世纪80年代末和90年代初，国家开始推动实施各种形式的企业承包经营责任制改革，承包人原则上只受上缴承包利润基数的制约，国家对承包者的经营决策不干预或少干预。

国有企业实施经营承包责任制改革之后，企业增产、增收、增利的动力进一步增强，大多数国有企业都超额完成了承包合同任务，国家财政收入和企业规模、经营收入同步增长。这一阶段改革是中国国有企业所有权与经营权分离的一次重要尝试和大胆实践，巩固了前两个阶段改革的积极成果，稳定了国家与企业之间的分配关系，权责界定更为清晰，提高了中国国有企业领导干部的经营水平和管理能力，培养出一批善经营、懂管理的国有企业领导干部，同时又没有完全突破原有国有企业行政隶属关系和利益分配格局，能够被国有企业及其上级主管部门同时接受和支持。

通过这一阶段改革，大家清醒地认识到，承包经营责任制只能是中国国有企业改革的阶段性任务而不能成为最终目标，尽管这种改革短时间内取得了十分明显的成效，但随着中国市场经济的发展和民营企业的崛起，中国国有企业承包经营责任制的激励效果和经济效益日趋下降，其局限性和弊端也逐渐显现。一是这一阶段的改革并未实现真正意义上的政企分开，政府仍然是资产所有者、规则制定者和企业管理者，企业经营者自主权的提升并没有改变体制内的行政上下级关系。二是承包经营改革没有界定中国国有企业的法人财产，没有明晰产权，导致中国国有企业经营者没有取得真正意义上的法人主体地位，因而不能以企业法人身份处置企业资产，企业的扩大经营、投资决策仍然受到多种限制，在瞬息万变的市场经济大潮中，中国国有企业明显不如民营企业更加灵活高效。三是承包经营改革难以规避中国国有企业经营者的"短期化行为"，企业承包经营行为缺乏长期战略指引，片面追求企业短期盈利的最大化，对企业技术改造、设备更新、折旧计提等方面打折扣、搞变通，以国家利益补贴企业盈利。四是片面突出企业承包经营者的个人影响，一些国有企业党的领导干部很快变为"企业家"，将企业集体发展成果片面看成个人管理的成功，将国有企业视为个人领地，由于缺乏配套的监管和有效的约束，在一些领域或企业造成了国有资产的严重流失，为后续改革的深入推进埋下了利益冲突的隐患。上述弊端导致这一阶段改革未能持续进行下去，很快被终止。

第四阶段改革：转变经营机制，加快建立现代企业制度。

在中国当时的历史条件下，上述三个阶段的中国国有企业改革都分别取得了阶段性的成果，但始终没有突破计划经济体制下政府直接管理国有企业的框架，局限于放权让利的政策性调整和管理方式改革，没有从根本上触及现代企业制度的改革和产权制度的重构。随着中国市场经济体制的建立和发展完善，国有企业的制度落后、体制僵化的弊端已经很难适应与民营企业、合资企业和外资企业的平等竞争，特别是随着中国对外开放的扩大和市场国际化的加快，留给国有企业的窗口期越来越短，推动国有企业建立现代企业制度和进行产权制度的改革迫在眉睫。

这一阶段的中国国有企业改革是建立以法人财产权为基础，以法人治理结构为核心，以股份有限责任为特征的现代企业制度改革，它既符合中国特色社会主义的组织制度体系，也符合经济全球化要求的运行机制，是实现产权清晰、权责明确、政企分开、政资分开、科学管理、专业管控、市场化运作的深层次改革。这一改革目标的确立，有力释放了中国国有企业的自主经营活力和专业化经营能力，同时将国有企业的经营风险进行分散隔离，国有企业不能再躲在国家的"温室"中吃财政的"大锅饭"，企业员工不能再依偎在企业的"襁褓"里吃企业的"大锅饭",通过设置国务院国有企业监督管理委员会(以下简称国资委),明确国家出资人的代表,明确股东大会、职工代表大会、董事会、监事会、经理层等法定治理机构,实行国有企业法人财产权独立,重大决策权有效制衡,所有权与经营权分离,开创了中国国有企业改革的新局面。

金融业是市场经济的血脉,作为金融业重要组成部分的国有银行业能否按照现代企业制度成功实现市场化改革,事关中国国有企业改革的成败。1995 年,国家颁布实施《商业银行法》,工农中建交五大国有银行开启了去行政化、"一心一意办商业银行"的市场化转型之路。

国有银行股份制改革是建立商业银行的市场化机制,建立现代公司治理结构以取代旧的政府机关式的管理模式;建立风险自担的内控机制以真正解决风险软约束问题;确立市场导向、利润为主的经营目标,改变行政干预下的财政化经营行为。正是由于国有银行股改始终围绕重建市场化经营机制这个核心,在完成财务重组、引进战略投资者和公开上市的改革三部曲的同时,国有银行将精力集中于公司治理结构与机制的建立和完善,加强风险管理与内控机制建设。实现了在国家控股基础上的产权多元化,建立了由股东大会、董事会、监事会和高级管理层组成的公司治理基本架构,加强党组织的政治核心和领导核心作用。

值得注意的是,风险管控永远是银行金融业的要义,守住不发生系统性风险是金融改革的底线。金融业是经营风险的机构,本身具有天然的脆弱性。中国国有银行 40 年的改革历史中，近一半的时间都在与不良资产做斗争，教训极为深刻、刻骨铭心。

随着中国经济的发展和转型升级，中国的银行金融业仍然需要继续深化改革，重构中国的现代金融体系，为中国式现代化建设服务、为中国高质量发展服务、为建设中国现代产业体系服务、为实现中国人民的共同富裕服务。同时促进中国资本市场健康发展，健全以投资者为本的资本市场基础制度体系，加快人民币国际化、科学防范在新的历史条件下发生金融系统性风险。

中国特色现代企业制度的改革目前仍在进行中，这一阶段的现代企业制度改革也不是中国国有企业改革的终极目标。现代企业制度在西方已经建立运行了一百多年，每年仍有数不清的现代企业经营失败、问题重重，甚至破产倒闭。中国国有企业现代企业制度改革的重大意义在于，它开始触及国有企业的产权制度、治理结构和公有制实现形式这一过去改革未曾触及的制度机制问题，找到了中国国有企业进一步深化改革、建立中国特色社会主义现代企业制度的目标和主攻方向。

第五阶段改革：国有大型企业全面系统深化改革。

前四个阶段的中国国有企业改革在中小型国有企业和依附国有企业的集体企业中取得了明显的成效，国有大型企业特别是中央企业由于资产规模大、企业员工多、社会包袱重、历史渊源复杂等原因，改革步伐和成效都逊色于中小型国有企业。2003年后，中国国有企业改革进入以国有大型企业改革为重点的阶段。

2002年11月，党的十六大决定启动国有资产管理体制改革，成立国有资产管理机构，制定和建立了包括企业清产核资制度、企业发展战略和主业管理制度、企业经营业绩考核制度、国有资本经营预算制度等在内的国有资产管理法规和制度体系。同时，国资委还推进了一系列有针对性的改革和结构调整措施，如国有企业内部及国有企业之间的重组、推动企业内部三项制度改革、企业改制上市、建立规范的董事会试点、减轻国有企业的社会负担、解决国有企业的历史遗留问题等，使中国国有企业的格局面貌、规模实力和发展质量发生巨大变化，一大批大型中国国有企业进入世界 500 强企业榜单，成为世界产业链和供应链的链主企业和科技创新策源地。

中国国有企业是中国共产党在新时代推进国家现代化、保障人民共同利益的重要力量，是党和国家事业发展的重要物质基础和政治基础。全面深化中国国有企业改革，做强做优做大国有资本，对坚持和发展中国特色社会主义、实现"两个一百年"奋斗目标具有十分重大的意义，中国国有企业改革因此全面深入推进，进入全面深化改革阶段。

党的十八届三中全会进一步明确了全面深化国有企业改革的新时代目标任务，明确提出了改革的五项基本原则。一是将坚持和完善基本经济制度作为根本要求；二是将坚持社会主义市场经济改革方向作为基本规律；三是将坚持增强活力和强化监管相结合作为必须把握的重要关系；四是将坚持党对国有企业的领导作为必须坚守的政治方向、政治原则；五是将坚持积极稳妥统筹推进作为必须采用的科学方法。这是在新的历史起点上，站在巩固党的执政地位、推动国家崛起强大和民族复兴的高度，国家对国有企业改革作出的重大部署，为新时代中国国有企业改革指明了前进方向、提供了根本遵循，明确了价值意义。

围绕实现上述国有企业改革的目标任务，国家还明确提出了抓好六项重点任务。一是分类推进国有企业改革；二是进一步完善现代企业制度，推进公司制股份制改革，健全公司法人治理结构，建立企业领导人员分类分层管理制度，实行与社会主义市场经济相适应的企业薪酬分配制度，深化企业内部用人制度改革；三是完善国有资产管理体制；四是发展混合所有制经济，放大国有资本功能，提高国有资本配置和运行效率，实现各种所有制资本取长补短、相互促进、共同发展；五是强化监督防止国有资产流失；六是加强和改进党对国有企业的领导，明确国有企业党组织在公司法人治理结构中的法定地位。

这一轮中国国有企业全面深化改革给了中国国有企业新的力量、新的信心和新的信念，近年来，中国国有企业在全球市场上的竞争力、影响力、控制力的极大提升就是这一改革阶段性成果的有力彰显，全面深化中国国有企业改革赋予了中国国有企业新生命、新活力、新追求，改革已经深深融入了中国国有企业的章程、文化和基因。中国国有企业的持续改革不仅成就了自身的发展转型，也为同时期的民营企业、合资企业的发展与成长提供了广阔的空间、成熟的人才、合作的机遇、竞争的对手，特别是中国国有企业在现代企业治理结构层面的深化改革，为中国民营企业建立完善良好的法人治理结构提供了示范、参照和信心，两者携手共同构建了繁荣的中国特色社会主义市场经济基础。

在新的历史发展阶段，中国国有企业开始与民营企业协同发展、融合发展、互促发展。中国国有企业更多地聚焦关系国民经济命脉战略新兴产业和未来产业。坚持主责主业，在建立现代产业体系中，发挥科技创新引领、产业变革控制和国家安全支撑作用，带动牵引成就更多的民营企业发展，把更多的市场和发展机会留给民营企业，自己承担风险大、周期长，民营企业做不了做不好的产业，与民营企业在更高层次上实现了优势互补、合作共赢、协同发展和互相成就。

为了使中国国有企业成为有活力的真正独立市场主体，成为真正的现代企业，成为大国重器和强国重企，成为党和人民真正信赖并可以依靠的重要力量，中国国有企业已经进行了近半个世纪的持续改革，进行了多种方式和多种途径的探索，而且中国国有企业的改革和探索未来还在继续进行。中国国有企业的改革实践再次证明现代企业和现代企业制度的发展潜力和巨大生命力，再次证明中国国有企业通过不断深化改革，能够发展得更好，具有无比辉煌的发展前景。改革必须科学确立目标、符合国情、紧密结合中国国有企业实际，才能不断取得成效。

（二）中国国有企业改革的基本逻辑与宝贵经验

历经近半个世纪的中国国有企业改革是一个不断解放思想、实事求是、不断探索的渐进式持续改革过程，改革的思路是逐渐清晰的，从放权让利、搞活国有企业，使之成为独立的市场主体到功能使命改革，增强国有企业核心功能，提升核心竞争力，发挥科技创新引领，产业变革控制、支撑国家安全三个关键作用，改革的实践是逐步深入的，改革的成效是不断提升的，成功走出了一条中国特色的中国国有企业改革之路。

中国国有企业的改革目标在改革开始以后相当长的一段时间里并未得到清晰和准确的阐述，国家相关部门和国有企业也未达成过普遍共识，一直是摸着石头过河，不断探索前进，但在实践中逐步上升为整体系统性改革，体现了中国国有企业改革的基本规律。

现在回过头来看，中国国有企业改革之所以能够顺利推进并取得巨大成功，主要是因为在改革中形成了以下基本逻辑并积累了宝贵经验。

一是始终坚持公有制为主体、多种所有制经济共同发展，始终坚持"两个毫不动摇"，不断推进国有经济布局优化、结构调整和战略性重组。党的十七大、十八大、十九大、二十大报告都重申了坚持和完善基本经济制度和"两个毫不动摇"。正是因为在改革过程中，始终坚持这一重要原则并坚持在这个重要原则指导下进行国有企业改革，国有经济和民营经济都获得了巨大发展，尽管国有企业的数量和所占比重大幅下降，但国有资产规模却大幅提升，国有经济控制力和国际影响力不断增强。

二是始终坚持党对国有企业的领导，不断改革完善国有企业的领导体制，推进国有企业所有权制度改革，探索公有制的多种实现形式。中国国有企业的领导体制在中国国有企业改革中，进行了多次调整、变化和探索，但不管采用什么样的领导体制，坚持党对国有企业的领导始终没有动摇和变化，这是中国国有企业改革的一条重要经验和基本逻辑。公有制实现形式是公有制经济的具体组织形式和经营方式。公有制实现形式的创新和多样化体现在，公有制经济的组织形式和经营方式由传统的国有独资企业形式扩展到股份合作制企业、混合所有制企业、职工持股、公众企业、股份制公司等多种形式。中国国有企业所有权制度改革首先是解决所有者代表和所有者权益保障问题，其次是解决委托—代理问题和国有资产流失问题。为此，改革开放40多年来，中国国有企业改革进行了公司制改革、建立和完善公司治理结构，并逐步完善国有资产监督管理体系、设立国资委等。将混合所有制改革作为中国国有企业所有权制度改革的延续和创新，谨慎有序推进，不断取得经验再逐步推广，防止了一共而起，避免产生失误和负面影响。

三是不断探索中国国有企业与市场经济相结合的改革之路，使国有企业成为独立的市场主体。坚持社会主义初级阶段的基本经济制度，坚持"两个毫不动摇"，坚持走市场化取向的改革之路，是中国国有企业改革40多年来的基本逻辑和重要经验。市场化并非私有化，发展混合所有制经济也绝不是私有化。将二者建立在分类改革的基础上，不是把所有的国有企业都不加区别地推向市场，也不是把所有的国有企业都一刀切式地进行混改。而是基于不同行业和类型，一企一策，在坚持市场配置资源和公平、公正、公开、透明的基础上发挥好政府的服务监督保障和支持作用。实践证明，国有企业和市场经济能够有机结合，国有企业和民营企业能够共同发展、相辅相成、相互有机融合。国有企业改革发展所提供的巨大空间和机遇，能够推动和促进民营企业更好的发展；民营企业的快速发展，也能推动和倒逼国有企业加快改革和高质量发展。"国进"不等于"民退"，"民进"也不等于"国退"。

　　四是始终坚持循序渐进，逐步深入，按照改革发展逻辑有序推进，持续改革，保证中国国有企业改革的平稳健康发展并取得成效。近半个世纪的中国国有企业改革，在先后顺序上，始终坚持按照以下改革发展逻辑逐步推进、持续深入，即坚持确立国有企业的独立市场主体地位，改革国家对国有企业的管理方式；坚持完善市场化改革方向，改革国有企业的经营机制；坚持加强党对国有企业的领导，改革国有企业的领导体制；坚持完善现代企业制度，改革中国国有企业的企业制度，建立中国特色的现代企业制度和治理结构；坚持增强国有企业的核心功能，提高国有企业的核心竞争力；改革国有企业的功能使命，充分发挥国有企业科技创新引领、产业变革控制和国家安全支撑作用，而且连续不断地进行持续深化改革和整体系统改革。无论进行什么样的改革，始终坚持党对国有企业的领导，始终坚持社会主义的底色，始终坚持国有经济的主体地位，始终坚持服务践行国家战略，发挥支撑托底作用，始终坚持做大做强国有企业，使国有企业实现了从最开始的国家行政机构的附属组织和生产单位发展成为肩负特殊国家使命的现代企业和强国重企这一伟大变革，从而保证了中国国有企业的改革顺利进行并取得巨大成功。

　　五是坚持中国国有企业的功能定位和使命责任的优化动态调整，体现发展的历史阶段性。中国国有企业的功能定位和使命责任随着国家发展阶段、国际发展形势和国家发展战略变化而不断变化，中国国有企业的改革始终根据中国国有企业在不同历史发展阶段的新功能定位和使命责任，不断深化调整改革的重点和目标，服务国家战略，确保国有企业的改革发展始终符合国家发展的需要和国内外形势发展的需要，并始终遵循现代企业发展的规律。

二、中国国有企业改革解决的主要问题

持续近半个世纪的国有企业改革已经初步解决了一系列影响制约中国国有企业做大做强可持续发展的重要问题，这些问题的解决对中国国有企业的改革发展具有全局性和深远影响。这些重要问题主要包括国有企业的独立市场主体地位问题、国有企业的市场化经营机制问题、国有企业的领导体制问题、国有企业的功能地位和使命责任问题、建立中国特色现代企业制度问题、国有企业从管资产到管资本、管产业的转换问题、国有企业领导干部任期制与国有企业发展战略稳定问题等。

对上述问题的认识、解决和不断探索也是中国建立市场经济体制、推行现代企业制度、推动中国国有企业治理体制和机制现代化、国有企业实现市场化、国际化和中国全面迈向全球化的过程，对这些问题的认识深化过程和改革探索实践过程，也是中国国有企业改革的重要阶段性目标，为中国国有企业做大做强提供了重要路径。在这个过程中，我们逐步深化了对现代企业制度的认识，对中国国有企业功能特性和使命责任的认识，也不断探索发展出中国特色的现代企业制度。制度问题是根本性的问题，不解决制度问题就难以从根本上、底层上保障中国国有企业实现高质量发展。

（一）中国国有企业的独立市场主体地位问题

中国国有企业从政府职能部门的附属机构到独立的法人主体，从政企不分到政企分开，从承担无限责任到实行有限责任，逐步回归到现代企业的本质属性要求，将国有企业全面推向市场，成为一个独立的市场主体，这是中国国有企业改革最大的成效和成功之一。

尽管中国国有企业管理体制和经营机制以及政府监管职能仍然存在一些问题，但确立中国国有企业的市场主体地位已经成为共识，而且目前这一问题已经基本解决。中国国有企业独立市场主体地位的确立，使中国国有企业能够全面融入中国经济和世界经济，参加全球化经营竞争，并且能够充分发挥现代企业的制度力量和市场机制力量，解除中国国有企业的束缚，使其独立自主经营发展并独立承担有限责任，这是中国国有企业具备核心功能、肩负特殊使命，发挥关键作用，创造财富和长期价值成为重要力量的前提和基础。如果中国国有企业缺乏独立的市场主体地位，这一切都将无法实现。

做大做强中国国有企业，使其在国民经济的关键领域和重点行业发挥其他所有制企业不可替代的作用可谓重之又重。确立中国国有企业的市场主体地位，使其既能在具有中国特色的社会主义市场经济中发挥关键作用，又能在国际市场中独立参与竞争并提高核心竞争力，已成为中国国有企业改革的重要目标，中国国有企业市场主体地位的确立意义重大深远。

西方许多国家普遍认为，中国国有企业缺乏独立的市场主体地位，所有的中国国有企业是一个统一的经济体，相互之间高度关联，而且利益一致，不应该享受税收优惠，并且担心中国国有企业在海外联合起来实行垄断，反垄断审查主要针对中国国有企业。

在改革中，明确政府监管部门与国有企业经营管理之间的关系，有效避免前者凌驾于后者之上，给国有企业经营管理者创造相对独立的、不受行政干预的自主决策和经营发展环境，促进了国有企业"去行政化"和实行"市场化"经营的落实到位，有力调动了国有企业经营管理者的积极性。

国有企业改革以来，国家先后出台了一系列剥离国有企业办社会的政策，使国有企业的社会职能大为减少，对减轻国有企业的负担，与民营企业平等参与市场竞争发挥了积极作用。

鉴于国有资本"全民所有"的基本属性，中国国有企业改革超越本位目标，将提升国家整体经济效率和社会福利最大化的目标联系在一起，不断适应已经发生重大变化的经济环境和政策环境，紧贴国家战略和国际发展形势，持续推动中国国有企业深化改革。

中国国有企业的改革一直置身于中国社会主义市场经济制度和国有经济管理体制改革完善、国有经济实现形式多样化改革创新的背景下，不是简单孤立地将国有企业作为改革的对象，而是通过改革完善国家经济制度和管理体制，通过管功能使命、管关键作用"管资本"和重构国有资本管理体制，淡化所有制、强化所有权，使所有微观企业都居于公平竞争的地位，从而强化了中国国有企业的独立市场主体地位。

（二）中国国有企业的市场化经营机制问题

中国国有企业市场化经营机制的问题与中国国有企业的独立市场主体地位问题是同一问题的一体两面，对外表现为市场的经营主体，对内则是企业的经营机制。

中国国有企业缺乏市场化经营机制是普遍存在的问题，这个问题的基本解决对搞活中国国有企业，增强内生动力具有重大意义。民营企业天生就具有充分的市场化经营机制，而且充满活力、动力，对市场能够快速响应，以极高效率不断提升竞争力。

市场化经营机制，是现代企业制度的本质要求，是现代企业创造性活力的重要体现。中国国有企业不实行市场化经营机制就不能按照市场机制配置资源参与市场竞争，利用市场机制的力量发展壮大自己！

中国国有企业的市场化经营机制改革，对激发中国国有企业发展活力、提高经营效率、增强核心竞争力具有重要意义。

深入推进市场化经营机制改革是深化中国国有企业改革的"牛鼻子"。市场化经营机制包括企业的市场化意识、管理制度、用人机制、薪酬与激励政策等一系列问题，经过多年的改革，中国国有企业已经从计划经济转为市场经济，从按计划生产到独立自主经营，从大锅饭到薪酬市场化，从人员能进不能出、干部能上不能下到按市场机制和能力业绩实行契约化聘用，基本解决了长期困扰中国国有企业市场化经营的一些重要问题，有些问题已经取得了重大突破。

深入推进市场化经营机制改革是提升中国国有企业核心竞争力的"催化剂"。中国国有企业改革的主要目标之一就是使中国国有企业成为有活力、有效率、有核心竞争力的市场主体。通过深入实施市场化经营机制改革，有效地激发了中国国有企业组织和企业员工的活力和动力，使中国国有企业逐步成为具有活力、效率和核心竞争力的市场主体，在创新引领、提升产业链供应链的控制力，有效支撑企业核心竞争力的提升等方面发挥了重要作用。

国有企业市场化经营机制的形成，其意义还在于，能够利用市场机制的力量驱动中国国有企业加快发展，提高竞争意识和竞争力，培养核心能力，自强自立发展。深入推进市场化经营机制改革是中国国有企业抢抓发展机遇的"助推器"。世界已经进入新的动荡变革期，国际形势持续发生深刻复杂变化，中国已全面转向高质量发展阶段，面临的任务十分艰巨繁重，风险挑战异常复杂严峻。继续深入推进市场化经营机制改革，能够促进中国国有企业抢抓机遇，实现更高质量、更有效率、更可持续的发展。

（三）中国国有企业的领导体制问题

中国国有企业的领导体制问题经过长期的改革探索，现在已经基本得到解决。新中国成立后，中国国有企业的领导体制经历了从"一长制"、党委领导下的厂长负责制、厂长（经理）负责制，到健全体现党对国有企业全面领导的公司治理结构的深刻变化。综观新中国成立以来国企领导体制的变迁，不难发现其中既有"变化"，也有"坚持"，既遵循企业发展规律，也追求政治目标，最终形成的是"中国土壤"中自然生长出来的中国特色国有企业领导制度。

中国国有企业的领导体制问题进行了长期探索，实行什么样的领导体制才最能体现坚持党的领导，又最能有利于企业的创新发展，一直是中国国有企业改革的关键问题之一，这个问题的解决对中国国有企业的发展具有根本性和全局性的意义。

中国特色的国有企业领导体制是"两个一以贯之"、坚持党的领导和完善企业治理的深度融合统一。"两个一以贯之"是具有原创性、独特性的重大理论创新和实践创新，为建设中国特色现代企业制度指明了方向，提供了根本遵循。"两个一以贯之"是公司治理的"中国方案"，实现了坚持和加强党的领导与完善公司治理的有机统一。实现了制度优势转化为治理效能。

中国国有企业的领导体制还需要进一步成熟完善。在保证企业内部各层级正常运行的情况下，进一步强化中国国有企业的公司领导体制和治理结构，构建一个权职明确、责任清晰的中国国有企业公司管理模式，促使企业管理者在治理机制保障下，将更多精力与时间投入到企业的发展与转型之中，为企业的持续发展奠定基础。通过完善中国国有企业的领导体制和公司治理机制，促进企业创新发展与实行现代化管理经营，从而进一步提高中国国有企业在市场以及国际合作中的竞争优势，保证中国国有企业始终居于国民经济的主导地位。

（四）中国国有企业的功能地位和使命责任问题

这是中国国有企业不断深化改革取得重要成效的关键。中国国有企业到底有哪些重要功能，有何重要价值，应当赋予它怎样的地位，这个问题并不是中国国有企业改革一开始就已经深刻认知的。中国国有企业改革在一定意义上就是对这一重大问题不断深化认识和创新认识的过程。中国国有企业改革从开始的企业管理改革逐步深入到经营机制改革，从经营机制改革再深入到企业制度改革，从企业制度改革再到功能使命改革，随着改革的持续深入，对这些问题的认识也在不断提高，中国国有企业改革的实践也不断向深水区推进，中国国有企业自身也在认识深化和实践的探索过程中不断做大做强，功能地位和使命责任也在不断发生深刻变化。

中国国有企业的功能地位、使命责任、价值作用一直在不断调整变化增强，它服务于国家战略，随着国家中心任务和使命目标变化而变化，对这一问题的逐步深入认识，对中国国有企业改革管控和有效发挥其独特作用意义重大深远。

中国国有企业是肩负国家特殊使命和责任的经济组织，它不同于一般国家的国有企业，习近平总书记曾将其定位为六个重要力量，根据中国现阶段的战略需要，又提出增强核心功能和核心竞争力，在科技创新引领、产业变革控制和支持国家安全发挥关键作用的功能定位。

当今世界各国，无论是发达国家还是发展中国家，都程度不同地保持一定规模和数量的国有企业，国有企业在各国的经济发展中都发挥着举足轻重的作用，但核心功能、使命责任和地位价值不同。在中国式现代化全面推进、中美两国经济总量即将易位的关键时期，如何正确认识和有效发挥中国国有企业的功能地位和关键作用，深刻认知中国国有企业在创造、创新、创富，支撑国家强大、推动民族复兴中的重大意义，将直接关系到中国经济转型升级和中国式现代化建设的成功与否，应该引起我们的特别重视。

（五）建立中国特色现代企业制度

中国国有企业的制度改革是中国国有企业深化改革的一个重要内容。世界上没有一劳永逸的制度，也没有放之四海而皆准的制度。中国过去的国有企业制度难以解决中国国有企业当前发展面临的问题；西方的现代企业制度和治理模式，也无法指导中国国有企业未来的发展。因此，探索建立具有中国特色的现代企业制度是中国国有企业改革的关键目标。

中国特色现代企业制度目前已经基本建立，已经形成了党组织、董事会和经理层为中国国有企业的三大法定治理主体，并清晰规定了三大治理主体各自的权责职能、运行机制和相互关系以及工作程序，而且还在不断优化完善之中。

在建立中国特色现代企业制度过程中，中国国有企业逐步实现了从"管理模式"到"治理模式"的转变，这是中国国有企业制度改革的重要意义所在，外部董事占多数的董事会制度逐步优化完善，对建设具有中国特色的现代企业制度和治理结构，具有重要的作用。

完善中国国有企业外部董事制度，充分发挥外部董事作用，是完善中国国有企业董事会治理结构，提高中国国有企业治理能力的重要内容，对坚持中国特色现代企业制度具有重要意义。国有独资企业或控股企业所有权与经营权通常必须实行分离，所有权与经营权分离后，委托代理关系就必然存在，在委托代理条件下，企业经常存在着代理人与委托人在目标、利益、偏好不一致或偏离的情况。同时，由于企业制度的不完备性、信息不对称性、企业管理人员理性的有限性永恒存在，企业的控制权与企业的所有权、经营权之间存在有效制衡的矛盾，常常造成企业内部人控制和一把手说了算，而且有些问题企业自身还难以解决，造成国有企业决策不科学、腐败问题频发多发。针对这种情况，从企业外部引入一种制度性、功能性、结构性的力量，进入企业董事会，形成外部董事占多数的董事会制度实行有效制衡，防范风险和科学决策是必要和有效的。

外部董事占多数的中国国有企业董事会制度是加强中国国有企业董事会建设的一项关键措施，无论是在董事会定战略、做决策、防风险、还是对经理层发挥指导、监督和促进作用，外部董事都能起到不可替代的重要作用。外部董事占多数制度的推行能够避免在重大改革与发展问题上少数人基于个人意见而形成错误决策，避免给企业带来重大损失，从而更好地代表出资人利益。随着经济全球化的发展，中国国有企业要想适应世界经济发展的大趋势和日益激烈的国际市场竞争，就必须加强和完善中国国有企业的董事会建设。中国国有企业外部董事占多数的制度能够有效提升企业科学决策和防范风险的能力和水平。

完善中国国有企业外部董事制度，充分发挥外部董事作用，是改进中国国有企业董事会治理结构的重要内容，对于建立现代企业制度具有关键性作用。

外部董事作为一种制度性、功能性、结构性、外部性的力量，这种外部性力量的引入，对完善中国国有企业治理结构和治理机制具有重要的作用。外部董事来源多元，具有实践经历、专业知识、经验视野互补的优势，能够形成功能性、结构性的集体理性参与企业决策，能够不受履职企业人事权力和利益关系的影响，独立客观地发表决策意见，成为企业一种有效制衡和促进科学决策的力量。

（六）中国国有企业从管资产到管资本的转换变革

由于中国国有企业规模的快速扩张，今天大型中国国有企业集团总部已经无法直接管理下属企业的生产经营，中国国有企业已不是20世纪的国有工厂，企业总部也已不是工厂厂办，总部不再管理下属企业的生产计划和日常经营，而是管资产、管资本、管干部、定战略、做决策、防风险。国有企业管理方式的转换或变革既体现了中国国有企业现实发展的需要，也是中国国有企业走向市场化、现代化和国际化的必然要求。

中国国有企业经过40多年的改革与发展，已经进入资产资本化、股权债务多元化的新阶段，为了更好地适应市场化、产业化、国际化的发展趋势，中国国有企业从管资产向管资本转变，遵循市场规则，平等参与市场竞争已成为确保中国国有企业健康发展的必然选择。

管资产是指监管人事任命、资产管理、企业经营"三权合一"的国资管理模式。管资产模式下的中国国有企业管理主要存在四个问题：一是以行政代替市场、以管制代替监管，监管机构管得太多太细，市场无法真正在资源配置中起决定性作用，企业活力不足。二是国有资本职能定位不清、国有经济布局不合理，国有经济在一些领域市场化程度不高，资源配置效率较低，国有资本在产业结构升级和资源优化配置的导向作用没有充分发挥出来。三是企业国有资产整体运营效率不高。在现行国有资产监管体制和企业组织架构下，由于出资机构和企业之间，国有大型企业集团母子公司之间，存在着权责不对称和行政化管理倾向，考核缺乏市场竞争和资本价值等方面的评判标准，严重影响国有资产运营效率。四是中国国有企业治理机制中的深层次问题还没有得到彻底解决，存在着股权结构不合理、资产关系不清晰、管理关系不协调、法人治理结构不完善等问题。

为了从根本上解决管资产模式下中国国有企业管理中存在的上述问题，实现国有经济高质量发展的改革要求和目标，国家提出了以管资本为主加强国有资产监管，加快实现从管企业向管资本的转变。

以管资本为主就是对国有资产的监管实现从管资产到管资本管理内容的转变，从"工头"到"老板"管理角色的转变，以及从"管理"到"监督"管理职责的转变。具体指以资本保值增值为主要出发点和落脚点，以资本经营作为主要手段，从管企业投资、业务确定等过渡到管总量、管效益、管分布的资本运营；从管企业领导过渡到管企业董事会董事；从管企业实物资产的安全乃至运营过渡到管履行出资人职责机构的监管规则。

在这样的管理模式下，国资委或其他国资出资人的角色定位是确定或制定规则制度、监督考核国有企业；国有资本投资或运营公司是国资经营者，主要进行企业重组、兼并、收购等业务，促进下属企业提高效益；国有企业是日常经营主体，掌握自主经营权，通过生产经营活动实现国有资产的保值增值。

以管资本为主加强国有资产监管，进一步强化国有资本经营，改变传统的国有资产管理方式，有利于真正实现政企分开、政资分开、所有权与经营权分离，进一步解决政府和市场两者关系协调互动的问题，摆脱政府对企业的非市场化行政干预，让中国国有企业能够真正转变角色，按照市场化的规律去充分竞争，确立中国国有企业的市场主体地位；国资监管机构寓监督于管理，从顶层设计机构的角度去关注国有企业，监控国有企业的运营。调整优化国有经济布局结构，提高国有资产运营效率，完善国有企业现代企业制度，从而实现增强国有经济的竞争力、创新力、控制力、影响力和抗风险能力的中国国有企业改革目标。

（七）中国国有企业领导干部任期制与企业长期战略的稳定

中国国有企业的核心功能定位和特殊使命责任，决定了企业战略具有长期性和稳定性，同时既要稳定又要与时俱进，不断优化调整，才能更加具有指导性和引领性，但应避免换一个主要领导就推倒重来一次的现象。

战略稳定是中国国有企业的一大特征，如同民营企业经营灵活特征一样。战略的稳定不代表一成不变，必须与时俱进，根据国内外形势和使命功能变化而不断优化调整。

这不仅是政府和中国国有企业的管理体制机制问题，而且还具有一定的普遍性。如何处理解决好这一矛盾，中国国有企业在改革中更早地进行了探索，也取得了积极的成果，如弘扬企业家精神，培育讲政治的企业家，加强政治巡视和经济责任审计，聚焦主责主业，强化功能使命，通过加强规范董事会建设和运行，强化中国国有企业发展战略的长期性和稳定性。

在国有企业实施主要领导任期制，有效解决国有企业新老班子平稳过渡交接的问题，能够让年富力强、富于改革创新精神的年轻领导干部一批一批接续走上决策岗位，带领企业实现更新、更快的发展。但是，新老班子的交接，特别是"一把手"的交替更换，也往往意味着企业发展战略和经营理念的传承和创新问题。

中国国有企业独特的功能定位和本质属性以及国家使命和社会责任，使之成为中国特色社会主义市场经济条件下经济发展的压舱石和稳定器。中国国有企业要参与全球化市场竞争，必须弘扬企业家精神，没有企业家精神、没有企业家队伍，中国国有企业就只能有管理而没有经营。

坚持中国国有企业的功能定位和使命责任，同时又呼唤企业家精神，弘扬企业家精神。国有企业深层次改革，中国国有企业创新成长，如果在这方面不突破，没有企业家经营管理团队作为支撑，中国国有企业就缺乏经营发展的魂。如何在坚持中国特色国有企业功能定位的条件下激发企业家精神、呼唤企业家精神、保护企业家精神，是中国国有企业长期面临的一大难题，也是改革需要破解的关键问题之一。

中国国有企业是中国经济发展的重要支柱，具有重要的社会地位和功能作用。在当前的经济发展形势下，需要通过全面深化改革来推动中国国有企业的转型升级和创新发展，使其更好地发挥独特功能和特殊作用。

中国国有企业肩负着保障国家安全和经济稳定的责任，必须高度重视中国国有企业的治理机制、科学决策、风险管控等方面的工作。同时还需要下大功夫遏制腐败现象的发生。腐败是任何企业的毒瘤，必须坚决打击。国家应该建立健全更加科学严格的监督机制，加强对国有企业领导干部和企业员工的监督和管理，坚决防止权力滥用和腐败行为的频发。

中国国有企业的发展需要各方面的努力和支持。需要从多个方面入手，继续努力解决好其面临的各种问题，使中国国有企业真正成为中国经济的中坚力量。

三、中国现代企业制度机制创新发展的探讨

持续近半个世纪的中国国有企业改革，虽然已经解决了许多影响中国国有企业健康发展深层次的制度体制机制性问题，但目前仍然还有一些影响中国国有企业高质量发展，影响增强核心功能和核心竞争力，影响中国国有企业现代化、进一步做强做优做大，建设世界一流企业的问题，需要通过继续深化改革实行制度机制创新逐步予以解决。

当前，中国国有企业面临全新的战略机遇和严峻挑战。

一是中国全面开始中国式现代化建设，它将改变人类社会的发展范式，创造全新的现代化发展路径和人类文明新形态，为解决人类面临的共同问题提供中国方案。在推进中国式现代化的历史进程中，中国国有企业，特别是中央企业将肩负新的历史使命，

中国式现代化将为中国国有企业加快做强做大、建设世界一流企业、实现高质量发展转型提供前所未有的历史机遇。

二是中美两国竞争博弈加剧，中美两国经济总量易位将成为必然趋势。自1871年以来，美国一直是世界上最大的经济体，150年来，没有任何一个国家能够挑战其全球霸主地位。随着中国经济的快速崛起，美国对中国的围堵打压遏制将会逐步升级，中美两国博弈竞争将会更加频繁和尖锐，在可以预测的未来十年至十五年，中美两国经济总量将发生易位，这将是改变世界格局，产生全球影响的重大历史性事件。中美两国经济总量发生变化，将导致中美两国科技、军事、政治、文化等其他领域迟早都会发生变化。深刻认识中美两国经济总量易位的客观必然趋势，理性分析这种易位所产生的全球影响，智慧应对所带来的机遇和挑战，对中国和中国国有企业意义重大深远。

三是俄乌冲突的持续、影响的延伸和地缘政治未来走向的不确定性。俄罗斯与美欧全面对立，不仅加剧了疫情之后全球经济复苏和全球化重构的不确定性，更深刻改变了冷战之后的全球地缘政治格局。俄罗斯当前的境遇充分证明了我们的判断：强国需要重企！重企才能强国！从维护国家安全、实现民族复兴的需要出发，中国国有企业必须加快做强做大，加快高质量发展，中国企业必须加快建成世界一流的步伐！

四是新一轮科技革命将重塑全球经济发展范式，推动产业实行重大变革。以人工智能和新能源、新材料为代表的科技革命和能源革命浪潮正在催生大批全新产业，许多传统产业正面临淘汰消亡，新的经济形态和发展范式正在酝酿形成，科技创新在国家发展中的战略支撑作用越来越凸显，特别是作为世界大国的中国能否做到高水平科技自立自强，能否掌握引领科技创新的关键核心技术，能否形成强大的全球战略资源配置能力和全球产业链、供应链、价值链的主导控制能力，将直接关系到中国向高质量发展转型的成败，中国企业特别是中央企业必须扛起这个国家使命和时代责任。

在重大战略机遇和严峻挑战面前，中国企业需要深刻认知和着力解决好以下重大制度机制问题。

（一）深刻认知现代企业的制度价值、组织特征、功能作用和特殊属性，大力倡导强国需重企、重企必强国

美国第 30 任总统柯立芝（1872—1933）曾经毫不避讳地说，美国的事业就是企业。美国主导世界的时代也是美国企业主导全球商业和科技的时代。全球第一家现代企业是荷兰的东印度公司，成立于 1602 年，解散于 1799 年，存续了 197 年，见证了荷兰成为海洋贸易霸主、日渐衰落并被英国超越的全过程。中国第一家现代企业是洋务运动时期创办的轮船招商局，即今天的招商局集团，它见证了中国改革开放的全过程。

现代企业制度是人类文明的伟大创造，也是人类社会走向现代化的重要工具。在人类文明发展演进的历史上，有多种改变世界的要素和力量，其中现代企业的功能和力量最为强大，现代企业作为人类的一项伟大创造，其制度价值在于它创造了一个特殊的全世界通行的组织——现代企业，在于现代企业制度能够使现代企业这个特殊组织快速集聚资本、连接要素、促进创新、隔离

风险、创造财富，在于它能够赋予企业组织和员工个体以创造活力、发展动力，并形成特殊机制和系统规范，这是现代企业制度的独有价值和特殊功能，而且正是这种制度的特殊价值，现代企业的内涵属性不断丰富发展，其功能作用不断拓展延伸。

中国是世界大国，中国的崛起强大和民族复兴离不开现代企业的蓬勃发展，现代企业是富强中国的主要力量，也是中国连接世界的最佳枢纽，是中国与世界各国沟通对话、共同建设人类命运共同体的"通用语言"。进一步深化认知现代企业的本质属性和组织特征，科学利用和充分发挥现代企业的功能与作用，是中国国有企业在新发展跨越过程中需要深度思考并积极实践的时代课题。

在《重企强国》中，我们曾尝试提出了现代企业在传统经济学视角之外的六条本质属性，即融合多种制度文明的集合性，跨领域、全要素的连接性，基于元理念特质的衍生性，创造新价值和财富的经济性，以永恒发展为内生动力的发展性，以集体劳动、社交平台、精神家园、情感依托为载体的社会性。今天看来，现代企业的本质属性、功能作用还远不止于此，现代企业具有多重属性主要体现为连接枢纽属性、制度集合属性、无界经营属性、特殊工具属性、盈利创富属性、创新发展属性和强大力量属性，现代企业所特有的多重属性而形成强烈吸引力和巨大魅力值得我们继续深入研究、科学认知和创新发展。

现代企业是人类改造世界、塑造未来、创造美好生活的强大组织和特殊工具，是推动人类文明发展进步最强大、最直接、最有效的力量之一。

在改变世界的众多要素或组织中，迄今为止还没有一种组织像现代企业这样，能够集成多元功能、多重属性和多种价值于一身，并能够将众多要素或组织连接聚合在一起，形成一种更加强大的改变世界的力量。

现代企业具有多元功能，主要表现为连接功能、创造功能、创新功能、盈利功能、经济功能、政治功能和社会功能，多种价值主要表现为，创造物质产品财富并满足人民生活需要的价值，创新需求服务并提高人民精神追求的价值，变革产业、改变思想并塑造未来的价值，推动经济发展、促进社会进步并改变世界的价值，服务践行国家战略，推动国家崛起强大和民族复兴的价值。

如果说工具改变世界，材料塑造世界，技术进步世界，制度文明世界，那么现代企业的作用就是连接世界、繁荣世界、创新世界和富足世界。所以美国管理学大师彼得·德鲁克说："世界近500年，最伟大的组织是企业。"现代企业自身也成为人类文明的一种新形式和新形态，成为一种特殊的组织、特殊的制度、特殊的工具、特殊的力量和特殊的价值，这是现代企业能够对人类文明和人类社会产生深远影响的根本原因所在。

现代企业的发达强大与国家富强、人民富裕具有高度的正相关关系和直接因果关系。现代企业是跨越意识形态、社会制度和国家边界的塑造性力量，强大的现代企业能够支撑一座现代化城市，甚至能够支撑一个现代化国家。每个国家和民族都有利用现代企业实现发展富强的需要。同时，每个国家都有利用现代企业、发展现代企业的责任和需求，而深刻认识这一点是充分利用和发展现代企业制度的前提和基础。

中国国有企业在具有现代企业的经济属性和特殊的工具属性的同时，还具有非常鲜明的政治属性和社会属性。中国国有企业是中国共产党执政的重要物质基础和政治基础，是中国共产党和中国人民信赖依靠的重要力量，是国家之间竞争合作、捍卫国家权益和进行国民经济宏观调控的重要手段，是实施国家战略、满足国家发展需要的重要载体，是国家经济的主力军和领头羊，也是实现全民共同富裕的核心手段之一和重要工具。中国国有企业坚持党的领导，坚决履行国家赋予的使命责任和主责主业，在国家和人民需要的时候，能够不惜一切代价地发挥支撑和托底作用，这是中国国有企业特别是中央企业区别于其他所有制企业的本质属性和安身立命之本。正是由于中国国有企业的鲜明政治属性和社会属性和肩负的特殊使命，中国国有企业的组织结构、功能属性、地位作用、职责任务和运行规则不同于西方现代企业，也有别于中国其他所有制企业，中国国有企业的改革成功和发展成效是现代企业制度在中国的一项重大制度创新成果。

如果说一个不重视教育的民族是没有未来的民族，那么一个不重视现代企业的国家是永远贫困的国家。国家要先富足才能强大，一个生活在富裕强大国家的人民才能享有尊严，人民对美好生活的向往才能不断得到满足和实现。

自现代企业制度诞生以来，垄断与竞争始终是企业与社会博弈的焦点之一，也是人类社会试图驾驭现代企业的难点之一。充分竞争才能激活市场，通过竞争优化资源配置，实现优胜劣汰，提高经济运行效率，也倒逼企业不断创新，改进技术和经营管理，进而推动经济发展和技术进步。世界上绝大多数世界一流的现代企业都追求对产业链、供应链、价值链的绝对控制，对垄断有着天然的向往，因为绝对的垄断往往带来超额的利润。

因此，大型企业总是倾向将本应属于公开市场的交易行为极力内化为企业内部的生产环节，这虽然在一定程度上能够降低企业的交易成本和外部风险，确保企业经营稳定和可观收益，适度的集中能够给企业带来更高的效率和更低的成本，但过度的集中往往会走向绝对垄断、超额利润、更低效率、停止创新和内部交易。防止垄断最好的方式就是保护竞争，只有充分竞争才能始终保持企业的活力和市场的效率，才能实现现代企业和市场经济的可持续发展，并且培育真正的世界一流企业。

现代企业如同人们驯化的公牛，它为人类耕耘生活、生产富足、创造未来，但与生俱来的"野性"也无法阻止这头"公牛"闯入"瓷器店"，打破人类社会精致却脆弱的生活。所以，驾驭现代企业如同驾驭公牛，一方面需要用制度牵住牛鼻子，另一方面要用皮鞭划定不可触碰的底线，防止科技、资本等寡头企业的野蛮生长，防止资本的肆意扩张，防止新技术被资本和少数人的利益裹挟，防止赋能的同时不赋规则。

要竭力防止现代企业出现两种极端情况：一是防止企业大到不能拆、不服管，形成强大垄断，阻碍市场竞争和行业改革，与国家博弈、影响国家政策制定和宏观调控；二是企业坏到不能倒，衰败到国家不能不出手相救，企业既活不下去也不能破产，给国家造成巨大损失，给社会带来极大不稳定。现代企业大到不服管、坏到不能倒，都是现代企业无序发展，违规经营缺乏监管的结果，我们必须遵循现代企业的发展规律，控制无序发展和违规经营，引导现代企业创新前进、合理经营、科学决策，始终朝着有益于社会、有益于世界、有益于公平和共同富裕的方向发展。

（二）深化认知"两个一以贯之"重大原则的深远意义，加快构建具有中国特色现代企业制度

习近平总书记指出，"国有企业是党领导的国家治理体系的重要组成部分"，"坚持党对国有企业的领导是重大政治原则，必须一以贯之；建立现代企业制度是国有企业改革的方向，也必须一以贯。要把加强党的领导和完善公司治理统一起来，建设中国特色现代中国国有企业制度"。"两个一以贯之"是创建中国特色现代企业制度的基础，是具有原创性、独特性的重大理论创新和实践创新，为建设中国特色现代企业制度指明了方向，提供了根本遵循。"两个一以贯之"是公司治理的"中国方案"，实现了坚持和加强党的领导与完善公司治理的有机统一。建设中国特色现代企业制度，需要坚持"两个一以贯之"，需要将推进制度优势转化为治理效能。

国有企业将加强党的领导与建立现代企业治理结构有机结合，对完善国有企业制度具有划时代的意义，是贯彻落实习近平总书记"两个一以贯之"重要原则的重大创新实践，是现代企业制度中国化的一项重要探索，是中国国有企业治理结构重大改革完善和高质量发展的重要制度保证，也是中国国有企业规范董事会建设与运行的基本依据和原则遵循。

自然垄断属性的中国国有企业和国有独资的中国国有企业容易形成发展动力不强，竞争活力不足，创新能力减弱，排斥开放

改变、自我封闭保守，内卷自我循环，企业内部人控制，一把手说了算等弊端，而且中国国有企业自身又难以改变和解决这些问题，需要引入一个制度性、功能性、结构性的外部力量，帮助中国国有企业解决自身难以解决的固有问题。

治理好大型现代中国国有企业集团，建立一个科学高效的治理结构十分必要。只有科学高效的治理结构，才能形成一个分工明确、权责清晰、相互支持、有效制衡的机制。才能有效克服企业内部人控制、一把手违规决策等弊端。中国国有企业内部单一治理主体很难形成科学高效的治理功能和治理机制，因为结构决定功能，功能形成机制，机制产生作用。党组织、董事会和经理层作为中国国有企业三个法定治理主体，共同形成一个新的治理结构，三大法定治理主体职能定位不同，权责边界不同，工作规则不同，运行逻辑机制不同，人员组成不同但三者既相互联系，又相互独立，暨相互支持、相互促进，又相互制衡，各自不缺位、不越位、不代位，而且三者目标一致，形成一种独特功能和治理机制。中国特色现代企业制度和治理结构特就特在把加强党的领导与完善公司治理统一起来，把党的领导融入公司治理的各个环节，把企业党组织内嵌到公司治理结构之中，而且明确为企业的领导核心。

中国国有企业的科学决策问题，是中国国有企业实现高质量发展，增强核心功能和核心竞争力，发挥三大关键作用、防范系统风险的重大根本问题，也是最具挑战、最具价值、最值得做的关键工作。根据分析统计，中国国有企业在改革发展经营中出现的许多问题和造成的许多重大失误，绝大多数都是因为决策不科学、不正确所致，因此在建立现代企业制度和治理结构的同时，从制度设计、机制优化、规则创新、人才保障等多个维度进行创新探索，使中国国有企业的科学决策，建立在科学的基础之上，建立在制度、机制、规则科学设计的基础之上，建立在人才保障的基础之上，通过引入制度性、功能性、结构性的外部董事力量，建立规范、权威、高效以科学决策为核心功能的中国特色国有企业董事会，从决策主体、决策内容、决策流程、决策标准、决策机制、决策手段等方面进行优化规范，避免拍脑袋或经验式决策，情绪化冲动式决策，随意性违规决策，一言堂式独断决策，随波逐流式平庸决策，被利益绑架有失公允性决策，使中国国有企业能够持续做出符合法律规范，符合企业发展实际，符合党和人民根本利益，经得起历史检验的理性科学高效决策，实现从依法合规正确决策到科学决策正确，从个体理性到集体理性再到企业整体科学决策能力和水平的提升，展现出中国特色国有企业治理制度和治理机制的优势。

几年来的探索实践已经证明了这一制度的特色优势和有效可行，具有强大的生命力和发展完善空间，近期完善的重点可放在提高外部董事的素质，减少三个法定治理主体的人员重叠上。中国国有企业的治理结构既是一个重大的理论问题，也是一个重大的实践问题，同时还是一个时代问题，国内外普遍高度关注，需要不断地探索与完善，特别是在以美国为首的西方国家联手围堵打压中国、制裁中国企业的背景下，建立具有中国特色并与世界接轨的中国国有企业董事会制度和治理结构意义重大深远。

按照现代企业制度的规则，只要企业所有权与经营权分离，委托代理关系就必然存在，而委托代理关系的存在就会使企业的所有权、经营权和控制权三权之间产生一定矛盾。中国国有企业所有权与经营权已经全面分开，但由于所有权缺乏人格化主体，通常由多个政府部门代表，所以委托代理关系更为复杂。同时，由于中国国有企业内部监督和权力制衡机制还不完善，信息还不完全对称，合约和考核机制办法还不完全科学，使委托人与代理人之间在目标方向、利益偏好、价值追求、努力程度上经常会发生偏离、转移和不一致的情况，甚至使委托人的利益受损，战略目标的实现异化，亟须通过建立中国特色现代企业委托代理关系予以妥善解决和有效控制，使企业的所有权、经营权和控制权三权有效制衡，委托与代理关系协调一致。

建立具有中国特色现代企业制度和治理结构是解决中国国有企业新型委托代理关系的一种有益探索。政府的公共管理职能与资本出资人职能不能混淆、重合、越位和缺位，否则将会弱化中国国有企业的监管效能和中国国有企业的功能职责定位。国家公共管理职能与出资人职能分散在多个部门，管理要求不统一，容易造成管理重复、效率下降，形成制度政策漏洞和盲点，影响中国国有企业的独立市场主体地位，容易给美国打压制裁中国国有企业提供口实，在一定程度上阻碍了中国国有企业竞争优势的充分发挥。

中国国有企业监管职能和出资人职能长期由政府多个部门分头负责，容易造成中国国有企业的重大决策需要经过繁杂的审批程序，导致决策成本过高，决策过程迟缓，决策效率降低，影响中国国有企业的经营和发展。出资人的代理人直接介入国有企业的日常经营管理，既不符合中国国有企业作为市场主体的角色定位，也不对国有企业经营绩效承担责任，容易导致国有企业的法人治理主体形同虚设；政府多头监管也容易形成代理人缺位，造成国有企业内部人控制，在监督不完善的情况下，企业内部人容易利用所掌握的企业控制权牟取私利，滋生腐败。

探索构建具有中国特色的现代企业制度和新型委托代理关系，可以从制度机制和治理结构上，有效避免或妥善解决好这些问题，使中国国有企业能够成为真正的市场主体，为实现市场化经营奠定制度机制和治理结构保障。

"两个一以贯之"是中国特色现代企业制度的根本原则，也是建立中国特色现代企业制度的基础。西方现代企业制度不能完全照搬到中国，它既不能全面系统地解释中国国有企业发展的成功，也不能很好地指导中国国有企业未来的高质量发展，必须在坚持两个一以贯之重大原则的基础上，结合中国企业实际进行创新性发展，建立真正具有中国特色的现代企业制度。

（三）深刻认知中国国有企业的新功能定位和新使命责任，充分发挥国家资本和中国国有企业两个核心手段的特殊作用

提高中国国有企业核心竞争力和增强核心功能为重点，实施新一轮国有企业改革深化提升行动，是新时代对中国国有企业提出的新要求。深入理解和正确把握增强中国国有企业核心功能和核心竞争力提出的客观背景与整体要求，聚焦锚定、围绕贯彻增强核心功能推进的重要方面与关键内容，对于深入推进中国国有企业制度机制改革具有现实意义。

　　提升核心竞争力是聚焦中国国有企业层面提出的明确要求，增强核心功能则是聚焦国有经济层面提出的明确要求。推动国有企业的核心功能的巩固与增强，是为了更好地在宏观整体全局层面进一步发展壮大国有经济，推动国有经济实现质的有效提升和量的合理增长，是全面贯彻落实以高质量发展为主题总体要求的重要内容。面对当前及今后一个时期，复杂多变的国际环境和艰巨繁重的国内改革发展稳定任务，巩固和增强中国国有企业核心功能，有助于国有经济在坚持"两个毫不动摇"、加快建设现代经济体系、构建高水平社会主义市场经济体制和全面推进中国式现代化中充分发挥独特作用。

　　巩固和增强中国国有企业核心功能是新时代国有经济巩固发展的必由之路。准确把握核心功能特征与作用是前提，科学完善功能界定与分类是基础，加快国有经济布局结构优化与调整是关键，稳妥推动国有企业混改创新与深化要求，是把握"增强核心功能怎么做"的要点所在。

　　理解和把握中国国有企业的核心功能，应当从基本特征与应有作用出发：一是突出战略性长远性，国有经济在党和国家事业发展中的重要地位不动摇，在经济社会发展和参与国际竞争中发挥支撑作用，服务国家战略安全的需要；二是突出基础性创新性，国有经济在推动重要产业发展、产业链供应链韧性和自主可控中发挥引领作用，服务赢得竞争优势的需要；三是突出辐射性有效性，国有经济在构建现代化经济体系中的表率地位不动摇，在"坚持两个毫不动摇"和民营经济健康发展中发挥带动作用，服务巩固基本经济制度的需要；四是突出适应性动态性，国有经济在全面推进中国式现代化中的关键地位不动摇，在高质量发展和实现民族复兴中发挥保障作用，服务国计民生和公共产品有效供给的需要。巩固和增强国有企业的核心功能，需要在其基本特征彰显得更鲜明、应有作用发挥得更充分等方面持续发力。

中国已经成功走出了资本短缺的时代，步入了资本快速集聚和资本充足的时代，中国正日益成为具有全球影响力的对外投资大国，不仅在货物贸易和服务贸易全球领先，在国际投资领域也发挥着重要影响，而且已经具备了在全球投资建设、改变世界的力量。联合国贸发会议《世界投资报告2021》显示，中国是全球第二大外国直接投资流入国，同时也是全球第一大外国直接投资流出国，投资总额达1 330亿美元。

在世界快速发展变化环境下，任何国家对变革的诉求、对崛起强大的发展需要都要有强大的资本和企业实力作为支撑和载体。中国企业的新发展跨越不会始终充满鲜花和掌声，中国更多的世界一流企业必将在重大机遇与严峻挑战中脱颖而出。

中国的崛起强大和中国企业的历史性整体发展蝶变已经是不争的事实，中国始终坚定高举经济全球化的大旗，反对一切形式的保护主义，同时努力引领经济全球化进程向更加包容普惠的方向发展。中国企业的新发展跨越将是对经济全球化的最有力支持。

目前绝大多数中国企业都已经深深嵌入全球化的紧密链条之中，对于所有的中国企业而言，已经没有偏安一隅、暗自发展强大的可能，必须在与全球企业的平等合作竞争中做大做强、做成世界一流企业。完成从"大"到"强大"的蜕变，真正提升中国企业急需的国际影响力和国际竞争力，在全球现代产业体系中享有一席之地。中国企业已经成为全球经济增长的重要贡献者、经济全球化的有力推动者，而坚持扩大对外开放并拥有一批世界一流企业的中国，以及完成新发展跨越的中国企业，必将向世界释放更大红利，为世界经济增长作出更大贡献。

中国国有企业特别是中央企业是党和人民信赖依靠的重要力量、强大工具和核心手段之一，他们能在中国共产党的领导下，推动国家强大，民族复兴和人民幸福，它能肩负起党和人民赋予的使命责任，能够作为其他组织无法替代的载体，完成各种重大任务，应当给予特别的重视和支持。

中国国家资本和中国国有企业具有极强的社会属性，具有明确的国家使命和社会责任，承载着国家战略意图和民族意志，是国家宏观调控的重要工具，是中国式现代化建设的主力军和实施主体，也是建设人类命运共同体的主要依托和实施者之一，它们具有强大的主责主业、特殊的功能属性和独特的组织优势，对中国经济发挥着主导、引领、控制和支撑作用，可以用市场机制，也可以用非营利机制实现社会目标和社会价值最大化。充分利用好这两个核心手段和特殊工具，服务国家战略，推动国家崛起强大和民族复兴，建设人类命运共同体，具有重大而深远的意义。

（四）深刻认知中国企业时代即将到来的重大意义，加快创建更多具有全球竞争力的世界一流企业

中国企业在实现整体发展蝶变后已经站在了世界企业舞台的中央，在支撑、推动、引领中国经济发展的同时，对世界经济的

发展繁荣也将产生重大影响，未来还将改变中国、影响世界、塑造未来。中国企业的角色、地位和影响将在新的经济全球化格局中发挥前所未有的重要作用，成为与美国企业、欧盟企业、日本企业并驾齐驱的世界经济主导性力量，而且将在世界许多重要产业和关键领域发挥引领作用，我们将此称为"中国企业时代的到来"。

打造一批具有全球竞争力的世界一流企业，是中国企业在新时代必须肩负的重要使命责任。世界第一家现代企业没有诞生在中国，全球顶尖的世界一流企业目前也没有出现在中国，但中国是第一个在执政党报告中明确提出要建设世界一流企业的国家，也是第一个将打造世界一流企业、培育强国重企、推动企业发展跨越作为国家意志、国家行为和国家战略的国家，已经实现历史性整体发展蝶变的中国企业不仅有信心，而且有条件、有能力、有基础、有优势去建设一批世界一流企业，这是中国企业义不容辞的使命担当，也是中国企业实现新发展跨越的光荣使命和重要目标。

推动中国企业实现新发展跨越是一个庞大的系统工程和长期国家战略，与中国企业第一次历史性整体发展蝶变相比，中国企业的新发展跨越具有更加清晰的目标路径和指标体系，是中国企业一次系统性地补短板、强弱项、提质量的过程，也是中国企业与党的重大方针、与国家重大战略主动对接融合的过程，必将使中国企业的新发展跨越产生强大的内在规范性、目标引领性和使命支撑性。

培育一批具有全球竞争力的世界一流企业是中国一项国家战

略，具有全局长远意义。今天，中国已经是全球最大货物出口国、最大外汇储备国、最大能源进口国、最大粮食进口国、最大能源生产消费国、世界第二大经济体、第二大货物进口国、第二大对外直接投资国，中国不仅是全世界企业数量最多的国家，也是世界 500 强企业数量最多的国家，中国已经迈入全球企业强国之列，今天的中国企业可以不谋求"一言九鼎"的全球主导地位，但一定要拥有不被别人欺压、主导的能力。

在全面建成小康社会、国家崛起强大、民族伟大复兴的关键时刻，在全球新冠肺炎疫情对人类生命健康造成巨大伤害、对各国企业造成巨大冲击、对世界经济造成全面衰退的特殊时期，稳定、开放与发展比任何时期都来得珍贵。中国企业是中国社会主义市场经济的核心载体，是国民经济的"顶梁柱"，是中国社会稳定的"压舱石"，是先进文化的"传播者"。进入新时代，面对更加复杂的外部环境和激烈的全球竞争，中国企业必须加快做强做优做大，因为只有自身强大优秀，中国企业才能真正掌握自己的命运发展轨迹而不被其他强权国家所霸凌，才能承担起新的国家使命、民族责任与历史担当，才能拥有更加强大的力量为党和国家作出更大的贡献，才能真正延续和发展中国企业时代。

只有做强才有做大的支撑，只有做优才有持续强大的基础，只有综合实力进入世界行业前列才能实现发展自主，才能成为真正的世界一流企业。新时代和新发展阶段，中国企业需要以建设世界一流企业和强国重企为目标和路径，加快做强做优做大，推动中国企业整体实力和发展质量的全面提升。

加快做强做优做大既是中国企业的元使命和永恒使命，也是中国企业实现新发展跨越的重要路径，是中国企业服务国家发展、推动民族复兴的具体实践。美国的霸权主义和新冠疫情给经济全球化的可持续发展带来了极大的不确定性，经济全球化将面临深刻变化和重大调整，将倒逼中国企业加快完成新发展跨越。

经济全球化正在经历自第二次世界大战以来最严重的一次"脱钩""脱链"的极限压力测试，中国企业所打造的"世界工厂"地位越来越稳固，但也因此遭到了以美国为首的西方更加严重的猜忌甚至不择手段的"硬脱钩"和"霸凌"。中国企业在世界经济政治体系中正担当着越来越重要的角色，也只有直面这些挑战才能真正培育出一批世界一流企业，完成从大到强的新发展跨越，才能真正提升中国企业的国际影响力、竞争力和话语权，引领全球产业发展，以从容和自信的姿态站在世界企业舞台中央。

能支撑起一个时代的中国企业必须具有强大的功能、强大的力量和强大的影响力，必须具有能够改变时代、引领时代，创造时代的经济形态，中国企业已经具备或即将具备、而且越来越具备这种实力和能力，中国企业时代的到来也意味着中国时代的到来。

（五）深刻认知中国企业普遍存在大而不强、富而不优的短板，加快提升治理效能和管理水平，提高发展质量

2018 年以来，中国入围《财富》杂志世界 500 强榜单的企业已经与美国旗鼓相当，这是中国改革开放的巨大成就，也是中国企业自强不息的成功，值得我们骄傲和自豪。但是，世界500强榜单排名背后，还有一些数据值得中国企业深思。

中国大陆上榜世界500强企业的平均销售收入为665亿美元，比世界500强企业平均销售收入仅高11亿美元，比美国世界500强企业平均销售收入低114亿美元。

中国上榜世界500强企业平均净资产为354亿美元，比世界500强企业平均净资产仅高1亿美元，较美国世界500强企业平均净资产低46亿美元。

中国上榜世界500强企业平均利润为35亿美元，较世界500强企业平均利润低8亿美元，较美国上榜企业的平均利润低25亿美元，其中，中国上榜企业的近半数利润来自银行。如果不计算11家上榜的中国多家银行的利润，其他108家中国上榜企业的平均利润只有19亿美元；如果不计算美国银行的利润，美国其他113家企业平均利润高达53亿美元，是中国企业的近2.5倍。

中国上榜世界500强企业平均销售收益率为5.3%，较世界500强企业平均销售收益率低1.3%，较美国世界500强企业平均销售收益率低2.4%。

中国上榜世界500强企业平均净资产收益率为9.9%，较世界500强企业的平均水平低2.3%，较美国上榜企业平均水平低6.1%。

人均差距则更大，中国上榜世界500强企业平均雇佣员工17.9万人，比美国上榜企业多4万人；中国企业人均销售收入为37万美元，相当于美国上榜企业的66%，人均利润只有2万美元，相当于美国上榜企业的46%。

中国企业实现第一次历史性整体发展蝶变后，"大而不强"成为实现新发展跨越所面临的最大瓶颈之一，"大"并不是问题的本身，而是容易引发新问题的风险。企业规模越大、管理层级越多、产业链条越长，对企业治理的有效性和治理结构的科学性要求就越高，如果企业治理结构不科学，治理效能不高效，治理能力与企业规模不匹配，就会暴露出结构性隐患、引发系统性风险。越是规模庞大的企业集团，越需要建立科学有效的企业治理结构和卓越的企业治理能力作为保障，越是市场经济发达、企业数量规模庞大的国家，越需要思考谋划如何提高现代企业的治理能力、优化企业的治理结构、防范企业快速发展中的系统性风险。

中国企业要抓住新的历史发展机遇，积极服务践行中国式现代化，努力推动促进中国成为世界第一大经济体，聚焦中国式现代化和强国富民，聚焦融入新的全球化和引领世界经济发展，加快实现中国企业自身的现代化和高质量发展，加快做强做优做大，加快建设世界一流企业和强国重企，站在新的历史起点上，实现新的发展跨越。

新的历史机遇，新的时代任务，同时带来新的挑战和考验。中国企业要通过实现自身的现代化和高质量发展，成功抓住机遇，应对挑战，创造全新的未来，在推动经济发展、科技创新、社会进步、文化创造等方面作出新的贡献。

深刻认知中美博弈的大环境下，补齐中国企业短板弱项，解决中国企业大而不强、富而不优的问题，提高中国企业的创新能力、价值创造能力和盈利能力，不断做强做优做大，是中国企业立于不败之地的重要举措。

（六）深刻认知中国国有企业全面深化改革的伟大意义和重要价值，用好改革这个关键一招，赋能中国国有企业更好肩负起特殊使命

回顾近半个世纪的中国国有企业改革历程，从改革国有企业管理方式、经营机制到改革国有企业的企业制度、功能使命，一直是摸着石头过河，渐进式探索、逐步深入。这期间有争议、有阵痛、有付出、有收获，但无论遇到何种困难或挫折，中国国有企业从未停止过改革的脚步。中国国有企业一直在改革中变革，在改革中发展，在改革中做大做强做优，在改革中成就了今天的辉煌并走向全球。

改革对中国国有企业的发展变革具有决定性意义。持续近半个世纪的国有企业改革使中国国有企业从最开始的行政机构的附属单位、生产车间蝶变为独立的市场主体、国之重器、大国栋梁，成为改变中国、影响世界的伟大组织和强大力量，成为中国共产党执政的重要物质基础和政治基础，成为党和人民信赖依靠的重要力量，成为具有核心功能和肩负特殊使命的经济组织。没有改革就没有今天独特而强大的中国国有企业，改革既是中国国有企业发展变革的主旋律，也是目标追求。不改革就没有出路，改革塑造了中国国有企业，成就了中国国有企业。改革将中国国有企业自身的发展与国家的发展、与世界的发展紧密联系在一起，使中国国有企业全面融入世界，参与国际竞争，与全球市场接轨，极大地推动了中国发展强大和民族振兴，中国国有企业自身也得到了深刻变革和快速发展。

改革是中国国有企业现代化，实现高质量发展和建设中国式现代化的必由之路。中国国有企业应当而且必将始终坚持改革，将改革作为高质量发展和现代化建设的关键措施和根本途径，从改革中找到中国国有企业未来发展的新方向并形成新的发展动力。

在新的历史条件下，中国国有企业进行全面深化改革是一项艰巨而又充满挑战的任务，需要不断解放思想，敢于创新和突破。解放思想，是改革成功的强大武器，它能帮助我们不断摆脱既定的思维模式和惯性束缚，以更加开放、更加坚定的决心去面对和解决问题。国有企业全面深化改革是一场持续的思想解放和观念革命。在近半个世纪不断深化改革的过程中，每一次改革都是从解放思想、转变观念开始的。这种思想解放和观念革命，为中国国有企业改革注入了强大的动力，使改革不断走向深入，不断取得新的成果。由于始终坚持不断解放思想，敢于突破和创新，国有企业改革的深度和广度不断拓展，成效和质量也不断得到提升。面对新的发展形势和机遇挑战，中国国有企业还需要继续解放思想，敢于面对困难和挑战，以更大的勇气和魄力，不断深化改革，推动高质量发展不断迈向新高度。

解放思想永无止境，中国国有企业需要始终保持思想活力和创造力，时刻保持谦虚谨慎，警惕故步自封，不断强化进取意识、机遇意识、创新意识和使命责任意识，不断突破观念和思维定式，突破利益固化和自然垄断所带来的思想藩篱，不断改革创新，实现新发展。

改革在中国，被誉为"破解新发展难题的一把利剑"。在中国发展的历程中，改革始终发挥着至关重要的作用。它最大的功效之一就是通过不断深化改革，不断破除深层次的体制机制障碍和结构性矛盾，构建高水平的社会主义市场经济体制，推动生产关系和生产力、上层建筑和经济基础更好地适应，不断激发各类主体的活力、动力和创造力，进一步解放和发展社会生产力。长期以来，中国坚持不断深化改革，推动各项事业取得了显著成果。

改革不能一蹴而就，它需要与时俱进，适应重大科技革命，适应产业重大变革，适应新的经济发展范式的重塑。在当前全球科技竞争日趋激烈的背景下，中国必须抓住新一轮科技革命和产业变革的机遇，以创新为引领，加快改革步伐，推动经济发展迈向更高水平。

在科技领域，积极应对国际科技竞争格局的变化，加大投入，强化基础研究，提高原创性、引领性创新能力，推动科技成果加快转化，加速创新链、产业链、资金链的深度融合，形成科技创新与经济发展的良性循环。

在产业方面，深入推进产业结构调整，加快新旧动能转换，推动传统产业转型升级，提高产业链水平，提升附加值；加大培育新兴产业，发展战略性产业，为经济发展注入新动力。

在经济发展范式上，要顺应全球经济发展趋势，以高质量发展为导向，构建现代经济体系。推动供给侧结构性改革，优化资源配置，提高全要素生产率；加强生态环境保护，实现绿色发展，提升人民生活质量。

改革是推动中国经济持续健康发展的关键所在。在新的历史条件下，坚定改革信心，以更大决心、更大力度推进国有企业深化改革，不断释放改革红利，加快做强做优做大肩负起特殊使命。

中国国有企业作为中国国民经济的重要支柱，其制度机制的改革一直以来都是社会各界关注的焦点。制度机制改革的核心目标是增强国有企业的核心功能，提高国有企业的效率、影响力、控制力和核心竞争力，进一步优化完善企业治理制度、治理结构和治理机制，改革完善影响国有企业高质量发展和实现现代化的制度体制障碍，为了实现这一目标，必须深化国有企业制度改革，强化核心功能的培养塑造。通过深化国有企业制度改革，肩负起国民经济宏观调控功能，科技创新引领功能，产业变革控制功能，国家安全支撑功能，社会保供应急功能，中国式现代化建设主力军功能。高质量发展引导功能，社会稳定支撑托底功能，人民共同富裕基础功能等特殊功能。通过深化改革，破除思想观念和体制机制障碍，处理好国有企业经济组织、市场独立主体、市场化经营，创效盈利等重要关系，使国有企业能够更好地塑造增强这些特殊功能，为中国式现代化和中国高质量发展作出新贡献。为此需要在以下几个方面不断努力。

深化国有企业治理机制改革，提升外部董事占多数董事会制度的效能，使这项制度能够真正发挥应有作用。下大力气培养一支高素质、职业化、专业化、可转换的外部董事人才队伍，完善招聘考核激励约束法规，使之成为代表出资人的一种制度性、功能性、结构性、外部性力量，助力国有企业科学决策、高质量发展。不断深化探索实践，从研究制定企业发展战略为重点向，战略引领发展和战略执行监督延伸，从依法合规正确决策为重点向理性科学决策正确延伸，从严格防控企业风险为重点向提高企业高质量发展水平化解消除企业风险延伸，从有效制衡为重点向积极支持帮助企业健康可持续发展延伸，从个体理性为重点向集体理性和提高董事会科学决策水平延伸，将制度赋予的职责使命和功能作用，在实践中不断优化完善提升。

深化国有企业市场化经营机制改革，提高企业的活力和效益。市场化经营机制改革的核心是让中国国有企业具备独立的市场主体地位，实现自主经营、自负盈亏。通过引入市场化的经营机制，激发企业的内部活力，提高企业的经济效益。加强国有企业混合所有制改革，引入各类投资主体，优化国有企业股权结构，实现各种所有制资本的优势互补和协同高质量发展。

深化国有企业科技创新体制改革，提高企业的创新能力。科技创新是中国国有企业转型升级的关键驱动力。通过深化科技创新体制改革，加大国有企业研发投入，完善技术创新激励机制，推动企业技术中心、实验室等创新平台的建设，培育国有企业的核心竞争力。

深化国有企业监督考核方式改革，提高激励约束效果。科学的监督考核机制是保障国有企业增强核心功能，提高核心竞争力，发挥关键作用的重要保障。建立与现代企业制度相适应的监督考核体系，强化对企业经营班子的考核，对肩负核心功能、履行主责主业和经营绩效的精准考核，将社会特殊功能使命和经营业绩与企业薪酬待遇紧密挂钩，实现激励与约束的有机结合。

深化国有企业经理层选聘任用方式改革，激发弘扬企业家精神。企业家是国有企业发展的关键要素之一。需要通过改革创新国有企业经理层的选聘任用方式，引入竞争性选拔机制，选拔具备企业家精神、创新能力和职业素养的人才担任国有企业领导职务，激发国有企业的活力和创造力。

深化国有企业制度体制机制改革，需要从多个层面入手，形成相互促进、有机统一的整体。通过进一步深化改革举措的落地实施，使国有企业再度焕发新的生机与活力，为中国经济社会持续健康发展作出更大贡献。

第五章
中华优秀传统文化与中国企业创造性创新发展

　　中华优秀传统文化为中国企业创造性创新发展提供了丰富和用之不竭的思想智慧、精神价值、内生动力和情怀品格，并形成了系统完整的信仰体系、核心价值和人文资源。经过吐故纳新、与时俱进、创造性转化和创新性发展的中国特色社会主义当代文化为中国企业创造性创新发展提供了时代坐标、现代价值、伟大精神和激情灵感。中华优秀传统文化与为中国企业创造性创新发展奠定了理想信念、思想智慧和精神价值的坚实基础，并使中国企业的创造性创新发展独具特色和潜力魅力。

　　从传统、历史、文化和艺术中获取思想智慧、人文资源、激情灵感和内生动力，用文化的力量推动企业创造性创新发展，具有世界普遍意义和永恒价值，世界各国企业都可以根据自己的国情、历史和文化传统，探索本国企业的发展之路，推动企业实现各具特色的创造性发展。

经典的文化艺术作品具有永恒的魅力和思想价值，它以直抵人类心灵深处的巨大感染力和影响力，激发人们对人生价值和社会问题的敏锐洞察和深入思考，激励、鼓舞着中国企业为国富民强而不懈奋斗，是中国企业可持续发展的强大动力。

现代企业是契约的组合、制度的集成，但究其根本，现代企业还是人的集合，是人创造财富、实现价值追求的共同体。现代企业是一个强大的"枢纽"，它不仅聚合生产全要素、连通产业链上下游，而且构建社会关系并将人的个体塑造为企业员工整体。契约、合同和制度是企业聚合人的硬链接，但企业仅仅靠"硬链接"还不够，人富于情感、饱含理想和精神追求，具有主观能动性和使命责任，中国企业需要用中华优秀传统文化和独具特色的企业文化作为"软连接"来凝聚思想，来调适、和顺企业员工相互关系，来调动、塑造、激发企业员工的创新精神和价值创造力。

一、中华优秀传统文化是中国企业构建精神价值和理想信念的重要文化基因

中华优秀传统文化是中华民族的五千年价值追求和文化结晶，历经五千年经久不衰，是中华民族宝贵的精神财富和传承不息的文化基因，形成了极为丰富的思想智慧和人文资源，培育塑造了中华民族独有的品格、精神和特质，为国家统一、民族复兴提供了独特、丰富的思想智慧和强大精神支撑。

中华优秀传统文化博大精深，内涵极其丰富，历代圣人贤达学者进行了长期极具价值的研究总结和系统阐释，留下了浩如烟海的宝贵精神财富。我们尝试从中华优秀传统文化的根基血脉和基因密码，"和文化"的理论内涵和当代价值，民族精神的历史传承和时代意义，中华民族的文化特质和强大生命力几个维度，在名家学者研究成果的基础上进行初步阐述和思考归集。

（一）中华优秀传统文化的基因密码和根基血脉

在博大精深的中华传统文化中，我们可以用最大公约数或同心圆去找到中华民族共同的情感和价值，共同的理想和精神，找到国家的价值理念和人民的精神追求，找到社会的伦理道德规范以及为人处世的重要原则。

中华优秀传统文化承载了中华民族历经几千年生生不息、蓬勃发展的精神文化密码，孕育了中华民族灿烂辉煌的古老文明，培育了中华民族勤劳勇敢和自强不息的精神品质，是世界文明的重要精神财富。中华优秀传统文化一直扎根于中华大地，并随着时代的发展不断兼容并蓄，创造性转化、创新性发展，始终充满活力。中华优秀传统文化统一了中华民族的意志，创造了共同的精神家园和价值追求，并形成了长期团结奋斗的民族力量和向上攀登的气势。我们只有对中华优秀传统文化更深刻、更全面地认知和了解，才能真正认知和了解我们的民族和国家，才能真正感悟和理解中国今天所发生的伟大巨变以及未来发展的光明前景。

中华优秀传统文化的核心价值究竟是什么？学界鸿儒大家有

诸多精辟归结，譬如天人合一、人本主义、德治精神、刚健自强、知行合一、普遍和谐、内在超越、崇礼重教、中庸平实等。梁漱溟、唐君毅、钱穆、张岱年、汤一介等大家均就这些价值的内涵和意义作出过深刻的阐发，对我们认识和理解中华优秀传统文化的核心价值启迪良多，对我们继续思考和研究这方面的问题也大有裨益。

根据原中国文联副主席郭运德先生的观点，中华优秀传统文化可以表述为一系列基本观点、思想、精神和价值追求，他将此总结概括为：多民族大一统的国家观；以和、合为基础的社会观；以中庸为核心的处世观；以忠孝为核心的人生观；以儒释道为主体的修身观；以科举为代表的竞争观；以开放融合为代表的周边关系观；强调天人合一的自然观；敬畏如水的政治观；从小康到大同的发展观；以及天人合一，仁者爱人的价值观念；厚德载物、自强不息的进取精神；民为邦本、本固邦宁的民本思想；天下兴亡，匹夫有责的爱国主义情怀；内圣外贤，德惟善政的德政文化；孝悌忠信、中和泰和的生活态度；富贵不淫、威武不屈、贫贱不移的高尚品格，求同存异、和而不同的处事方法；协和万邦、兼爱非攻的和平诉求；以文载道、以文化人的教化思想；形神兼备情景交融的美学追求等。

中华优秀传统文化具有独特的智慧和内核基因。中华优秀传统文化有五千年悠久历史，从未中断衰败，一直生生不息，兼容并蓄，蓬勃发展，其博大精深，源远流长，为世界文化史上所独有。古希腊文化虽然历史悠久辉煌，但有古而无今。近代资本主义文化伴随西方资本主义和工业革命兴起不过几百年，美国建国才200多年，可以说他们的文化是有今无古。在世界范围内没有一个国家像中华优秀传统文化这样五千年连续不断，古今辉煌，精彩不绝。中华优秀传统文化在漫长的历史发展演进中形成了许多特有的思想智慧，至今仍然闪耀着真理的光芒。

积淀传承五千年的中华优秀传统文化，是中国国家的核心价值和理想信念，是中华民族的心理基石和文化根基，是中国人民的精神追求和做人准则，是中国社会的道德规范和伦理思想，它是中国人民几千年来上下求索确立的理想信念和共同价值，是中华文明的核心内容和精神支撑。

从时代的多元维度看，中华优秀传统文化通过开放包容、与时俱进，吐故纳新，扬弃糟粕，思想理念和精神价值符合时代发展的趋势方向和多元需要，今天仍被绝大多数中国人所接受和认可，并自觉遵守传承，成为中国人民在新时代推动国家崛起强大和民族伟大复兴，建设人类命运共同体的强大精神力量、智慧源泉、信仰支撑和价值理念，是团结维系、凝聚激励中国人民克服一切艰难险阻，突破一切敌对势力围堵遏制，实现自立自强的精神纽带和思想根基，是中国不可战胜、永续发展强大的底层基因和思想信念。

从全球的广域宽度看，中华优秀传统文化是世界四大主体文化之一（东亚儒家文化、南亚印度文化、欧洲基督教文化和中东伊斯兰文化），是人类文明的独特形态和宝贵财富。它既有古代的辉煌，也有现代的伟大，还有未来的光明，从古至今源远流长，延续不断，辉煌荣耀，照亮全球。它既是中华民族的，也是全人类的，成为世界各国研究的重点和学习效仿的榜样。

中华民族在五千年的历史长河中，形成了具有中国气派和中国风骨的民族精神。中华民族精神是中华各个民族共同创造和拥有的民族精神，主要由伟大创造精神、伟大奋斗精神、伟大团结精神、伟大梦想精神构成，它们是中华民族精神谱系中的最大公约数和重要交汇点，是中华优秀传统文化的重要组成部分，是中华民族精神的精要之所在，是众多中华民族精神中贡献卓著而又贯通古今的民族精神。

通过上述多个维度和视角审视，我们深刻地认知到这是中华优秀传统文化绵延五千年，具有强大的精神力量和生命力的根本原因，是中国人民能够一代又一代自觉遵守传承并不断守正创新，发扬光大的根本原因，是中华民族能够始终确立文化自信和文化自豪的根本原因，我们应该而且必须从中获取思想智慧和精神力量，推动国家持续强大和民族实现伟大复兴。

（二）中华民族"和"文化的理论内涵与当代价值

中华优秀传统文化十分崇尚"和"，人与人之间强调和而不同、以和为贵；家庭中强调家和万事兴，孝悌有序；社会公众之间强调和衷共济，团结友爱，和善为本；商业活动中讲究和气生财，买卖不成仁义在；国家之间讲究协和万邦，睦邻友好；人与自然之间讲究和谐共生，天人合一。

"和文化"，带给中华民族和睦、和谐、和平，亦铸就了中华民族的民族性格：温良恭俭让。中华儿女在面对国难时拥有无可比拟的顽强，然而在日常行为处事中，却是一派温良。纵观整个世界，中华民族之温良独树一帜。数千年中，中华民族持续不断地追求"和"文化，崇尚"和"文化，践行"和"文化，逐渐形成了中华民族的核心价值观"和"文化。

"和"文化作为中华优秀传统文化的核心和精髓，在中国源远流长。习近平总书记在中国国际友好大会暨中国人民对外友好协会成立 60 周年纪念活动上的重要讲话中指出，"中华文化崇尚和谐，中国'和'文化源远流长，蕴涵着天人合一的宇宙观、协和万邦的国际观、和而不同的社会观、人心和善的道德观"。"以和为贵""与人为善""己所不欲、勿施于人"等理念在中国代代相传，深深植根于中国人的精神中，深深体现在中国人的行为上。在庆祝中国共产党成立 100 周年大会上，习近平总书记进一步强调，"和平、和睦、和谐是中华民族五千多年来一直追求和传承的理念"。准确理解、系统阐释中国"和"文化蕴含的"天人合一的宇宙观""协和万邦的国际观""和而不同的社会观""人心和善的道德观"，有助于我们深刻认知中华优秀传统文化的核心特质和当代价值。

1. 天人合一的宇宙观

中华优秀传统文化蕴含的天人合一的宇宙观，历来强调"天人合一""道法自然""与天地参""不违农时""以人为本""众生平等"等自然生态观。正所谓"天下同归而殊途，一致而百虑"，儒、释、道三家在人与自然关系的终极理念上是基本一致的，都致力于阐发一种天人合一的文化精神与价值理念。

天人合一的宇宙观，深刻体现了中国古人朴素、整体的哲学观，即把天地万物视为不可分割的整体，把人与自然看作是浑然一体。这种朴素、整体的哲学观为后世正确处理人与人、人与社会、人与自然等关系提供了睿智的认识论原则与方法论指导。

中国进入新时代以来，以习近平同志为核心的党中央，把握中华优秀传统文化中的整体哲学观，借鉴天人合一的宇宙观思想精髓，立足于当前中国乃至世界面临的生态危机，深刻回答了为什么建设生态文明、建设什么样的生态文明、怎样建设生态文明等重大理论和实践问题，形成了习近平生态文明思想，有力地指导生态文明建设和生态环境保护取得历史性成就、发生历史性变革。其中，"坚持人与自然和谐共生"，"像保护眼睛一样保护生态环境，像对待生命一样对待生态环境，让自然生态美景永驻人间，还自然以宁静、和谐、美丽"等理念，均是对天人合一思想的深化和发展。

2. 协和万邦的国际观

协和万邦的国际观是中华"和"文化传统在处理民族与国家之间关系时的重要体现。它强调提倡追求民族与国家间珍爱和平、和平发展、和而不同、和平共处、和谐共生的理想状态。协和万邦的国际观是中华文化一贯的传统。中国古代政治家和思想家在"天下"情怀的指引下，在与周边国家的交往中，始终秉持着"协和万邦"的和平发展原则。

协和万邦的国际观对人类文明的持续发展具有重要意义。应对人类共同面临的风险和挑战，推动经济全球化朝着更加开放、包容、普惠、平衡、共赢的方向发展。世界各国应顺应时代发展潮流，齐心协力应对挑战，开展全球性协作，构建人类命运共同体。中国本着互利互惠、平等协商、共同发展的理念，坚持以邻为伴，坚持睦邻、安邻、富邻，坚持正确的义利观，道义为先，义利并举，兼顾各方利益，反映各方诉求，突出体现亲诚惠容的理想，不但实现了更大范围、更高水平、更深层次的大开放、大交流、大融合，而且为世界经济文化的发展贡献了中国智慧和中国方案。

协和万邦的国际观始终贯穿于中国外交实践中，对中国外交工作起到了巨大促进作用。当今国际形势复杂严峻，部分国家单边主义、保护主义、霸权主义逆流横行，协和万邦的国际观可以继续彰显其巨大的生命力，推动建设新型国际关系，引领人类进步潮流。

3. 和而不同的社会观

"和而不同"是中华优秀传统文化的一个经典理念，蕴含着丰富的哲学思想和历史底蕴。社会观是人们对自己生活在其中的社会及其历史发展的总体看法和观点。春秋时期，儒家创始人孔子明确提出和而不同的社会观。孔子云："君子和而不同，小人同而不和。"宋代朱熹指出，"和而不同，执两用中"，意思是要看到事物矛盾对立的两个方面，在矛盾的对立中寻求统一，在矛盾的统一体中，虽然矛盾双方的观点、意见有所不同，但是矛盾双方依然能够和谐相处。儒家和而不同的社会观，还集中表现在对待不同民族文化的态度上，即不同民族文化之间应以开放包容的姿态进行平等交流与有机融合。

和而不同的社会观蕴含着深刻的哲学和伦理智慧。"和"即"和合"，"和"与"合"从动与静、过程与结果等不同角度，揭示了天地万物存在的本质和机理，家和万事兴、和气生财、和衷共济等都是和文化的体现。

创造性转化和创新性发展"和而不同"的文化理念，对于新时代培育和践行和而不同的社会观具有重要的启示意义。我们应以"和而不同"的态度对待不同国家、民族、地域的文化，充分尊重异质文化的优秀成果，创造性转化创新性发展自己的传统文化；以"和而不同"的态度对待中国国内不同民族、地域以及社区的文化，激发全民族文化创新创造活力，以社会主义核心价值观为引领，推动文化高质量发展，不断满足人民日益增长的美好生活需要。

4. 人心和善的道德观

人心和善的道德观是中华优秀传统文化伦理道德思想的核心组成部分，也是中国"和"文化的一个重要组成部分。它主张人与人之间的相处要做到"温、良、恭、俭、让"，在处理矛盾、面对问题时，以和善为准则来规范人们的行为；要求人们积德行善，自觉追求"仁""义"，使自身拥有"君子""圣人"的优秀品质。

传承发展人心和善的道德观，就是要以"和善"化人、以"和善"育人。对个人来说，就是要胸怀善心，乐于奉献，以感恩生活、积极乐观、待人宽厚的心态收获生活的幸福快乐；与人为善，以善良的心地、愿望、行为去帮助和团结他人，从而明善道、行善为；善言善语，好的语言能够调节和激发人们好的行为，达到向善的目的；好施善举，救济、援助、捐赠等手段是实现人与人、群体与群体之间互助的社会行为，将极大地推进社会的和谐与进步。

人心和善的道德观不仅是一个人修身养性的过程，也是一个社会正确的道德准则。人心和善的道德观，有助于建构道德规范、强化道德认同，引导人们明大德、守公德、严私德；有助于培育和践行社会主义核心价值观，不断提高全社会、全民族的道德水准和文明程度，夯实国家共同的思想道德基础。

"和"文化对当今时代人类面临的许多问题仍然具有重要的借鉴参考价值。例如解决人与自然和谐共生的问题，中华优秀传统文化一直提倡天人合一，万物并育而不害的智慧，这是一种古老的思想认知和生态智慧，但对今天仍然有思想价值。又比如，为了正确处理人与人之间的关系，中华优秀传统文化倡导己所不欲，勿施于人，这一思想为处理好这一关系提供了一个基本准则，今天仍然具有指导意义。又比如，解决不同民族、不同文化之间的矛盾，中华优秀传统文化提倡交流互鉴、和而不同。解决国与国之间的关系，中华优秀传统文化主张睦邻友好，协和万邦。除上述一些特殊思想外，中华优秀传统文化还形成了一些重要的哲学思想内核，如多样性、包容性、相互尊重、平等合作，互帮互谅，利己达人、以人为本、节俭简朴、勤劳致富等。

让世界了解中国，认识中国，领略中华优秀传统文化，感受中国"和"的善意，更大的开放就是让更多的外国朋友、想了解中国的人、对中国有误解的人，甚至是怀有敌意的人都可以来中国旅游、考察和访问，同时也让我们的国人，尤其是成长中的儿童和青少年可以从小开始认识和了解什么是"和"文化，什么是中华文化的核心，什么是中国人的根与魂，让他们长久生活在"和"的氛围中。

在某种意义上，围棋成为中国传统思想与文化的一个标本、象征和浓缩。黑白两色棋子，纵横十九道格线，围棋形式要素被简化到极致，又包含着无穷丰富的变化，契合了中华传统文化大道至简的思想理念。简单中的复杂，也是中国艺术、文化的一大特点。

围棋泰斗吴清源认为："与其说围棋是竞争和胜负，不如说围棋是和谐。""和谐相依，方成棋局"，围棋看起来是交战双方在展开激烈的争斗，但棋如流水，行于当行，止与当止，交战双方心息相通，最终达到的又是一个和谐境界。

围棋是竞技，同时又被称作"手谈"，手谈即对话，它强调的是一种不需要语言文字的特殊话语活动。竞技的本质在于冲突与征服，话语的本质则是沟通与交流。围棋自然是为争夺生存空间而发生的冲突，但在"围地"的过程中，并不追求你死我活的零和博弈，一盘棋局常常呈现你中有我、我中有你、和平共处的态势。和而不同，正是中国传统文化精神的体现，也是现代社会在人与人、民族与民族、国家与国家相处中需要提倡的。这就像现代企业的竞争，并不追求非要击垮对手，而是在平等竞争中，大家都有收益，当然，多得者为胜。"手谈"，正体现了中国传统的辩证法——冲突中的和谐。对话乃是一种心与心的交流，真正的对手既是敌人又是契友。真正的棋局，也是双方在不断的冲突中最终走向和谐。下棋如此，人生亦然。

（三）中华优秀传统文化对现代社会的影响和意义

中华优秀传统文化是以儒学为中心，吸收诸子百家和其他外来文化，从而形成的综合文化。中华优秀传统文化具有以下特征。

兼容性强、排他性弱。春秋战国，百家争鸣，这是学术兼容的伟大开端。从历史上的佛教东传，到近代马克思主义和社会主义思想传入中国，再到改革开放以来全方位对外开放，中国文化主体性在兼收并蓄中得以建构。在经济全球化深入发展的今天，在人类文明格局重构的时代背景下，中国文化要正确看待本国文化与外来文化的关系，广泛吸收借鉴世界各国优秀文化成果，在比较、对照、批判、吸收、升华的基础上，使民族性更加符合当代中国和当今世界的发展要求，从而进一步巩固中国文化的主体性。

集体性强，个体性弱。中华民族是一个崇尚集体力量的民族，既强调家庭、宗族和国家等集体对个体生存发展的保护作用，也强调个人对于家庭、族群和国家等集体所肩负的责任，要维护一个集体的长期可持续发展，就必须在这个集体之内各成员之间采取公平策略。没有公平的集体，是无法长期生存发展的。在这种文化之下，集体内部更加强调团结，有时为了团结必须妥协甚至牺牲一部分个体，以换取大多数的和谐。因此在集体主义下，个体为了整体的利益，必须屈服或者做出牺牲，这也被中华传统文化看作是道德高尚的表现。这与西方崇尚的个人英雄主义大相径庭，西方神话和文化作品中，英雄或救世主往往是个人，比如普罗米修斯、诺亚、佐罗等，但中国的叙事方式崇尚集体英雄，比如桃园三杰、梁山好汉、唐僧师徒四人等，因为中华文化通常认为个体总是有缺陷的，需要和他人取长补短，在集体中相互成就，因此民间传说中的孙悟空作为个体时其命运是悲剧的，但在以唐僧为首的取经队伍中却压制个性、担负责任并最终修成了正果，以至于有"木秀于林风必摧之"等成语来讽刺突出性格鲜明的个体，警示这种出头冒进的行为。

中华优秀传统文化的主体是儒家文化，它的现代价值，首先表现在对其他文化的开放性上。这是中华优秀传统文化能够发展到今天并在现代社会发生作用的一个基本前提。但传统文化或儒学的开放性还有它特定的意义，那就是主张每一个体对于他所生活于其中的社会国家的开放性，强调个人对社会、国家具有参与感。这种参与感的特点是重在参与的实践过程本身，而不是看重当下的功利性的结果。在这种文化模式的熏陶下，人们能够忍受艰难困苦，孜孜不倦地努力工作，可以说这是中国现代化实现的重要文化动力。

（四）中华优秀传统文化强大的生命力，在于开放包容、吐故纳新、兼收并蓄、不断自我完善提升

中华优秀传统文化明显区别于其他文化。一个显著特点是，对内具有强大的民族多元性和包容性，能够很好地促进多民族文化融合。对不同文化能够开放交流，吸收其优秀文化精华的滋养，不断调整充实更新自己，达到不断完善提高的目的。所以中华优秀传统文化历久弥新，有容乃大，长期处于世界文化的领先地位，更重要的是中华优秀传统文化能够不断与时俱进，不断赋予时代的精神和内涵，具有鲜明的时代特征和时代价值。

中华文明长期高度发达、绵延不断，让中华民族从未向外部敌人屈服，也发展出鲜明的文化主体意识和开放包容的文化心态。这种心态并不是盲目的文化优越和文化自大，而主要表现为对如何看待天下、如何与天下共处的一种自信博大胸怀。在古人眼里，

天下为公、大同社会是理想，天下是一家人，文化上认同就可以和平相处。这样的心态彰显着宽广视野、博大境界。"行天下之大道""抱一为天下式""一同天下之义"等主张，为文化兼收并蓄提供了思想理论支持。

中国是统一的多民族国家，在中华民族大家庭里，各民族在长期历史演进中不断交往交流交融，在文化上相互学习借鉴，逐步形成休戚与共、荣辱与共、生死与共、命运与共的共同体，共同塑造了灿烂的中华文明。中华文明长期高度发达并具有文化自信，不仅能消解外来文化的冲击、入侵，更发展出强大的学习能力和适应能力，通过吸纳多地区、多民族的不同文化，融会贯通、浑然一体，促使民族文化不断新陈代谢、创新发展。印度佛教传入中国后形成中国佛教，西方的天文、数学无障碍传入中国等，这些例子说明历史上不断有各种文化元素融入中华文明，彰显着中华文明开放包容的内在特质，也成为中华文明永葆生机活力的一个重要原因。

中华文明是在同其他文明不断交流互鉴中形成的开放体系。从历史上的佛教东传、"伊儒会通"，到近代以来的"西学东渐"、新文化运动、马克思主义和社会主义思想传入中国，再到改革开放以来全方位对外开放，中华文明始终在兼收并蓄中历久弥新。

在今天全球化和多元化的世界中，中华文化这种"和而不同"的融合传统具有重要意义。带着对"和而不同"的深刻理解，中国共产党始终以世界眼光关注人类前途命运，从人类发展大潮流、世界变化大格局、中国发展大历史来认识和处理同外部世界的关系。坚持世界是丰富多彩的、文明是多样的理念，推动不同文明交流交融，促进世界各国相互理解与信任，夯实共同构建人类命运共同体的人文基础，这正是中国共产党胸怀天下的体现。历史充分证明，坚持兼容并蓄、开放包容，人类文明才能不断发展繁荣。不同文明只有加强对话、互学互鉴，人类文明才能熠熠生辉。我们要尊重人类文明的多样性，推动不同文明各美其美、美美与共，共同建设开放包容的世界，携手促进人类文明进步。

中华传统文化源远流长，博大精深，其中蕴含着丰富的智慧和哲理。然而，正如任何文化体系一样，中华传统文化中也存在一些糟粕，这些糟粕不仅阻碍了文化的健康发展，也影响了人们对传统文化的正确认识和理解。

一些陈旧的观念和偏见是中华传统文化中的糟粕之一。这些观念和偏见往往源于古代社会的特定环境和历史背景，但在现代社会中，它们已经失去了原有的合理性和适用性。例如，重人情关系轻法治规则；重内在自我超越，轻外在开拓进取；对于女性的歧视和束缚；对于某些职业的偏见和歧视；对于人等级威严的偏见和底层人格的尊重缺乏等，这些观念不仅违背了现代社会的平等和尊重原则，也阻碍了人们自由发展和实现自我价值的提升。

一些愚昧迷信和封建陋习也是中华传统文化中的糟粕。这些迷信和陋习往往缺乏科学依据和理性思考，但却在一些地区或群体中广泛存在。例如，一些人过分迷信风水、占卜等神秘力量，认为它们能够左右自己的命运和未来；还有一些地方存在着落后的婚丧嫁娶习俗，不仅浪费了资源和财力，也损害了人们的身心健康。

为了消除这些糟粕，需要采取积极的措施。首先，需要加强文化教育，提高人们的文化素养和审美水平，让人们更加深入地了解传统文化的内涵和价值，从而避免盲目崇拜和迷信。其次，需要加强科学普及，推广科学知识，让人们具备辨别真伪、理性思考的能力，不再受迷信和陋习的束缚。总之，中华传统文化中的糟粕虽然存在，但只要我们采取积极的措施加以消除，就能够让传统文化更加健康、积极地发展，为现代社会的繁荣和发展注入新的活力和动力。

在世界文明交汇共生、相得益彰的今天，中国在改革开放的奋斗中更加坚定文化自信，同时将"美人之美，美美与共"的思想智慧内化于心、外化于行，以开放促进交流，以包容促进互鉴，既在交流合作中汲取人类文明的一切有益养分，实现中华文明的蓬勃发展，又注重在求同存异中和合共生。在世纪疫情冲击中，中国积极推动国际抗疫合作，与各国分享抗疫经验，为他国提供抗疫援助；面对全球治理遇到的挫折，中国始终坚持扩大开放、互利共赢，推动经济全球化朝着更加开放、包容、普惠、平衡、共赢的方向发展，展现了负责任的大国担当。

二、文化艺术创造与人类精神世界构建

文化艺术创造是一个国家、一个民族的灵魂。没有高度的文化自信，没有文化的繁荣和艺术的兴盛，就没有中华民族伟大复兴。就文化艺术创造与国力而言，文化越来越成为国家的软实力；就文化艺术创造与道路而言，文化自信越来越支撑道路自信；就

文化艺术创造与民族精神而言，文化越来越是滋养民族精神的沃土；就文化艺术创造与人的发展而言，文化越来越成为实现人的全面自由发展的重要条件。

（一）文化艺术创造是人类独特伟大智慧的显著特征

人类区别于地球上其他动物，是人类不仅创造物质世界，而且能够构筑独特的精神世界，使人类生活丰富多彩。

马克思指出："人双重存在着，主观上作为他自身而存在着，客观上又存在于自己生存的这些自然无机条件中。"[1] 人具有双重存在的特性，一方面，人是自然界中的一个物种，是客观上的肉体存在物，具有所有物种普遍具有的生物性需求，如食欲、性欲、自我保护、趋利避害等动物性本能，这是人在自然界最基本的生存方式。另一方面，人有自己的内在精神世界，人之所以为人，是人具有内在精神活动和价值追求，精神活动和价值追求要求人不能同自然界其他动物一般仅仅依靠本能而生存，如果仅靠人个体的动物性本能，人在自然界的生存能力远远不及黑猩猩等灵长类近亲，但是精神活动让人类族群在整体上更加强大、更富于创造性、适应性。人自身的生理条件和内在意识活动都决定了人必须不断充实自己的精神世界才可能在自然界中生存，通过精神活动把自身从自在世界中提升出来。精神活动是人所特有的能力。人和动物都生存在物质世界，只有人类同时生活于两个世界。物质世界是人类认识和改造自然的天地，精神世界是人寻求自身高层次满足的内在家园。

[1] 马克思恩格斯选集第 4 卷 [M]. 北京：人民出版社，1972，274.

人类大脑是自然进化和社会生产劳动的产物，是意识产生的最直接、最根本的物质承担者。精神生产是以脑力劳动为主要形式的劳动，通过精神生产，人类大脑得到充分的锻炼，从而使人的智力越来越发达。人类大脑通过精神生产保持活力，同时享受精神产品也是锻炼人类大脑的过程。人在享受精神产品的过程中不断满足自身精神生活中情感和审美的需要，在满足需要的同时情感能力和审美能力也得到了相应的提高，从而使人的发展的全面程度得到加强。

精神产品的载体都是物质的，如书籍、画纸、电影胶片甚至网络等都是精神产品的载体，但精神产品的内容是绝对的观念和意识性的。物质产品消费的是物质的自然属性，比如吃馒头是消费面粉当中具有的营养的属性。观念性的精神产品带给人更多的是精神价值，比如读书，书读完后仍然还是一本完整的书，消费掉的是书中的信息和知识。相对于物质产品的消费，精神产品因具有观念性使其消费更具有重复性。比如同一个馒头只能吃一次，而同一本书却可以读很多遍，甚至读的次数越多、读的人越多，其产品的价值就越大。人类精神世界的需求是多方面的，人渴求新知识、新观点，但所有的新知识都是建立在旧知识的积累之上，新观点只有在充分掌握了已有观点的基础上才可以提出。

人的发展需要不断进行知识的积累和精神的激励，并对已有知识进行不断的巩固、对自我精神世界不断丰足，才可以生产出新的精神产品，才能真正实现自我发展达到自我超越。精神产品的观念性正好满足了人重复消费进而创新的需求。

物质生产可以改变对象的物质形式，而精神生产可以改变对象的思想形式。石膏在雕塑家的手里会被赋予新的价值，徐悲鸿笔下的马比普通的马更具吸引力。艺术将自然界加工成更美的画卷，科学使自然界成为人类的绚丽的舞台。除了自然界，人和社会是精神生产更重要的对象。但精神生产改变的只是对象的思想形式，精神产品是对这些对象加工改变之后的形式。人需要认识自己所在的现实社会，从而有利于人自身在现实社会中的发展；人需要构想未来的理想社会，从而有利于人确定自身的发展方向。人需要情感慰藉和思想启迪，需要内心世界的丰盈，这是人的基本精神需求，这些需要只能通过精神生产来满足，人的全面发展必须同时依靠物质生产和精神生产，精神生产必须依靠文化艺术所构建的精神世界。

文化艺术能够满足人发展的内在精神需求，构建人类的精神文明家园。正是因为有了精神世界，人才能更加稳固地在自然界中立足；正是因为有了精神生产，人在精神世界的活动才由被动转变为能动；正是因为有了精神生产，才使得人类一代代走向文明和进步。

（二）文化艺术创造具有不可替代的功能作用和精神思想价值

人类的精神世界有三大支柱：科学、艺术、人文。科学追求的是真，给人以理性，科学使人理智；艺术追求的是美，给人以感性，艺术让人富有激情；人文追求的是善，给人以悟性，人文中的信仰使人坚定。

科学强调客观规律，艺术更注重主观感受；科学讲的是理性，艺术更富于情感；"科学就是根据事物的普遍性处理事物的特殊性。艺术则是根据事物的特殊性去处理事物的普遍性。"而人文则既有深刻的理性思考，又有深厚的情感魅力。一个人的精神世界，不能没有科学，也不能没有艺术，更不能没有人文。所以，我们也可以把人的综合素养概括为科学素养、艺术素养和人文素养。

文化艺术是精神世界的重要产品。精神世界的特殊性，使得人的活动不仅仅体现为人和自然之间的活动，人的活动的内涵应该更广阔。精神世界的创造性体现了人对自身精神世界的探索和努力。在这种探索中，文化艺术不仅仅是还原现存世界，而是力图去开启和点亮可能的精神世界。这种可能的精神世界就是文化艺术的世界。精神生产不断地超越现存世界有和无的隔离，从而在人类精神世界中开辟了一个新的天地，这就是文化艺术。精神生产中文化艺术的创造过程是人类精神不断地展示自己的运动，文化艺术活动的本意就是人类精神世界不断自我生产、自我改造、自我进步的意义。文化艺术源于现实，但却不是一个常规的现实存在物，而是一扇开启人类精神世界的大门。精神生产给予人类的意义正是心灵的意义。

文化艺术的价值之一就是直抵心灵深处，满足人类的精神价值需要。人类从动物中分化出来的外在标志主要不是劳动，而是人之所以为人的心灵的拓展和丰富，这是人对动物最具超越性的重要主观标志。人类在认识世界和改造世界的漫长过程中，逐渐地丰富和深化自己的心灵，但这种深化和丰富是蕴涵于求真和向善的一般认识活动和一般实践活动之中的，因而体现了一般的认识规律和实践规律；而对艺术美的鉴赏是一种情感的审美活动，也是一种悦智、悦神、悦情的特殊精神活动。人的全面发展也包括人自身内在世界的充分发展，文化艺术活动带给人类的正是人内在世界的拓展，是人内心世界的发展和进步。精神生产中文化艺术的创造过程就是人通过人类精神特有的功能再造一个精神世界的活动，这是科学技术以及物质生产永远无法达到的境界。

文化艺术是人类的伟大创造，它不仅带来精神享受，而且启迪人性中对真善美的追求，培育人的理想、信念和情怀。追求真善美是文艺的永恒价值，中华文化非常注重以文化人、以文育人，艺术的最高境界就是让人动心，让人们的灵魂经受洗礼，让人们发现自然的美、生活的美、心灵的美。文化艺术之美，使人们通过文化艺术获取知识、启迪智慧，培育情操、塑造德道，涵养气质，完善人格，丰富情感，欢娱精神。文化艺术能够启迪人的创意、灵感和想象力，为发展增添美感，产生精神共鸣。通过对艺术作品的深入思考，不仅能够认识艺术作品的审美特点，还要发现艺术作品对于社会人生所具有的积极价值，通过文艺作品传递真善美，传递向上向善的价值观。

文化艺术是一个民族的精神家园，对凝聚民族精神、提升文化自信意义重大。在当今国际形势多变而中华民族正处在全面崛起的关键时期，文化自信担负着更加重要的使命。中国特色社会主义文化来自中华优秀传统文化，而中华优秀传统文化是中华民族的母体文化、根文化，凝结着中国人民共同的价值追求。中华文化博大精深，只有不断学习领悟和广泛开展社会实践，才能感受和发展中华文化的根基力量。一个民族对文化艺术的亲近程度和欣赏水平决定着这个民族整体素质的高低。通过文化艺术的创造和学习欣赏，能够从个人记忆中找到国家和民族的记忆，找到中华民族复兴的精神价值以及所蕴含的内生动力和思想智慧，在深刻认识科技改变未来的同时，更引发我们对时代问题的深入思考。

（三）文化艺术创造使人类探索精神世界与探索构建物质世界融为一体

人类任何时候都离不开优秀的文艺作品。因为人类都同时生活在物质世界和精神世界之中，而精神世界包含思想、文化、艺术、精神、品格、哲学、宗教等，其中文化艺术是精神世界的主体。

人类除了物质生活外，还需要丰富的精神文化生活。在革命时期和战争年代，优秀的文艺作品可以鼓舞斗志，激励人心。在和平年代和新中国建设时期，优秀的文艺作品可以引导人、塑造人、激励拼搏精神，增强人民必胜信心。只要我们回顾往昔、展示今天那些耳熟能详的优秀文艺作品，绝大多数人都会有直抵心灵深处震撼共情的激情澎湃。

鲁迅曾经指出："文艺是国民精神所发的火光，同时也是引导国民精神的前途的灯火。"人民精神世界是否丰富，体现在文化艺术精神食粮的富足与营养程度上。精神食粮已有古今中外的经典名作存量，更需要反映当代现实生活的精品力作增量，从时代之变、中国之进、人民之呼中提炼主题、萃取题材，全方位全景式展现新时代的精神气象。

"丰富人民精神世界"是党的二十大报告中提出的中国式现

代化的本质要求之一。全面建设社会主义现代化国家，必须坚持中国特色社会主义文化发展道路，推进文化自信自强，铸就社会主义文化新辉煌，以中国式现代化全面推进中华民族伟大复兴。

新时代文化发展的目的是"促进人民精神生活共同富裕，强化社会主义核心价值观引领，不断满足人民群众多样化、多层次、多方面的精神文化需求"。通过丰富人民精神世界，以不断解决人民日益增长的美好生活需要和不平衡不充分的发展之间的矛盾，激发全民族文化创新创造活力，增强实现中华民族伟大复兴的精神力量。

精神世界即人的主观世界，是人在实践活动和社会关系中所形成的知识经验、思想意识、伦理道德、信念信仰、审美活动等精神空间和内在意蕴，生动体现人的能力素质、品德修养、精神境界等综合性整体性特质。精神生活是实践感知方式，而精神世界是包括精神生活在内的全部思想意识活动和精神价值的体现呈现，是文化建设的儒化过程和发展方式。一个人的精神世界丰富与否，影响和决定着人的社会实践能力和成果；一个国家的人民精神世界丰富与否，影响和决定着整个社会的进步与发展。

（四）文化艺术创造的民族性与世界性

不同的文明背景下所创造出来的文化艺术各有千秋。然而，无论哪个国家、哪个种族，好的文化艺术都能被各个民族所共同欣赏和赞美。因此，文化艺术的民族性也就是人们运用自己所熟悉的本民族的文化艺术形式、文化艺术手法来反映现实生活，而这种文化艺术形式是立足于本民族的文化传统、价值体系、行为习惯、生活态度、审美意识之上的。

　　文化艺术既存在民族性、也存在多元性。世界上有两千多个民族，分布在 200 多个国家和地区，不同民族在不同的地理环境、气候温度下的生活方式有着显著的差异，在历史上也由于种族间的战争的影响，构成了不同民族的文化差异，其文化艺术表现形式也呈现出多种多样。不同民族文化艺术的多元存在也就成了文化艺术发展的必然规律。同样是对于喜悦的表达，不同的民族有不同的表达方式，以色彩为例，黄色，在有的国家被看作是贵族的象征，体现着高洁优雅，但在以色列则被看作是不吉祥的色彩。又比如，龙在中华民族的文化艺术中象征着至高无上的权力、权威，也是瑞意吉祥的象征，但在西方的文化中龙往往成为邪恶、贪婪的化身，这种意识在长时间的发展中会影响到这个民族的各个方面，因此其文化艺术形态也会呈现出不同于其他民族的特点。

　　尽管文化艺术的民族性在客观上存在差异性，但追求美好与和平向上的心愿和价值取向却是各个民族相通的，其不同在于文化艺术的表现形式。好的文化艺术所彰显出来的精神理念是每个民族不言自通的，这也是民族的相容性。所有民族的不同文化艺术所表现出来的文化艺术共同性也就形成了文化艺术的世界性。正如黑格尔所说："真正不朽的文化艺术作品当然是一切时代和一切民族所共赏的。"

　　对于文化艺术的民族性与世界性的关系，存在不同的观点。有的认为，文化艺术的世界性超越民族性：由于时代的发展，文化艺术同经济一样，会在相互借鉴和相互交融的基础上趋于统一，成为一种超越民族性的世界性文化艺术潮流，将要吞噬文化艺术的民族性称为主流。有的认为，文化艺术的世界性里面同样具有民族性，在世界民族交流的基础上，随着人们对文化艺术的民族性的深入了解，只有在积极了解不同民族文化艺术的基础上才能不断发展自己的文化艺术，也才能保有自己文化艺术的特点。然而，文化艺术的民族性与世界性是共同存在的，没有民族性也就没有世界性，因此，民族的就是世界的，关键是在世界社会化的浪潮下，如何在借鉴世界性的同时而仍保持自己独特的文化艺术民族性。

在竞争激烈的世界一体化进程中，设计作为文化艺术的一种表现形式，民族的设计也在经历着严峻的考验。中国古代的设计留下了无数的经典，而在经济飞速发达的今天，中国的当代设计也在进行着挣扎。全球文化的交融正在形成一个可怕的现象，一些设计作品的似曾相识，对异国文化的追捧正影响着本民族文化艺术的发展。因此，中国传统文化，在近几年被越来越多的人所重视，这种重视程度之深，也造成了传统文化的泛滥，人们对于认知和传承传统文化缺乏理性的认识。不可否认的是，中国有着五千年的历史文化积淀，传统的文化价值观念和人文精神是一种巨大的资源，不仅体现在对传统历史的记忆，而且体现为中华民族几千年所共同形成的文化理念，精神凝聚力，其范围广阔而丰富。如：中国的哲学思想、古典文学、文化艺术精神、书画、篆刻文化艺术、民间文化艺术、汉字、园林、建筑、陶瓷、木刻，以及音乐、戏剧、民间故事，还有中医、武术、围棋、饮食、茶道……这些都是当代设计者取之不尽的元素与灵感，在当代世界上的设计强国之中，如日本、瑞典、芬兰、德国、法国、英国、美国、意大利等，透过它们的设计可以看出中国传统历史文化的影响和沁润。

随着中国的崛起强大和中华民族伟大复兴，随着中美两国经济总量易位，中华优秀传统文化一定能够重新崛起走向世界。中华优秀传统文化有中国强大的经济实力支撑，有中国特色社会主义制度的优越性，有自身博大精深的思想智慧和反映人类共同价值基因的内核，一定能够继续成为人类新文明的火炬手。中华优秀传统文化必须融入全球化，在全球化中彰显其特色和特质。使世界丰富多彩，充满多元性和包容性，反映人类共同的价值追求和鼓舞引导人民憧憬美好未来、富足精神价值，推动人性的进步。

（五）文化艺术既是一个民族的精神食粮，是人民内心世界的投射，也是反映社会进步的镜子

文化是一个国家、一个民族赖以生存的精神食粮。从人类社会的发展历程来看，人类社会的每一次进步都伴随着文化艺术的升华，文化艺术的前行是一个国家、一个民族不断前行的表现之一。中华民族在漫长的发展历程中积累了丰富多彩的文化瑰宝，也创造了多元文化的艺术格局。回顾几千年来的历史流变，正是由于世世代代创作并遗留下来的文化艺术培育了中华民族别具一格的民族文化性格，赋予了中华民族走出困境、不断前行的勇气与动力，才使得中华民族经历了无数艰难困苦却始终屹立于世界民族之林而不倒。历史也证明中华民族是一个有着深厚的文化创作能力的民族，每当国家与民族处于危难时刻，总有一批又一批文人志士能够感知国家与人民的诉求，站在历史潮头之上，以文

化为人民发声、为祖国呐喊。这种既坚守自己的文化本心又能始终坚持与时俱进的文化品格，也为文化艺术创造提供了先天要素。

文艺是塑造灵魂的工程，要用最好的精神食粮滋养人们心田，用真善美的充沛力量感染人们情感。温暖人、鼓舞人、启迪人，激发人们对真善美的追求，这是文艺引领作用的具体体现。求真向善趋美是人生命的自然律动，也是社会健康有序发展的不竭源泉。

自古以来，无论东方还是西方，能够流传千古的经典之作都是紧随时代步伐、反映时代生活、凝聚时代精神、引领时代发展的优秀作品。文艺作品是铸造灵魂的工程，承担着以文化人、以文育人的职责。好的文艺作品应该像阳光、春风那样，能够启迪思想、温润心灵、陶冶情操。

纵观历史，在经历时间淘洗之后，那些依旧璀璨夺目、备受欢迎的文艺作品一定是深刻反映时代生活、展现社会风貌的作品。路遥的著作《平凡的世界》，以孙少安和孙少平两兄弟为中心，通过复杂的矛盾纠葛，全景式呈现中国 20 世纪 70 年代中期到 80 年代中期陕北城乡社会生活。《青春之歌》书写知识分子如何改造思想，走上革命道路。主角林道静并非从一开始就是一名坚定的革命者，甚至还有着这样那样的毛病。但是旧中国的社会现实使她警醒，憎恶不公的本性和追求真理的愿望使她奋发，在经历过懵懂、茫然和挫折之后，她终于能够认定正确的方向，将个人的生命融入民族解放的伟业之中。这个不无缺点、跌跌撞撞的林道静让读者感到亲切，让人们看到一个普通人是如何成长为英雄的。或许正是因为这些原因，《青春之歌》拥有恒久的影响力和生命力。

"文章合为时而著，歌诗合为事而作"，正是这些作家艺术家时刻秉持"为时""为事"的精神品格，使得这些作品以对时代生活的深刻反映赢得读者青睐，成为广为传诵的文艺精品。文化艺术是社会进步的镜子，一个时代的文化艺术事业能否繁荣昌盛，归根究底还是要看文化艺术创造的社会经济条件。在经历了改革开放 40 多年的经济社会高速发展之后，文化艺术产业的经济基础得以巩固，文化艺术消费市场逐步扩大，这些都为新时代文化艺术创造提供了良好的发展基础。此外，创新与求变也是中华优秀传统文化的基因。无论什么年代，中国的民族文化都始终坚持与时代相结合，服务于时代发展，不断创新文化载体，文化艺术创造赋予了传统文化时代的活力，为中华优秀传统文化的创造性转化和创新性发展指明了正确的前行方向。

文艺反映生活，并不是对社会生活镜像式的被动反映，而是对原初情感体验和复杂社会现实进行升华的能动反映，它不仅展现时代与社会生活的鲜活面貌，也阐发人们丰富的精神追求。没有精神蕴含的文艺作品，就像没有灵魂的人一样，是不完整的，也是没有生命力的，思想性和精神性是文艺作品的核心内容。

文艺具有鲜明故事性、情感性和审美性，这些特性使作品中的思想情感和精神力量能对读者产生潜移默化的作用，并引导读者身体力行，将这种情感与精神融入对现实生活的改造、对美好生活的追求中。文艺是塑造灵魂的工程，要用最好的精神食粮滋养人们心田，用真善美的充沛力量感染人们情感。温暖人、鼓舞人、启迪人，激发人们对真善美的追求，这是文艺引领作用的具体体现。求真向善趋美是人生命的自然律动，也是社会健康有序发展的不竭源泉。文艺在民族生存与发展中扮演极其重要的角色，中华民族的伟大复兴需要文艺提供精神力量。新时代，实现文艺繁荣，助推社会进步，更需要文艺与时代同频共振、携手并行。中国企业未来创造性创新发展更需要文化艺术提供精神动力和灵感源泉。

三、文化与经济融合，艺术与科技结合，推动中国企业创造性创新发展

中华优秀传统文化和文化艺术创造蕴含着真理光芒、人文智慧、丰富思想和时代价值，正是这些伟大的思想文化和时代价值塑造了中华民族勤劳智慧、自强不息、坚韧不拔、创造创新的特殊品质，同时也赋予中华民族团结一心、实现民族伟大复兴的智慧源泉和持久动力。

传承弘扬中华优秀传统文化与价值观，就是要充分利用这种强大的软实力，并与我们现在拥有的硬实力相结合，形成一种更加强大的综合性力量，推动中国企业实现更高层次的创造性创新发展。

文化艺术创造能够不断满足人类对精神的追求，对价值的追求，对审美的追求，对修养的追求，即人类最深层次的情感追求。中国企业要实现创造性发展和高质量发展，必须充分认知和利用好这些宝贵的精神财富和文化宝藏，在以下这几个方面去努力实践。

（一）丰富企业员工的精神世界，构建先进的价值体系，培养持久的奋斗动力和干事创业热情，推动中国企业创造性创新发展

中国企业创造性创新发展，是创造新概念、新产品、新服务新需求、新质生产力、新价值的发展，是文化与经济、艺术与科技深度融合的发展，是使命信仰支撑、科技技术驱动的发展，是充满创新和谐、幸福快乐的发展。

出生、成长在 21 世纪的青年一代，见证了祖国的快速发展，经历了国家的繁荣富强，展现出前所未有的自信、自立与自豪。社会主义市场经济体制逐步完善、经济全球化成为时代潮流、互联网快速发展的相互交织是这一代青年成长的大背景。他们经历了中国发展最快和最好的时期，青年的所思、所想和所为都是中国社会政治经济发展的反映。

1. 乐观与消极并存，既有乐观戏谑化一面，也有焦虑异化一面

如前所述，面对社会"内卷"现象，不同青年拥有完全不同的态度：有些青年有丰富的物质追求与积极的精神追求，有些则消极避世、甘于"躺平"；有些以乐观心态戏谑怒骂、笑对人生，有些悲观焦虑，常处于精神异化状态之中。事实上，这种乐观与消极并存，有时候也存在于同一青年不同人生成长阶段或不同发展状态之中。

2. 感性与理性兼有，既有感性直观一面，也有理性深刻一面

在情感领域划分上，当代青年关注自身感性情感世界、理性知识世界、行为实践世界的满足；认知需求上，当代青年兼顾理性与感性、深刻性与娱乐性，倾向于在种类丰富的青年文化中建构自身的经验、意义与主体性；在生命与价值体验上，当代青年习惯于在感性微观的生活叙事中感受理性的生命意义。例如，其话语方式极其娱乐化，常常借由新型媒介话语宣告自身的文化话语权，在话语表达上倾向于轻松、活泼、戏谑、幽默的娱乐化叙事，更喜爱感性、具象、直观的生活话语。

3. 世俗化与理想化并存，既关注个体化生活世界，又认同群体化社会意义，也因此，其个体意识日益彰显、思想愈发多元化

当代青年推崇"感性之我"，相比公共领域更为关注个体世俗化的生活世界；其价值标准日趋多元化，反对线性的世界观、人生观和价值观，反对雷同性和同质化、标签化；但与此同时，他们并不排斥集体与公共领域，喜欢公共生活和社会交往，具有天然的群体与政治意识。例如，一些青年个人主义倾向愈发严重，但并不排斥集体主义价值观；他们既喜爱世俗生活、感性生活体验，也不排斥美好未来与理性认知。

要实现中国企业的创造性创新发展，首先必须激发调动企业员工的内生动力和创造性。今天中国企业的员工构成和员工年龄结构等都已经发生了重大变化，20 世纪 90 年代后和 21 世纪初出生的青年员工已成为中国企业基层员工的主体，20 世纪 70 年代和 80 年代出生的员工，不少人已经走进了企业中层和高层领导岗位，而 20 世纪 80 年代到 21 世纪 20 年代的 40 年是新中国发展最快的 40 年，物质文明和精神文明的发展日新月异，企业员工的人生价值理念、文化教育背景、思想认知觉悟、性感爱好习惯呈现出多元化的趋势，而且受西方文化影响巨大。如果中国企业不能针对新一代员工的上述多元化思想特点构建强大的核心价值体系和先进的企业文化，不能凝聚大家的共识，企业员工就会对企业的使命责任、功能作用和持续发展产生质疑、漠视和抵触，对长期以来形成并坚持的如集体主义、奋斗努力、尽责报国、奉献牺牲等思想观念将产生冲击，影响企业健康发展。迫切需要适应新形势新要求新对象，以中华优秀传统文化和新时代文化艺术重构中国企业员工的价值体系和精神世界，重塑中国企业员工的内生动力和创造热情，推动中国企业实现创造性发展。

第一，需要是培育企业员工的理想信念、家国情怀和奋斗激情。人只要有坚强的理想信念，家国情怀和奋斗激情，就会产生内生性持久的动力。第二，需要构建企业员工的精神价值世界，满足企业员工最深层次的精神需求与情感渴望，为企业员工带来欢愉和精神充实，引导企业员工探索思考人生意义，树立积极向上的精神追求和正确的人生目标。第三，需要涵养正气，塑造特质，提高情趣和对美的追求，使企业员工焕发精神，丰富情感、灵魂有光、生命芬芳。第四，积极培养企业员工对美的追求和良好的审美观，使员工有品位、有素养、有艺术追求和鉴赏力，对美好的事物有向往。第五，提高企业员工文化自信和文化修养，用文化价值和文化影响力凝聚共识，同时尊重员工诉求、重视员工实际需要，更多地理解员工，使他们在企业被认同、被尊重，有强烈的归属感，使他们的辛勤工作，能带来成就感和价值感，形成促进企业创造性发展的宝贵内生动力，进而推动中国企业创造性发展。

中国企业需要积极引导员工向内、向心灵深处探寻，丰盈情感需求，构建价值体系，培养审美情操，用中华优秀传统文化价值和当代先进文化思想凝聚企业员工人心，激励企业员工为企业发展拼搏奋斗，同时积极引导企业员工向外、向自然科学探索，丰富自然科学知识，培养理性科学精神，提高干事创业本领。

需要注意的是，企业提倡和鼓励奉献精神但不宜作为对员工的刚性要求。中国企业文化应当成为推动全社会爱岗敬业风尚的一种激励性的力量，是社会发展进步的高线。

中国企业有责任有能力推动中国特色社会主义文化的守正创新，让中华优秀传统文化支撑中国企业创造性发展和高质量发展。同时不断时代化，在强化人文精神的同时，更加注重科学精神和对理性追求的价值的追求，使中国文化在文化全球化中更具生命力和反映全球人类共同价值，为人类新的文明形态提供新选择和发展方向，为中国和中国企业引领世界经济发展和人类命运共同体建设提供强大思想智慧和精神动力支撑。

（二）促进从中华优秀传统文化中获取丰富的人文资源和人文智慧

中华优秀文化中有许多可促进中国企业创造性创新发展的人文资源和思想智慧，需要我们去发掘、获取和创造性转化应用。文化是一个国家、一个民族的灵魂。"文化自信是更基本、更深沉、更持久的力量。历史和现实都表明，一个抛弃了或者背叛了自己历史文化的民族，不仅不可能发展起来，而且很可能上演一场历史悲剧。"中华民族的优秀历史与文化，是我们文化自信的重要来源。今天、我们要进行伟大斗争、建设伟大工程、推进伟大事业、实现伟大梦想，都离不开文化所激发的力量。中国企业作为国家发展中必不可少的组成部分，是拉动和传播中华优秀传统文化的主要阵地，如何将文化自信、文化自觉融入先进的企业文化建设中，促进中国企业创造性创新发展，是当前中国企业必须思考的问题。

健康的思想价值体系、优良的企业文化能够使企业为员工提供文化引导、凝聚员工集体意识，促进企业与员工形成发展的利益共同体，提升企业核心竞争力，树立企业良好形象，为企业发展注入源源不断的活力，助推中国企业创造性发展。中国企业发展离不开文化的引领和护航，应积极主动地从中华优秀传统文化中汲取丰富营养和智慧。

中华民族在长期的实践中培育和形成了独特的思想理念和道德规范，有"崇仁爱、重民本、守诚信、讲辩证、尚和合、求大同"等思想，有自强不息、敬业乐群、扶正扬善、扶危济困、见义勇为、孝老爱亲等美德。中国企业应充分挖掘其中蕴含的丰富内涵，将中国企业文化建设扎根于中华优秀传统文化以及由此发展延伸出的民族精神，将以人为本、和谐为重、诚信至上、创新为要等先进思想应用于中国企业的创造性创新发展。

随着经济全球化的发展，文化的全球化融合不可阻挡，但文化的多元化和民族性不会丧失。在全球化进程中，世界的政治、经济、文化都紧密地联系在一起，相互交织、相互渗透、影响。然而，全球化并不意味着世界的"一致化"和"同质化"。一个民族在世界经济上占住主导地位，它的文化迟早会占据主导引领地位。美国借助其强大经济、军事、科技实力，几乎垄断了全球文化市场。未来中国在世界经济地位的改变、必然带来中华优秀传统文化在世界文化地位中的改变，其价值、意义和影响力也将进一步彰显。

（三）将文化与经济相结合，艺术与科技相结合，提升中国企业的文化吸引力、感染力和价值增值能力

相对于中国五千年的文明，相对于中国世界第二大经济体的实力，相对于西方文化对中国的文化输入，相对于中国物质商品对全世界的贡献，中华优秀传统文化在世界上的地位，对外传播的影响力，文化产品的市场以及中华优秀传统文化价值感染力还远远不够，对世界的影响贡献还不够大。

文化的全球化不等同于"西方化"。跨国公司这个与全球化相伴相生的经济体，其全球扩张的过程，是其实现商业利益及目标的过程，也是其企业文化传播的过程。跨国公司的企业文化传播，在不同的地域或国家会遇到不同的阻碍及困难，其所采取的营销策略也决定了其文化的影响力。企业文化的传播并不是一个一味迎合本地文化的过程，也不是一个一厢情愿填鸭式的传播过程。在社交网络发达的今天，不乏成功的跨国公司的企业文化传播案例，这对于跨文化传播具有全新的意义。中国企业要用自己的产品精准、准确、精致的表达中华优秀传统文化和人类"普世价值"，打造真实形象化直抵心灵的高品质文化产品，赢得更多的全球文化市场份额。

中国随处可以买到、随时能够开怀畅饮的可口可乐，被认为是商业全球化的典型代表，但直到现在，仍然有人探究，可口可乐畅销全球背后，也是美国文化的广泛传播。第二次世界大战时

期，可口可乐坚持"无论战士走到哪里，公司将不惜成本保证每一位士兵只花 5 美分就能喝到一瓶可口可乐"，这使可口可乐成为美国精神的象征。在众多美国人看来，可口可乐"不醉人又提神"，能让人们感到快乐。事实上，借助强劲的营销攻势，很多时候，可口可乐这些特征被广大消费者直接等同于美国文化或美国精神。可口可乐已经在全世界 200 多个国家和地区开办了公司，数量远远超过联合国的成员国数量。

在现代社会，所有的经济产品已经不完全是单纯的物质形态，许多产品都具有文化艺术意义和多重价值。将文化艺术的创造力赋予经济技术文化内涵，艺术美感，提升产品的文化价值和吸引力，将为中国企业赢得更大的市场吸引力，也是中国企业实现创造性发展的应有之义。

"向善互利、忘我无我、知行合一"不断把中国的文化、历史、哲学和美学等国潮元素融入设计，把厚重的中华文化和中国智慧融入品牌内涵，塑造国风品牌的文化内涵和差异化特征，并与现代科技元素相结合，为客户创造与时俱进的品牌体验，满足人们对美好生活的不断追求。让更多的大众体验到中华优秀的传统文化独有的魅力，让国人从内心更加热爱中华优秀的传统文化，让文化自信深深地走进每个人心里。

（四）中国企业要实现创造性发展，必须创建具有中华优秀传统文化特色且充满时代价值内涵的企业文化

企业的凝聚力是企业每个成员的向心力以及吸引力，是一种精神性的力量，引导着企业的员工、相互尊重、相互协调、相互

转化、相互依存。指引着员工对企业充满责任感、忠诚感、归属感以及集体荣誉感等，让企业的员工能够齐心协力为企业做贡献，联手抵御同行的竞争，同时还可以让企业员工之间建立起和谐友善的管理、促进团队关系的和谐融洽，让员工精诚合作。中国企业未来的发展，需要更加依靠企业员工的主动性和创造性，要充分尊重企业员工和理解企业员工，从更多地关注企业员工的物质发展层面需要向精神层面需要转变，让企业员工被认同、受尊重，使企业员工与企业成为共同发展、共同进步的共同体。未来，企业的凝聚力对于企业的发展和价值创造来说作用越来越突出，甚至是整个企业应为制胜的关键。

今天，中国企业文化已经成为中国企业核心竞争力的根基，是中国企业兴衰成败的关键因素之一，优秀的企业文化将成为中国企业的强大竞争优势和软实力。通过企业文化内强素质、外树形象，全面提升管理水平和竞争力，正在成为世界一流企业不断发展壮大和永葆青春活力的共同战略选择。目前，具有中国特色的企业文化理论研究进入了新的阶段，理论研究从单学科研究向多学科、跨学科研究方向发展，并注重研究企业文化的本土化问题，使企业文化建设更加适合中国企业的创造性发展；中国企业对企业文化的特殊作用和重要性的广泛认同，越来越多的中国企业加大投入，主动参与到企业文化的建设活动中，涌现出一大批企业文化体系健全、特色鲜明、作用显著的先进典型，对中国企业持续健康发展起到了极大的促进作用。

融合中华优秀传统文化特色。中国拥有五千年的悠久历史，孕育了丰富的文化底蕴。中国企业在创建企业文化时，应深入挖掘中华优秀传统文化的精髓，如儒家思想、道家哲学、法家治理等，将这些文化元素融入中国企业文化之中。例如，儒家思想强调"仁爱""诚信"，这些品质可以培养员工的团队协作精神和职业道德；道家哲学倡导"无为而治"，强调顺应自然、和谐共生，有助于培养中国企业的创新精神和应变能力；法家治理则注重规则、制度，有助于中国企业建立科学的管理体系和高效的运行机制。

注入时代价值内涵。中国企业文化不仅要传承历史，更要与时俱进，注入时代价值内涵。在现代社会，创新、协作、绿色、可持续发展等理念已经成为中国企业发展的重要方向。因此，中国企业在创建企业文化时，应将这些时代价值融入其中，使企业文化既具有传统底蕴，又具有现代气息。例如，中国企业大力倡导创新精神，鼓励员工勇于尝试、敢于突破，为企业带来源源不断的创新动力；同时，中国企业还可以注重绿色发展和可持续发展，关注环境保护和社会责任，实现经济效益和社会效益的双赢。

以华为为例，华为的企业文化充分融合了中国的优秀传统文化和时代价值内涵。华为坚持"以客户为中心，以奋斗者为本，长期艰苦奋斗"的核心价值观，体现了儒家思想中的"仁爱"和"诚信"。同时，华为还倡导创新精神，不断在技术研发、产品创新等方面取得突破，展现了现代企业的时代价值。在华为的企业文化中，既有对传统文化的传承，又有对现代价值的追求，为企业的发展提供了强大的精神支撑。

中国企业在实现创造性发展的过程中，必须创建具有中华优秀传统文化特色且充满时代价值内涵的企业文化。这样的企业文化不仅能够激发员工的创造力和创新精神，还能提升企业的核心竞争力，使企业在激烈的市场竞争中脱颖而出。因此，中国企业应积极挖掘中华优秀传统文化的精髓，同时关注时代价值的发展，不断完善和丰富企业文化内涵，为中国企业的长远发展奠定文化基础。

（五）利用优秀文化的强大影响力和资源属性，提升中国企业的价值创造能力和市场竞争力

品牌的核心是文化。顾客消费的不仅是产品，也包括凝结在产品中的品牌文化。品牌不仅以企业文化为基础，而且以国家文化为后盾。中国企业不但要建设企业品牌，而且要通过弘扬中华优秀传统文化形成国家商业品牌。国家文化软实力需要中国企业品牌竞争力来体现；国家文化影响力和国家商业品牌的形成，又能进一步提升中国企业品牌竞争力。当前，中国企业需要从转变经营观念、挖掘传统文化资源、研究顾客心理、建设企业文化和勇于承担社会责任等方面提升中国企业品牌竞争力。

优秀文化具有强的吸引力、凝聚力和感召力，具有深沉、持久的力量，是促进经济发展和企业发的基础性资源，是中国企业价值创造的重要支点，也是企业市场竞争的关键因素。中国企业可以利用优秀文化，激发新的发展模式和变革性创新，推动企业组织、发展、产品创新、技术变革，获取新的竞争优势，实现创造性发展。

2005 年，美国苹果公司的创始人、创造了 iPhone 神话的乔布斯在哈佛大学的演讲中说："如果我不学书法，就不会有今天

的苹果。"大学时代的乔布斯由于辍学，因此不用再去上学校规定的课程，他来到里德学院，看到贴在抽屉上的标签都是优美的手写字，而里德学院拥有当时全美最优秀的书法课程。于是年轻的乔布斯在培训班里，学会了衬线体、灯芯体，了解到字母间距的艺术，明白了如此美妙、古朴、微妙的艺术是现代科学所无法触及的。乔布斯自己在演讲中坦言，当时学习书法课程"这些东西仿佛于我的人生没有任何意义"。当十年以后乔布斯开始设计第一台苹果电脑时，正是这个当时毫无意义的书法课程让苹果电脑成了第一台将文本精致排版的电脑，让数字产品有了艺术审美的概念，也让优雅、精简的极简主义概念成为苹果产品的主要审美的取向并风靡世界。

中国企业应充分挖掘中国传统文化资源，丰富品牌的文化内涵。菲利普·科特勒指出，品牌应该包含属性、利益、价值、文化、个性和消费者等六个方面的内容。这就说明企业在提供优质的产品和服务的基础上，文化是品牌的核心和灵魂。品牌文化就是凝结在品牌中的价值观、审美观、文化体验等。中国有着五千年的文明史，有深厚的传统文化资源，中国儒家的仁爱思想、佛教中的慈悲思想、道家中的亲近自然思想，以及琴、棋、书、画、茶等都可以用来形成一种新的生活方式、一种新的生活格调、一种新的生活情趣；中国有多样的民族文化资源，民族服饰、民族歌舞、民族食品、民族医药等都有着别致的韵味；中国有富饶的物种资源，绿色食品、生物医学将是企业重要的竞技场。这些都可以成为中国企业产品设计的文化因素，用来提升中国企业品牌的文化内涵。

中国企业要不断进行文化创新，以强势的创新文化提升中国企业品牌竞争力。发达国家的企业长期通过科技创新和独到的产品设计享有竞争优势。中国的古典名著、物种资源、民间医药、自然风光、民族艺术等文化资源常常被国外的商业企业无偿用于网络游戏开发、物种改良、研发新药、影视文化，然后再用这些商业成果占领中国市场，从中获得巨大的经济利益，这是我们感到痛心的地方，值得我们深思。中国企业在引进国外先进技术的基础上，应大力倡导并从事文化创新，赢得中国顾客和全世界顾客对"中国创造"的信心，这样才能增强中国企业品牌的核心竞争力。

中国企业在建设品牌时需要着力研究顾客的心理需求。在不同品牌产品的质量和功能没有太大差异的情况下，掌握顾客的心理需求就具有特别重要的意义。品牌的强势程度取决于顾客对该品牌的了解、认知、认同、接受，以及忠诚度。马斯洛的需求层次理论将人的需求分成生理需求、安全需求、社交需求、尊重需求和自我实现需求五个层级，既指出人的需求是逐层次得到满足的，又说明人有最高的自我实现的价值需求。在人们的生活水平日益提高的情况下，人们的衣食住行已经逐渐超越了生存的需求，因此，品牌中所体现的时尚元素、审美取向、象征意义、精神内涵、价值观将成为影响顾客选择的关键因素。顾客选择品牌产品或者是为了显示自己的身份、地位、声望、荣耀和名誉，或者是为了得到他人的认同和尊重，或者是为了体验自己所崇尚的生活方式、生活格调和审美情趣等。

中国企业应学会运用国际时尚元素，并结合中国传统的优秀文化资源进行创造，引领时尚潮流，引导顾客需求。时尚就是为社会大众所崇尚和仿效的生活样式。例如，法国巴黎几乎每周都有高级时装表演，成为世界时装奢侈品牌之都；意大利穆拉诺岛的玻璃制品，以其精湛的传统工艺跻身世界奢侈品牌行列；国外经典影片、戏剧以及音乐所打造的品牌增添了诱人的文化艺术内涵；国外运动品牌所蕴含的运动精神吸引着青少年追求他们的品牌商品。中国企业不仅要使自己的产品经由风格、色彩和艺术设计形成美学特征，更要深刻思考和挖掘本企业品牌所具有的值得顾客崇尚的文化内涵；在做品牌推广和广告时，不能仅仅停在扩大产品知名度，更要宣传本品牌值得顾客拥有的品牌精神。

（六）用中华优秀传统文化赋能，使中国企业实现更高水平的国际化经营与发展

在全球经济一体化的大背景下，中国企业的国际化经营与发展已经成为我国经济发展的重要推动力。为了使我国企业在国际市场上站稳脚跟，实现更高水平的国际化经营与发展，我们需要借助中华优秀传统文化的力量，为企业注入强大的文化底蕴。

中国企业要深入挖掘和传承中华优秀传统文化的价值和当代优秀文化的价值。中华优秀传统文化包含了丰富的哲学思想、人文精神、道德观念和智慧成果，这些都是中国企业国际化经营与发展的宝贵财富。例如，中华传统文化强调"和合共生"，这一理念可以引导企业在国际化过程中，尊重各国文化，寻求合作共赢，为全球经济发展注入和谐与包容的正能量。

中国企业在国际化经营与发展中要充分展示中国文化的包容性。中华优秀传统文化具有强烈的包容性，能够充分吸收、融合其他国家和地区的优秀文化，形成具有中国特色的企业文化。这种包容性有助于消除文化隔阂，为企业在国际市场上拓展业务提供良好的人文环境。

中国企业要借鉴中华优秀传统文化和当代先进文化的文明模式，探索不同于西方企业的发展方式和路径。我国企业文化要结合自身特点，秉持"义利兼顾、义在利前"的原则，树立正确的义利观，以诚信、公平、共赢为核心的价值观，形成具有中国特色的企业经营理念。

中国企业的国际化经营与发展要推动中西文化融合，交流互鉴。中国企业应在全球范围内积极传播中华优秀传统文化，同时学习借鉴其他国家和地区的优秀文化，实现文化交流、互动与融合。这样既能提升企业在国际市场中的竞争力，又能促进全球文化多样性的发展。

用优秀文化赋能中国企业，有助于实现更高水平的国际化经营与发展。我们要深入挖掘和传承中华优秀传统文化，秉持平等合作、互利共赢、义利兼顾、义在利前等文化理念，以和谐尊重的方式，推动企业在国际市场上不断发展壮大。同时，还要充分展示文化的包容性，借鉴优秀传统文化的文明模式，加强文化交流与融合，为全球经济发展贡献中国智慧和中国力量。

第六章
数学的思想、方法、思维与中国企业理性精准高效发展

数学是一切自然科学的基础和皇冠，一直为人类所推崇。数学最能体现人类的理性思维和创造性智力，在它的发展进步过程中，曾产生了一系列改变世界和人类文明的伟大思想、深邃理论和科学方法，指引着人类不断艰辛探索、认知宇宙自然，而且一直鼓舞激励着人类不断揭示自然现象和社会发展规律，充分展示了人类的伟大思想智慧。数学让人类认知了宇宙运行的奥秘，自然演化的机理和物质运动的规律，也让人类拥有了改变世界、创造文明的智慧和力量。数学是科学探索的基石，是社会进步的引擎，是追求真理的工具，没有数学的发明创造和广泛应用，就没有今天人类文明的发展进步。

中国企业实现理性精准高效发展需要运用数学的思想理论、科学方法和思维方式，因为数学是一个具有强大创造力的缜密逻辑工具和科学思维范式，具有揭示、描述、理解、表达、

处理一切知识领域重大问题和解决现实中一切复杂问题的强大功能。

本章不是专门阐述数学的深邃理论和数学的运算证明，而是尝试通过分析阐述蕴含在数学中一些重要的思想理论、科学方法和思维方式，给中国企业实现理性精准高效发展带来一些新的视角思考和方法启示，助力中国企业能够借鉴这些思想理论、科学方法和思维方式实现更高质量的发展。这里总结选取的一些数学思想理论和科学方法，只是庞大数学科学体系中极少的一部分，即使是其中极少的一部分也足以能够引起我们更加重视认知蕴含在数学中的伟大思想和科学方法的价值和意义，更好地掌握和有效利用数学这一强大的思想武器和科学工具，为中国企业的理性精准高效发展提供创新方向和正确路径。

一、启迪中国企业理性精准高效发展的重要数学思想理论和科学方法

数学是人类创造力的重要源泉，它深刻改变了人类对世界的认识和看待世界的方式，解释了事物运动规律的本质，数学能够超越语言文化和时空国界，用其强大的思想理论、科学方法和思维方式以及独特的语言形式、高度的抽象性、严谨的逻辑性和有效的工具性，使数学成为一切自然科学的基础，成为解决许多现实世界复杂问题最有效的方法，成为跨知识领域应用的革命性工具。

（一）数学不仅是一种系统强大的科学知识体系，而且是一种极为重要的思维方式和思想能力

数学以其深邃睿智的眼光，科学理性的思维和独特简洁的语言符号，形成了一种特殊的观察思考和解释表达万事万物的科学方法以及解决一切问题的独特思维方式，借助这种科学方法和思维方式使我们能够用数学的眼光去观察现实世界，用数学的方式将一切问题与可用于解决这些问题的数学概念、理论、程序和方法联系在一起。用数学的思维去思考现实世界，用数学的语言去表达现实世界，用数学的方法去解决现实中的问题。毕达哥拉斯主义认为，世界万物皆数，万物背后的本质和相互之间的联系，都可以通过数学去理解表达和解释描述。

数学科学的强大主要体现在四个重要能力上，即数学的抽象能力、数学的思维分析能力、数学的逻辑推理能力、数学的建模能力。这是一种独特的系统分析方法和综合推理能力，它形成了从现实问题出发，对具体问题进行抽象化处理，应用数学原理建立数学模型，将现实世界的复杂问题转化为可以通过逻辑程序方法解决的数学问题，求解数学问题并进行解释表达，将结果抽象化处理并产生概念，通过具体问题说明抽象概念内涵的全过程闭环。掌握数学这四种重要能力，并将其运用到中国企业发展的实际问题中去，将显著提高中国企业的发展能力和发展质量。在中国企业未来的发展经营中能够增加一个用数学方法和数学语言去观察思考和理解表达现实问题，用数学抽象、数学思维、逻辑推理和建立模型这四种能力去解决中国企业未来发展经营中遇到的实际问题，意义将是巨大而深远的。

对许多人而言，数学也许是一门枯燥的学科，它意味着烦琐的数字和计算、抽象的理论与证明。那些高山仰止的数学定理就像是天才们展现智商的工具。一个个精妙绝伦的逻辑证明让试图接近它的勇士胆怯，更让追随者为前人匪夷所思的思想智慧折服。

数学可以用来解释现象、描述规律、揭示真理，是观测理解世界的最佳方式。同时又可以利用数学简化问题，使解决问题过程化、程序化、原理化，而不仅仅是为了得到最终结果。自然世界和生命现象背后几乎都隐藏着数学规律，许多自然结构都与数学有关。如雪花漂亮的六角形、菠萝表皮的菱形鳞片、鸟儿群体活动的阵列等。

数学是一门研究数量、形状、结构、变化、空间和信息等抽象事物的科学。数学有三大分支：代数、几何和分析。代数是用数字、符号和方程来处理信息；几何侧重于描述物体的空间形态结构关系，而分析则是沟通几何与代数的桥梁。

为了构建对客观世界和抽象世界的完整认识，研究数学需要许多艰深晦涩的符号、概念和定理。每个人天生都具有超强的数学本领，这种本领已经内化为一种与生俱来的本能。为了生存与发展，人类必须具备数学的能力。

在远古时代，生存和安全是第一需求。那个时候的智人主要以采集和渔猎为生。为了寻找可能的食物，人们需要根据环境做出判断。为了应对潜在的危险，诸如敌对部落的攻击、大型捕食者的偷袭，人们还必须懂得如何在最短的时间内找到最优的逃生路径。这一切，几乎是瞬间在大脑里完成，仰仗着人类大脑的数学计算能力。

令人吃惊的是，直到今天，我们有了最先进的计算机和多种科学知识，但在最优路径的选择问题上，仍然无法达到最佳的结果。人类大脑在应对突发情况时展现出来的数学能力往往超乎人们的想象。

在快如闪电的乒乓球对抗赛中，运动员的大脑几乎在瞬间就指挥身体完成击球动作。而这样一个看起来极为自然的动作，在数学上却是非常复杂的问题。从抽象的角度来看，我们需要知道来球的速度、方向和旋转，然后计算出相应的回球力量、方向和旋转，并且指挥手臂的挥舞动作、肌肉的迸发力量以准确无误地回击。如果使用计算机检测到所有具体数据，并给出建议时，比赛早已经结束。同样的情况在网球、垒球等竞技体育里也展现得淋漓尽致。生活中这样的例子比比皆是。

受过训练的驾驶员可以轻易地处理复杂的交通情况，这一切都是在大脑中进行的。自动驾驶作为当今世界人工智能研究的重点方向，即使拥有了最强大的电脑计算能力，也仍然处于发展的基础阶段，暂时还无法应对现实的复杂性。从这个角度看，人类大脑的数学运算能力远远超乎人们的想象。

数学的作用之一就是能够让我们从经验和感觉的谬误和无能中解脱出来，以超越自身感觉的层次来精确地认识和理解这个世界。数学家所建立的一系列符号公式定理，更是为了用简洁的数学语言来描述外在事物的特征，以利于跨文化和种族的交流与探索。

伽利略曾经盛赞数学是上帝书写宇宙的语言，在精密的逻辑结构下，数学呈现出一幅幅具体而又抽象的美丽画卷。数学的语言，就一次次伴随着人们理解世界的深度和广度而拓展。每一个数学定理的诞生，都让我们对世界有了更多更深的认知，假想一下，如果人类没有数学语言和数学思维，我们不可能认知今天如此丰富多彩的世界，也不可能拥有今天如此强大的能力。

（二）世界唯一不变的是变，唯一永恒的是变化，微积分就是感知变化、解释变化、认知变化、预测变化的科学工具

微积分是数学中最具革命性的伟大思想和创造性工具，它是数学的灵魂。微积分的发明具有划时代的意义，它彻底改变了人类观察和理解世界的方式，并引发了人类思维方式的深刻革命；它突破了人类的传统认知，重新定义了人类对时间、空间和无穷等概念的理解方式，改变了人类对真理、现实和变化的认知模式；人类能够使用精确的语言和独特的方式，科学描述和清晰表达自然界的运行规律和演变机理。微积分从发明之日起，已经解决了难以计量的数学问题、物理问题、工程问题、经济问题和天文问题，极大地推动了人类社会生产力的发展。

简单地说，"无限细分"就是微分，"无限求和"就是积分。无限就是极限，极限的思想是微积分的基础，它是用一种运动变化的思想看待问题。并为研究事物的变化，包括时间的变化，空间的变化以及其他各种形式和内容的变化，提供了分析的框架和理解的方法。

如果将整个数学比作一棵大树，那么初等数学是树的根，名目繁多的数学分支是树枝，而树干的主要部分就是微积分。微积分堪称人类智慧最伟大的创造性成就之一。从 17 世纪开始，随

着社会的进步和生产力的发展，以及航海、天文、矿山建设等许多问题需要解决，数学也开始研究变化着的量，数学进入了"变量数学"时代，促使了微积分的发明和不断完善并成为一门独立的数学学科。整个17世纪有数十位科学家为微积分的创立做了开创性的研究，但使微积分成为数学科学的一个重要分支的还是牛顿和莱布尼茨两位数学巨匠。

虽然微积分在17世纪已成为一门独立的学科，但是，微分和积分的思想早在古代就已经产生了萌芽。公元前3世纪，古希腊的数学家、力学家阿基米德（公元前287—前212）的著作《圆的测量》和《论球与圆柱》中就已经含有微积分的萌芽，他在研究解决抛物线下的弓形面积、球和球冠面积、螺线下的面积和旋转双曲线的体积的问题中的方法就隐含着近代积分的思想。作为微积分的思想和基础理论，我国古代也有非常详尽的论述，比如庄周所著的《庄子》一书中的"天下篇"，著有"一尺之棰，日取其半，万世不竭"。三国时期的刘徽在他的割圆术中提出"割之弥细，所失弥少，割之又割以至于不可割，则与圆合体而无所失矣"。他在1615年《测量酒桶体积的新科学》一书中，就把曲线看成边数无限增大的直线形。圆的面积就是无穷多个三角形面积之和，这些都可视为典型极限思想的佳作。意大利数学家卡瓦列利在1635年出版的《连续不可分几何》，就把曲线看成无限多条线段（不可分量）拼成的。这些都为后来微积分的诞生奠定了重要思想基础。

17世纪下半叶，在前人创造性研究的基础上，英国大数学家、物理学家牛顿（1642—1727）开始从物理学的角度研究微积分，为了解决运动问题，牛顿创立了一种和物理概念直接联系的数学理论，即牛顿称之为"流数术"的理论，这是最早的微积分理论。牛顿的有关"流数术"的主要著作有《求曲边形面积》《运用无穷多项方程的计算法》和《流数术和无穷极数》。这些概念是力学概念的数学反映。牛顿认为任何运动存在于空间，依赖于时间，因而他把时间作为自变量，把和时间有关的固变量作为流量，不仅这样，他还把几何图形——线、角、体，都看作力学位移的结果。因而，一切变量都是流量。

德国数学家莱布尼茨（1646—1716）则是从几何方面独立发现了微积分。但是他的这些工作是零碎的，不连贯的，缺乏统一性。莱布尼茨创立微积分的路径和方法与牛顿完全不同。莱布尼茨通过研究曲线切线和曲线包围的面积，运用分析学方法引进微积分概念、得出运算法则。牛顿在微积分的应用上更多地结合了运动学，造诣较莱布尼茨高一筹，但莱布尼茨的表达形式采用数学符号却又远远优于牛顿一筹，既简洁又准确地揭示出微积分的实质，强有力地促进了微积分学的发展。像阿拉伯数字促进了算术与代数发展一样，莱布尼茨创造的微积分符号促进了微积分学的发展，莱布尼茨是数学史上最杰出的符号创造者之一。牛顿当时采用的微分和积分符号现在已经不用了，而莱布尼茨所采用的符号至今仍在使用。莱布尼茨比别人更早更明确地认识到，好的符号能大大节省人的思维劳动，运用符号的技巧是数学成功的关键之一。

微积分无与伦比的强大和创造性还在于它能够将各种不连续离散对象当做连续体来处理，得到近似的结果，除了在工程物理、经济领域和社会发展等方面有系统成功应用以外，微积分还广泛应用于传染病传播、免疫系统运行、基因编辑、癌症诊断、生命奥秘、信息通信等多个方面。

如果没有微积分理论或微分方程，上述应用根本不可能。微积分能够告诉我们过去没有见过现在见不到将来也无法看见或认知的东西。在某种情况下，微积分还会告诉我们一些从未存在但可能存在的事物。非线性系统和混沌状态是现实世界存在的常见现象，这两种现象既难以掌握，也难以用公式准确预测这两种系统的行为，但应用微积分的思想理论和科学方法能够找到解决这两类现象和系统行为的正确路径和有效方法。当系统中各个部分相互干扰合作或竞争就会发生非线性的相互作用，系统的最终结果和合力就不是各部分的简单相加，而是各部分的协同增效。

世界一切事物都以系统和过程而存在，而一切系统和过程都处于永恒的变化之中，感知测量变化，认知变化规律，适应控制变化，这是一个重大科学技术问题，也是人类必须具备的一个重要能力。自然世界以变为永恒，以变为美，以变为发展，以变为生命，以变为过程，以变为一切，只有变才能发展进步。而数学的重要分支微积分学就是认知变化，为变化而建立数学模型，精准求解变化，科学预测变化，揭示一切变化本质特征和固有规律的科学，是最具有价值的思想方法和计算变化的工具。

这种思想方法的价值不是停留在求出变化系统的一个具体数字上，而是求出系统变化的规律并用一个函数式来表达，用一个含有导数变量的函数式或方程式来表达。通过数学函数或数学方程表达可以准确地将系统各个变量之间的数量关系、变化规律、变化方向、变化趋势以及变化程度都集中在一个函数式或方程式中，而函数式或方程式是一种无实体的规则和高度抽象虚构的规则。现代企业的一切是发展，而一切的发展都是在各种变化中进行，中国企业掌握了用微积分感知认识变化和解决变化问题的思想理论和科学方法将受益无穷。

（三）数学强大的抽象方法是解决现实复杂问题的关键路径和有效工具

数学科学的最大特点是抽象。数学抽象是数学四大核心功能之一，抽象分析就是不断忽略或舍去现实问题中的具体条件、背景要素和表面现象，把具体现象进行抽象化处理，从实际问题中提出规律和概念，将本质性的东西提取出来，得出具有普遍性的概念规律原理，并用数学符号进行运算，再将抽象结果回到具体问题中去，通过具体问题来表达或解释相关抽象的概念。

数学对象都是抽象思维的产物。所谓抽象思维，一般指抽出同类事物共同的、本质的属性或特征，舍弃非本质的属性或特征的过程。任何事物待抽象出来的本质属性或特征原本就存在于同类的事物中，抽象的过程只是把它们分离出来。抽象思想需要先对事物进行分类和识别，抽象出来的属性或特征，必须是事物的本质属性或特征，是决定事物非本质属性或特征的东西。

具有抽象思维能力才能产生科学，抽象思维主要是归纳与假设，演绎与推理手段，揭示事物的本质特征和规律联系以及底层原理。抽象是从众多事物中舍弃事物个别的、非本质的属性，抽取出本质属性的过程和方法。数学抽象是一种特殊抽象，是仅仅从事物量的属性和之间量化关系进行的抽象。数学所研究的基本概念不是现实的存在，是人们在数量和图形方面对事物本质进行抽象的结果。数学抽象除具有一般抽象的共性以外，还具有自身的一些特点，可从数学抽象的内容、方法和程度上来解释。

思维是人脑借助于语言对事物的概括和间接的反应过程。思维是对新输入信息与脑内储存知识经验进行一系列复杂的心智操作过程。思维以感知为基础又超越感知的界限。思维是探索与发现事物的内在本质联系和规律性，是人类认识过程的高级阶段。根据思维活动凭借物的不同，可将人类思维分为动作思维、形象思维和抽象思维。

数学来源于生活，数学家将具有共同特性的事物集中起来，穿透到这些事物的背后，暂时撇开偶然的、具体的、繁杂的、零散的事物的表象，在感觉不到的地方去抽取事物的本质和共性，形成数学概念，并且用规范的数学概念进一步推理判断，发现事物存在的数学规律，得到新的数学概念或数学结论。

用字母表示数、数量关系以及事物之间的联系规律，将复杂的现实问题简化为数学符号语言，并通过符号语言系统建立起来的规律进行运算、推理、验证，使一切问题通过数学这个体系变得更加抽象、直观、清晰，系统更加深刻和强大，而不受任何问题本身的限制。数学语言是具有准确性、智慧性和创造力的工具，是人类智慧的结晶，是我们理解世界最佳的手段。用数学语言能够让我们准确地描述和研究数学概念和各种问题。而且只能用数学语言才能将复杂的现实问题描述转化为数学问题进行求解或进行量化分析。数学的语言和工具几乎可以在人类一切知识领域得到广泛成功的应用。

数学抽象思想的意义和价值在于，它主动忽略舍弃了事物的具体背景、要素和条件，把具体问题和现象进行抽象化处理，抽丝剥茧，筛选出具有本质意义和普遍性的根本原理。在现实中，许多问题如不做抽象化处理，根本无法理解，更不要说找到解决方案，只有经过抽象化处理，简化复杂的问题，才能把握事物的本质，才能将现实问题转化为数学问题，才能应用数学的思想、理论和方法去科学理解。

（四）深刻认知并创造性利用无穷、极限等概念

无穷或无限，来自拉丁文"infinitas"，即"没有边界"的意思。其数学符号为∞。它在科学、神学、哲学、数学和日常生活中有着不同的概念。在数学方面，无穷与下述的主题或概念相关：数学的极限、阿列夫数、集合论中的类、戴德金无限集合、罗素悖论、超实数、射影几何、扩展的实数轴以及绝对无限。在一些主题或概念中，无穷被认为是一个超越边界而增加的概念，而不是一个具体的数。

无穷（无限）是对有穷（有限）而言的。无穷不仅是哲学和天文学的重要课题，而且是数学的重要课题，数学分析在一定意义上就是"无限的科学"。在数学发展史上，几次数学基础的危机都同无穷有直接关系。

数学中的无穷主要是指无穷过程、无穷大、无穷小、无穷集合、无穷序列和无穷级数。其中无穷过程、无穷大与无穷小起源

于古代人们的直观，它们被用于数学后，通过人们的思维加工，形成了数学中的潜无穷与实无穷概念。无穷集合、无穷序列和无穷级数则是在数学相当发展的基础上再次抽象而成的数学概念，均属于实无穷范畴。因此，数学中无穷的历史实际是潜无穷与实无穷在数学中合理性的历史。

在无穷的认识史上，亚里士多德（公元前384—322）第一个明确地指出，研究无穷与研究有穷一样具有同样重要的意义。亚里士多德第一次把无穷明确地区分为潜无穷与实无穷两种形式。他认为前者的特点是"此外永有"，而后者的特点则是"此外全无"。他在对无穷作了这样区分之后明确指出，无穷只能是"潜能上的存在"，而不是实在的存在，可见在对待两种无限的态度上他同柏拉图的无限观相反，对实无穷采取排斥的态度。他的理由是，说无限潜在地存在，意思并不是说，它会在什么时候现实地具有独立的存在，它的潜在的存在只是对知识而言。因为分割的过程永远不会告终，这件事实保证了这种活动潜在地存在，却并不保证无限独立地存在。

如果说在亚里士多德以前，两种无穷主要是哲学问题，用它们解决数学问题是个别的，那么自亚里士多德以后，无穷正式进入数学，且成为数学和数学基础研究的一个焦点。

既然无穷大和无穷小都只是人们头脑中的抽象概念，在自然界中找不到具体的确定的实物与之对应，那为什么还要研究这个问题呢？最主要的原因是不确定性。数学是一门精密逻辑语言，它是研究精确性和确定性的学问，数学的目标之一就是要给研究对象一个精确性和确定性的答案。同时数学是人脑思维的语言，思维指导行动。所以在我们对现实本质的认识中，数学上的不确定性会导致物理现实上的不确定性。

微积分能够利用无穷来研究有穷，用无限来研究有限，用直线来研究曲线，用无穷级数不断逼近的方法，研究量化曲线的几何特征，为人类认知现实世界开辟了一个全新的视野，提供了一个无可匹敌的方法。无穷大、无穷小有许多重要特征，它能在现实中又无不存在，在无穷处一切都变得简单，因为有了它们一切复杂问题的计算成为可能，并且能够得出精确的答案。这就是无穷大和无穷小概念和思想的重要价值，如果没有这些概念和思想的引入，许多数学问题至今都无法求解，许多公理都无法准确定义和推理，许多复杂解都无法结论化而最终得到精确解。

（五）微分方程的建立、求解和解释是现代数学成功应用于各领域最主要的方式和手段

历史表明，人类文明的每一次进步飞跃，总是以数学成果的井喷式涌现为前奏。当现有的数学工具无法解决世界的问题，进而无法满足社会生产、生活的需要，也就意味着数学上新的瓶颈就要被突破。

牛顿和莱布尼茨发明微分和积分运算时，指出了它们两种运算的互逆性，事实上这是解决了最简单的微分方程 $y'=f(x)$ 的求解问题。当人们用微积分学去研究几何学、力学、物理学、工程学、经济学等所提出的问题时，微分方程就大量地涌现出来，并提升到了一个全新的高度。

力学、天文学、几何学、工程学、经济学等领域的许多问题

的描述和求解都需要用微分方程。20 世纪以来，随着大量的边缘科学诸如电磁流体力学、化学流体力学、动力气象学、海洋动力学、地下水动力学等的产生和发展，也出现不少新型的微分方程和偏微分方程。

在当代，甚至许多社会科学的问题也导致许多新的微分方程的建立，如人口发展模型、交通流量模型、传染病传播模型等。

微分方程的研究与应用与人类社会密切相关。当初，数学家把精力集中放在求微分方程的通解上，后来证明这一切不可能，于是逐步放弃了这一奢望，而转向求定解问题，即初值问题、边值问题、混合问题等。但是，即便是一阶常微分方程，初等解（化为积分形式）也被证明不可能，于是转向定量方法（数值计算）和定性方法，而这首先需要解决微分方程解的存在性、唯一性等理论问题。

虽然微分方程没有明确的公式解，但我们仍然可以通过分析微分方程的形式以及各参数的含义和特定值，推导出微分方程解的结构及其变化规律，这仍然极具价值，通过微分方程这个性质，我们可以找到近似解和解的范围、性质以及检查解的数值和有效性，对科学决策具有重要参考价值。

通过建立微分方程或偏微分方程，可以为解决许多复杂重大现实问题建立起一座桥梁，通过这座桥梁可将绝大多数现实问题直接转化为数学问题。因为现实中许多复杂问题都是多维度、多元影响因子、多目标和多约束条件下的动态变化求极值或求最优解的问题，只能用微分方程或偏微分方程模拟或表达，通过求解微方程或偏微分方程，使数学问题得到解答，通过对数学结果进行解释，又将结果还原为现实问题，完成对现实问题的求解。所有复杂变化的问题都能在一定的假设前提下建立起微积分程或偏微分方程，而所有微分方程的求解都是高度抽象化的结果，尽管在逻辑上准确无误，但有时其结果很难让人理解，必须将结果与具体问题连接起来，进行表达或解释。这一思想和方法体现了数学微积分的强大和价值。

微分方程或偏微分方程是一种强大的数学工具，它是揭示宇宙奥秘和运行规律的钥匙，在多个领域已经成为一种强有力和十分有用的系统模型和预测工具，能够帮助人类认识和解决关系生存与发展的许多重大问题，预测系统未来的变化趋势及其发展规律，在应对全球气候变化、防治传染疾病、优化经济系统、求解多变量、多目标、多约束条件下最优问题等方面能够发挥不可替代的神奇作用，微分方程或偏微分方程，过去、现在和未来都是一种无与伦比的数学工具和赋能手段。

（六）傅里叶级数和傅里叶变换提供了求解微分方程通解的有效方法

周期性现象是自然界中一种常见的现象，在科学研究与物理工程中也经常遇到，这种现象可以用周期函数来表示，而任何周期函数都可以用不同振幅和频率的正弦或余弦函数或两者和的形式作为构建单元，不断叠加组合而成，而且只要用足够多的正弦或余弦函数叠加，就可以不断逼近原函数。利用这一理论与方法，绝大多数非周期性函数也可以在给定的条件下展开为一系列三角函数的无穷求和形式，即傅里叶级数，通过进行傅里叶变换，我们可以形成各种需要的完全由三角级数表示的函数式，也可以将一般函数拆分为一组正弦或余弦函数，而正弦或余弦函数都具有一个非常突出的优点，即它们与导数之间均具有很好的融洽性。

傅里叶变换的核心思想是时空中的任何变化模式都可以被看作不同频率振幅的正弦或余弦模式的叠加，提供一种信号随时间变化的函数，通过傅里叶变化可以找出任何变化模式中的频率信息。将时域分析转变为频域分析，提供一种新的方法来观察世界。傅里叶级数的本质是将一个周期信号分解成无限多分开的离散的正弦坡。

任何一个正弦函数的导数都是另一个正弦函数，两者之间存在 1/4 的周期位移，而且对正弦函数求导两次，就相当于让原函数乘以 –1，两者之间可以用一次简单的乘法运算代替两次求导运算。对大多数函数而言，求导运算都比较复杂，而且求导前后，函数曲线形状会发生扭曲，并与原函数曲线形状不一样。但对正弦函数求导两次，意味着将函数周期提前 1/2 个周期，原来的曲线形状风格完全颠倒，这一方法极具价值。如果任意函数曲线都可以用有限或无限个正弦或余弦函数曲线叠加构成，那么函数曲线将继承正弦或余弦函数的曲线特征和优点，就可以通过傅立叶变换找到复杂函数或曲线的一种类似通解，给多种类型曲线或偏微分方程提供一个统一、有效的求解方法。

非周期性函数我们可以将其看成周期为无穷大的周期性函数，也可以得到傅里叶变换，当然它必须满足傅里叶变换的充分条件。我们还可以把不满足傅里叶变换的非周期函数，通过拉普拉斯变换，使傅里叶变换能在更大范围和更一般条件下使用。而拉普拉斯变换将使微分方程的解变得简单容易。

在多数情况下，复杂函数曲线或偏微分方程的求解十分困难，现实中的类似问题更是如此，傅里叶级数和傅里叶变换，不仅开辟了解决复杂问题的一个理论路径和科学方法，而且应用这个理论和方法，使复杂函数或复杂问题的求解过程大大简化，使一些不可能变为可能。这一理论和方法给我们带来了深刻的启迪，将此应用于工程物理和经济发展意义非凡。

（七）随机思想：必然数学到或然数学的一次深刻变革

现实生活中的许多现象都是随机现象，如气候变化、物价变化、体育比赛、汽车流量、彩票中奖等。这些随机现象，如果能够准确地预测其发生可能性的大小，就会为我们的工作和生活带来很多方便。事实上，随着科学技术的发展，人们已经能够对一些随机现象做出比较准确的预测，如气象部门已经能够比较准确地预报 24 小时内天气变化。

自然界和社会活动中有两类截然不同的现象：一类是必然现象，即在一定的条件下必然会发生或必然不会发生的现象；另一类是随机现象，即在一定条件下可能会发生某种结果，也可能不发生某种结果。研究随机现象的数学叫做随机数学，是数学思想方法上的又一次重大变革。概率论是随机数学的基础理论，也是历史上最早出现的随机数学分支，在保险理论、人口统计以及天文学和物理学中都有广泛的应用。

长期以来，数学的研究对象通常都是必然现象，在一定条件下必然产生某种结果或者必然不发生某种结果，即条件和结果之间存在着必然的因果联系，而用以描述和研究必然现象的量及其关系的数学，称为必然数学，如几何、代数、微积分等。然而现实世界中，除了必然现象，还有或然或随机现象，在一定条件下可能发生也可能不发生某种结果的现象，其条件与结果之间不存在必然的联系。或然现象不能用必然数学进行精确描述，但是这并不意味着不能从数量上描述和研究或然现象的规律。

随机数学思想方法的意义使人们更加深刻、全面地认识到现实世界中的统计规律，从而拓宽了数学在实践中的应用范围，进一步促进了数学思想方法的普及，促进了数学思想方法的新拓展，并产生了许多新的数学学科和分支，推动了数学的新发展。

（八）混沌思想：用自然的视角理解自然

正如《礼记·经解》中所说"差若毫厘，谬以千里"，混沌理论的种子在不知不觉中被哲学家和科学家们埋下。混沌（chaos）理论是数学科学中一门年轻的分支，自理论创立以来，在科学界被广泛认同，虽然至今只有几十年时间。但它的建立却经历了漫长、曲折的过程。

混沌理论中最著名的例子是蝴蝶效应。蝴蝶效应指出，初始状态的微小偏差在混沌系统中可以产生巨大且不可预测的影响。例如，在巴西的热带雨林，一只蝴蝶的一次翅膀扇动就能在美国德克萨斯州引发一场飓风，这仅仅是因为一股微小的气流。事实上，自然界存在许多因微小的微观行为引发宏大的宏观运动的现象，只是目前还未找到两者内部联系的机理。但它们的存在正在挑战着传统的数学和物理定律。这些例子象征着混沌理论。

有人说，混沌理论令人振奋也令人忧患，因为它不仅是开启简化复杂现象的钥匙，也导致对传统科学真理的怀疑；混沌理论是迷人的也是美的，因为它不仅体现了数学、物理和科学技术的相互作用，还将数学的美渗透到人类生活中的各个方面。

总之，科学意义上的混沌不是简单的无序和混乱，而是没有明显的周期和对称，但确具有丰富内层次的有序状态。诺贝尔物理学奖获得者普利高津指出，混沌与有序同在，混沌系统中，有序通过自组织过程，从无序和混沌中自发产生出来。

随着科学的发展，混沌的深刻意义和广泛影响逐渐引起人们的注意。由于确定性方程中非线性项的存在而引发的系统随机状态，勾起越来越多人的好奇心，并进行了很多探究。直到洛伦兹在研究天气系统的过程中，给出了一个明确的方程式模型来描述混沌。他的"对初始条件敏感性"，或称"蝴蝶效应"走进了大众视野。这个现象终于开始让人们尝试去进行理论分析，最终由梅尔斯的"马蹄映射"将其做了数学意义上的严格证明。

混沌理论由一种思想，经过模型实现后又经由数学的证明与完善，最终成为一套较为完备的理论体系，并进入多个不同学科领域，如工程技术和计算机科学，为实践与应用提供指导。而我们稍加注意后也越来越发现，混沌在我们生活中其实无处不在。应该学习理解掌握这个科学理论和基本方法以指导实践。

（九）数学之美

"数学不仅至真，而且至美。"这是数学家、哲学家、诺贝尔文学奖获得者伯特兰·罗素（Bertrand Russell）在其《数学研究》里面的一段论述。数学建立在一系列精准严谨概念和公理基础之上，除了具有知识功能、思想功能、赋能功能、创造功能、工具功能，还具有独特的美学功能和文化功能。

数学美学是人类文明史上重要的文化结晶之一。从表面上看，数学是一门枯燥无味的学科。而事实上，数学既干净又纯洁，是最高尚的艺术。数学具有丰富的内容和独特的均衡有序的思维之美、简洁精确的逻辑之美、度量万物的直观之美，探索奥秘的创造之美。

1. 简洁之美

简捷、明快、大方的美感就是一种简洁美。爱因斯坦曾经说过："美，本质上终究是简单性。"他曾提出这样一个观点，借助数学我们可以得到最为简单，也就是最为简洁的美感。数学美的简洁性，包括符号美、抽象美、逻辑美、统一美、常数美、方程美。数学理论的过人之处之一就在于能用简洁的方式揭示复杂的现象。数学美的简洁性是数学美的重要标志，它是指数学的证明方法、表达形式、理论体系和方程结构的简单性。主要包括符号美、抽象美、统一美和常数美等。有人说，文学家能将一句话拓展成一本书，数学家则把一句话缩为一个符号，其简洁性无与伦比，体现为符号美；数学家关注万事万物的共同特质数与形，忽略其具体物质属性，高度的抽象性使数学内涵丰富、寓意深刻、言简意赅、应用广泛，展示着抽象美；数学家建立不同事物之间的联系，阐述自然与社会现象、连接数学与物理现象并发现其相同点，表现为统一美；数学家寻求变化中的永恒，动态中的静止，用常数或不变量描述事物本质，带给人们常数美。而数学美学中对于简洁的体现也十分直接明了，其中最为明显的就是数学命题中对于简洁的体现。常用到的公式也能体现出数学的简洁美。例如：函数 $y=f(x)$，用 x, y 来表达式子中的两个变量，简洁明了地将两个变量之间的关系表达出来，这也能体现出数学的简洁美，再比如勾股定理，一句"勾三股四弦五"就将复杂的数学定理清晰简要地阐释出来，仅仅利用最简单的符号和数字，就能够表达丰富的含义和深刻的定律，这是其他语言所不能传递的。

2. 和谐之美

数学美的和谐性，包括对称美、结构美、序列美、节奏美、协调美。和谐即雅致、严谨或形式结构的无矛盾性。数学美的和谐性也是数学结构美的重要标志，数学的整体与部分、部分与部分之间的和谐协调性，具体体现为对称美、序列美、节奏美、协调美等。其中对称美反映的是万事万物变化中的某种不变性，它包含着结构匀称、平衡与稳定；序列美、节奏美和协调美，反映的是万事万物变化中的某种秩序、联系和规律。其中，黄金分割（Golden ratio，也叫作黄金分割率）就是数学和谐之美的典型代表。黄金分割是一个神秘的数学比例，被认为是许多艺术作品背后所隐藏的密码。黄金比例触动人们从感官上对美的欣赏，引起对审美的共鸣，以至于文艺复兴期间它曾被称作"神圣比例"。将黄金分割应用到自己创作中的著名画家有达·芬奇、米开朗琪罗和桑德罗·波提切利。名画《蒙娜丽莎》、雕塑《断臂的维纳斯》的构图都暗含了黄金分割，这种几何比例被视为创造了美学上令人愉悦珍品的关键所在。黄金分割在艺术中更是广泛运用，该比例在摄影、设计等现代艺术领域中颇具吸引力。通过对德彪西、贝拉·巴托克和埃里克·萨蒂的作品分析表明，黄金比例甚至也应用于音乐创作的美妙旋律之中，成为旋律历久弥新的法宝。

3. 数学美的奇异性

包括奇异美、有限美、神秘美、对比美等。数学美的奇异性是指研究对象不能用任何现成的理论解释的特殊性质。奇异是一种美，奇异到极致更是一种美。数学的奇异美包括有限美、神秘美、对比美。有限美是指以有限认识、表达研究无限，具有神奇之功；神秘美是指某些结论不可思议甚至无法验证，但却绝对正确无疑；对比美主要指数学中的突变现象形成巨大的反差，令人惊叹。例如，二进制中 0 与 1 的丰富含义，正多面体的个数有限性，数学归纳法的两步证明等都体现了有限美；抽屉原理证明的各种存在性，超越数、幻方等都体现了神秘美；所有分类图形的复杂与美丽，勾股定理产生的勾股方程与费马猜想的反差等都反映了对比美。

数学之美是数学科学性和本质的一种外在表现，它反映隐藏在事物背后的本质和规律具有美的特征和个性。我们可以将数学之美的思想和特性应用于工程领域、经济领域和社会领域，让世界增添更多美感和丰富多彩。

二、数学的思想理论、科学方法和思维方式的重要价值及其在经济领域的成功应用

数学既是一种科学知识、也是一种思维方式和科学方法，还是一种探索性和创造性的工具，是现代理性文化的核心。在世界历次科技革命中，数学都起到了先导性和支柱性作用。中国企业的决策者和经营管理者或许不需要掌握深奥的具体的数学知识和具体的数学思想理论，但应该深知数学的功能作用和价值意义，掌握一些重要的数学思想和思维方式，因为数学不仅是一种系统科学的知识，而且是一种重要的思维能力，一种极具价值的科技创新资源，也是一种生智增慧并赋予人类独特的创造性能力和解决问题能力的科学方法和有效工具。

（一）数学的思想理论、科学方法和思维方式的重要价值及其意义

数学作为一门系统、严谨、科学的知识体系，形成了一套完整的理论框架、公理系统、推理逻辑和科学方法，尤其是数学理论背后的思想方法和思维方式具有创造性的应用价值和变革时代的力量。在所有的科学领域中都享有崇高的地位，至今仍然发挥着至关重要的作用。

数学是人类认知理解现实复杂问题的科学思维方法。数学作为自然科学的基础，其研究实力往往影响着国家实力。人类几乎所有的重大发现和重大工程都与数学的发展相关，数学是学习和研究现代科学技术必不可少的基本工具。数学是自然科学的基础，

也是重大技术创新高效发展的基础，并成为航空航天、国防安全、生物医药、信息技术、能源变革、海洋工程、人工智能、先进制造等领域不可或缺的重要支撑。

数学的本质在于数学思维。数学思维是指在思考和解决问题过程中对数学思想、理论方法的合理运用能力。数学思维不仅是一种知识和方法，而且是一种重要能力。数学思维是搭建数学世界最重要的根基，不管是纯粹的数学学习与数学研究，还是把数学工具应用到其他领域，数学思维都发挥着至关重要的作用。它帮助我们揭示问题、理解事物，而且提供解决问题和预测未来的强大工具和动力引擎，帮助我们构建了一个认知分析问题的科学严谨方法的框架，使我们能够以精确、严谨、科学、快捷的方式描述、理解、分析、推断各种现象和事物。

数学能够为我们提供一个解决现实复杂问题通用的分析框架和基本路径，不断拓展数学的应用领域，而新的应用又不断拓展完善，成为更加有效的数学分析框架和思维方式，使其中的思想理论和科学方法不断与时俱进，不断创新并充满生命活力和发展潜力。

万物皆数的思想、万物之间的关系可以用数学的语言、符号、公式和定理进行表述，使一切事物和现象清晰、简单、明了，我们可以从中找到它们共同的规律法则和相互之间的联系，并且用一系列方程的形式进行表述解释。宇宙的本质是运动变化，世界上唯一不变就是变化；感知变化、科学描述变化，并揭示变化的规律，在此基础上对变化进行科学预测。以微积分为代表的数学工具提供了对变化、变化量的改变、变化量的积累规律一个科学的分析框架、演进的分析方法和可计算的操作程序，这是微积分最重要的价值和意义。

从万物皆数到万物皆变化、万物皆连接，到万物皆信息、万物皆价值；从数字到变化，从变化到连接，从连接到信息，从信息到数据，数学给予我们一个全新的世界和认识世界的方法，数字改变世界，变化改变世界、连接改变世界，信息改变世界，思维改变世界，价值丰富世界。

无穷的思想是极富成果的洞见源泉，并且具有巨大的吸引力，它帮助人类对任何复杂的事情、现象、运动、曲线都可以进行无穷分解，使它们变得简单可解。无穷是一个伟大的思想，当你给无穷加 1 的时候它不会变大，即使给无穷加上无穷仍然还是无穷。无穷小是小于一切但大于零，现实中并不存在的数，一旦有了它，使许多复杂问题的求解变得可能和精准。无穷这种特殊属性，使它成为数学微积分的理论基础、分析工具和方法手段，这种思想创建了微积分。

用数学模型对现实复杂问题进行简化表述，极具价值，它不仅便于我们理解和描述复杂问题，而且它能够提供一种有效工具。将数学模型中的函数式表示物体的规律，将数学模型中的方程作为解决问题的利器，使我们能够快速将复杂的现实问题转化为数学问题进行求解，同时它还能帮助我们预测未来并指导决策过程。

数学是定量分析最强大的工具，而定量分析是科学精准决策的前提。以数学定量的方式看待理解世界和分析问题，有助于我们克服偏见、信仰而产生的思维偏差，看清事实和事物的真相。

用已知熟悉的指数曲线，正弦曲线，以及他们的特殊属性作为构建单元，对一些复杂函数曲线和方程进行不断模拟变换迭代，成为具有这些已知函数曲线特性的曲线或函数，使一些十分复杂而无法解决的问题，用这种方法和工具成为可能。

将现实世界中的复杂问题，用数学抽象法将具象变为抽象，使之虚构成为简单的数学问题和数学关系，通过研究实际问题的本质特征和内在规律，抓住主要问题，忽略次要问题，建立反映本质问题的数学关系或数学模型，用成熟的数学理论和方法工具进行符号运算，分析求解问题，并将结果返回现实世界，予以验证。通过数学抽象或数学模型这个通往现实世界的桥梁，通过具象到抽象的数学方法，可使我们的能力大增，使一切复杂的问题迎刃而解。

一些科学技术的重大创新应用，都可以通过建立微分方程或偏微分方程并进行求解和解释来体现，实施这个过程需要熟练掌握数学抽象、数学思维、数学逻辑推理和数学建模四大核心能力。

数学思维是最能体现理性精神的思维方式，这种思维方式能够启发指引人类发现重大科学规律，研究许多复杂问题，高效精准使用资源并取得最佳的效果。

世界万事万物都以系统的方式存在，任何系统都是一个过程，而任何过程都处在永恒的变化之中并以各种状态的方式呈现出暂态和稳态。系统、过程、状态三者高度相关并始终处于永恒的发展变化之中，都有其内在的运行机理、逻辑关系和发展规律，数学中的微分方程和偏微分方程是描述和揭示这种系统变化过程和发展变化规律最有效的工具，而且还能为我们提高科学决策、优化系统性能提供量化基础。

通过数学科学的思想理论、科学方法和思维方式，培养用数学的眼光观察现实世界，用数学的思维思考现实世界，用数学的语言表达现实世界，培养重理论、有条理、强逻辑的思想品质，培养科学态度与理性精神，用数据分析解释结果，预测不确定现象，形成合理的判断和科学决策。

数学思维是分析问题、解决问题的有效方法和科学决策的重要基础。数学思维比数学计算和证明更为重要，它是指用数学知识来解决问题的思考方式，它更强调逻辑性、抽象性和精确性，它可以为我们提供解决问题的清晰思路和科学有效的方法，能够启迪丰富我们的思维方式。学习掌握和实践运用这些思维方式能给中国企业高质量发展带来更广阔的可能，并深刻影响中国企业的发展、经营、决策的思维方式和行为方式。数学思维主要有以下特征、属性和方法。

1. 将现实问题抽象化、数学化，数形结合

将自然语言描述表达的现实问题抽象成数学语言描述的数学问题，是数学思维的方法起点，也是解决现实问题的关键。数学思维的抽象方法可以改变深化我们对现实问题的看法和描述方式，帮助我们找到现实问题背后的数学规律和重要因果关系以及变量之间的相关关系，能够通过运用数学工具对现实问题进行科学求解。数学思维认为，自然界和经济领域中的绝大多数现实问题都可以用数学公式来表达，在对现实问题进行抽象化数学化的过程中，可以从现象、问题、概念、推理、结果等不同层次上进行抽象，使现实问题的本质更加清晰，同时还可以进行数形结合，用几何图形辅助解决数学问题，也可以用代数问题来解决几何问题，以增强解决问题的直观感。

2. 将复杂问题简单化、理想化，构建简单形式

所有科学问题在本质上都是简单有序的，用简单概念阐明科学问题是数学思维的一种基本方法。数学思维一个重要思想就是让复杂问题简单化、理想化，以便帮助人们更好地认识理解问题的本质。数学思维通过假设前提条件、忽略次要因素，将复杂问题转化为简单的形式，这是解决复杂问题的有效方法，也是数学思维的一个重要价值。现实中许多复杂问题不转化为简单的形式，往往无法解决，复杂的数学模型也必须简化为更简单的形式，否则毫无用处。数学中的简单和不合理性，往往具有宏观上的正确性和科学性。

3. 将众多问题分类化、标准化，更好地解决普遍性问题

将众多问题根据不同的特征和性质进行分类和研究，并将其标准化用以指导得出具体的结论和全面结论，可以帮助我们更好地理解众多问题间的结构和相互关系，找到解决众多问题的切入点和突破口，利用这种思维方式，能够给我们带来许多创新和启示，并可深入探究更普遍的规律，更好地解决众多问题。

4. 将分析问题动态化、定量化，定量、定性融为一体

以动态的眼光和定量的方式分析问题，是数学思维方式的突出特点和价值所在，它能够使我们克服认识问题的偏见、惯性和偏差，关注问题变化的趋势和规律，重视从事物变化中把握问题、结构和性质以及变化的过程，而不只是为得到一个具体的数学结果。在重视动态化分析和量化计算过程的同时，将事物具有决定性影响的定性因素与定量因素融为一体，从更高层次上进行综合分析，为科学决策提供正确依据，这是数学思维方式的一个创新。

5. 将解决问题过程化、系统化，重视底层原理和规律

数学思维强调将一些重大问题都看成一个系统整体和复杂的过程，认为系统在变化的过程中都会呈现出暂态和稳态。解决问题不仅要注重问题的结果，而且要注重解决问题的过程和原理以及底层规律。解决问题要善用各种成熟的数学模型和工具，并根据解决问题的需要不断创造构建新模型和适用工具，遇到新问题不轻易重新定义问题和提出新概念，而是将新问题转化为熟悉的问题以及形成以目标为导向的结构系统，进行求解。

6. 将不确定性问题概率化，在不确定性中找确定性

对待不确定性问题，用概率来描述其不确定性，并努力找到不确定性背后的规律，以及一定限制性约束条件下的确定性，把握由于问题的不确定性而导致的风险以及发生风险的可能程度，这既是数学思维的重要方法，也是一个科学有效的工具，它可以帮助我们提高对这类不确定性问题的认知理解和处理能力。

7. 将决策问题最优化、模型化

现实中大量的决策问题都可以划归为最优化问题，而最优化问题大都可通过成熟的数学模型进行求解。最优化问题遍布各行各业，涉及企业发展经营的始终，通常都可以将其通过数学语言和函数关系，把最优化问题背后的物理原理、生物机理和经济规律等联系起来融合在一起，纳入决策变量、目标函数和约束条件三要素为核心组成的数学模型，转化为在约束条件下求函数极值问题进行精准求解，并根据实际问题进行分析判断。这一方法快捷精准有效，是数学思维的成功应用和重要价值体现。

8. 将方程和数据进行变换，从不同的角度看问题、解决问题，对微分方程和数据变换后，可以简化微分方程，以便求解，同时更易于数据的处理，或更易于解释问题背后的原因

特别是能够获得不同的角度、域度的观点与见解，可以拓宽我们认识问题的广度或深度。对同一个问题变换一个角度或从多个角度认识分析问题是数学思想的重要方式。

9. 将不同的思想、理论、方法、知识、规律和特定问题联系起来，构建认知框架和知识体系

人类创造的本质就是将不同的事物以一种新奇的方式连接起来，整合在一起，形成一种新的认知框架和结构体系，让参与连接的不同事物都能够创造新的价值，将毫不相干的信息知识、思想、理论、数据、案例与一个特定问题主题或目标联系在一起，形成一个新的知识体系和思想体系，这既是一个具有重要价值的思维方式和科学方法，也是一种创造性的创新能力，这种思维方式和构建框架能力的掌握，不仅可以大大提高中国企业对现实问题的认知，而且可以将各种知识、理论、模型、方法融会贯通，形成新的知识、思想和理论为中国企业赋能增智，极大提升中国企业的创造能力和创新能力。

数学思维能够赋予中国企业智慧和力量，使中国企业能够理性高效认识新事物的本质，简化强化放大新的认知，能帮助中国企业快捷有效地做出正确选择，进行科学决策并成功指导实践。

（二）数学在经济领域的成功应用和巨大成就，充分展示了数学的思想理论、科学方法和思维方式的重要价值和深远意义

数学的发明与力量，从知识到智慧，从智慧到赋能，从赋能到方法，从方法到工具，从工具到创造，从创造到新的知识、新的智慧、新的能力、新的方法和新的工具的创新发展，以至于无穷循环螺旋迭代提升，这是数学思想和思维方式又一重要意义和价值所在，也是区别于其他科学和思维方式的显著特征。

经济学的进步与成功，得益于数学理论和方法的广泛应用。近代以来，数学科学的思想方法和思维方式，在各个领域都有广泛的应用实践并取得了巨大成功，不仅充分展现了其重要价值和巨大意义，而且再次展现了数学思想方法和思维方式的应用发展前景。经济领域只是其中的一个典型领域。

诺贝尔经济学奖从 1969 年开始颁奖，至今已有 40 届，从获奖者及获奖内容来看，有一个十分明显的事实，就是将数学思想和数学方法与经济学研究巧妙地结合在一起，几乎所有的获奖成果都用到了数学工具，其中一半以上的获奖者都是具有深厚数学功底的经济学家，少数获奖者本身就是著名的数学家：如 1975 年诺奖得主苏联数学家列昂尼德·康托洛维奇，1983 年诺奖得主法籍美国数学家罗拉尔·德布罗，1994 年诺奖得主美国数学家约翰·纳什。从诺贝尔经济学奖获奖成果分析，经济学中的数学思想和数学方法，有着非常重要的意义。

20 世纪 70 年代，当时主观色彩浓厚的经济学理论越来越不能适应现实的需要，经济现象间的关系用单纯的因果关系来解释已经行不通，例如不能简单地判定消费增加是因为收入增加还是经济好转。因此经济学家开始把数学工具运用到经济学研究中，数学的思维方式和数学的科学分析方法为广大经济学家所重视，对经济学的发展产生了巨大的影响，例如最优化的思想和方法对经济学的发展产生过深刻的影响。

用数学方法直接解答经济问题。现代经济学的进展很大程度上得益于数学的发展，有人做过统计，诺贝尔经济学奖中90%以上是因为科学、深刻、恰当地应用了数学方法而获奖的，涉及的数学问题几乎全是现代数学，包括数理统计、随机过程、线性规划、微分方程、差分方程、最优规划、投入产出、控制论、不动点理论、拓扑论、泛函分析、微分几何、组合数学、群论、博弈论、对策论等。用数学方法解答经济问题是数学的主要功能之一，常用的方法有投入产出方法、线性规划方法、计量经济学方法、数理经济学方法等。计量经济学是在定性分析的基础上，探讨用经济数学模型定量描述随机性特征的经济变量关系和经济活动规律的应用经济学科，它从一开始便具有直接针对现实经济问题，实用性很强。计量经济学诞生后，很快显示出勃勃生机，诺奖得主中大多数是计量经济学家。

数学方法给经济学理论提供严格证明，使用数学方法得出用语言文字无法得到证明的经济学结论。历史上用数学方法证明经济学理论不乏其例，如诺奖中使用的一种数学方法——数理经济学方法，这种方法是从经济现象中提炼出一些假设，从这些假设出发，运用抽象的数学推导，建立反映经济现象的数学模型，这种方法又称为公理化方法。

在经济学中最早使用公理化方法的是 1972 年诺奖得主肯尼斯·约瑟夫·阿罗，阿罗既是经济学家又是数学家，他深入研究了经济均衡理论和福利理论。他通过对福利政策的研究，提出了反映伦理上可接受的民主原则的公理系统，通过这一公理系统，阿罗给出了社会福利函数的不可能定理，即满足公理系统的公共选择，或社会福利函数不存在。换句话说，他从数学上证明了天底下根本不存在绝对的民主，这一结论被称为"阿罗不可能性选择公理"。

现代经济学的发展，已越来越明显地向定量化、数量化方向发展。数学已经成为经济学研究的国际通用语言，把母语不同的人们联系起来。经济学家借用数学作为研究工具，数倍地扩展了对经济现象的认识能力，大大提高了经济理论的准确性、实用性。正如马克思所指出："一门科学只有在成功地运用数学时，才算达到了真正完善的地步。"

（三）建设数学强国，强化数学教育在民族素质和文化自信方面的塑造作用

数学具有知识功能、思想功能、思维功能、赋能功能、方法功能和文化功能，重视数学教育和提高民族数学素养意义重大。数学的发展与文明的繁荣和国家的强盛息息相关，数学推动文明，文明造就数学，世界强国一定是数学强国。数学对于一个国家的发展至关重要，发达国家常常把保持数学领先地位作为战略需求。17—19 世纪的英国、法国、德国等欧洲强国，也都是数学强国。17 世纪英国牛顿发明了微积分，用微积分研究了许多力学、天体

运动的问题，在数学上引发了一场革命，由此英国曾在数学上引领了世界潮流。

法国本来就具有良好的数学文化传统，一直保持数学强国的地位。19 世纪德法争雄，在数学上的竞争也非常激烈，到了 20 世纪初，德国哥廷根成为世界数学的中心，支持了德国的工业革命。

俄罗斯数学从 19 世纪开始崛起，到了 20 世纪，苏联成为世界数学强国之一。特别是苏联于 1958 年成功发射了第一颗人造地球卫星，震撼了全世界。当时美国总统约翰·肯尼迪决心要在空间技术上赶超苏联。他了解到：苏联成功发射卫星的原因之一，是苏联在与此相关的数学领域处于世界的领先地位。此外，苏联重视基础科学教育（包含数学教育）也是它在基础科学研究中具有雄厚实力的一个重要原因，于是下令大力发展数学。

第二次世界大战前美国只是一个新兴国家，在数学上还落后于欧洲，但是今天已经成为世界上唯一的数学超级大国。战前德国纳粹排犹，大批欧洲的犹太裔数学家被迫移居美国，大大增强了美国的数学实力，为美国打胜二战、提升战后的经济实力做出了巨大贡献。苏联发射第一颗人造地球卫星后，美国加强了对数学研究和数学教育的投入，使得本来在科技界、工商界、军事部门等方面就有良好应用数学基础的美国，迅速成为一个世界数学强国。苏联、东欧解体后，美国又吸纳了其中大批的优秀数学家，使美国的数学实力更加强大。

中国要实现民族伟大复兴，跻身世界强国，高水平的科技自立自强一定是最重要的，而高水平的科技自立自强的基础就是理论科学，而理论科学最重要的基础就是数学。中国一定要努力成为世界数学强国。

知识社会，数学对于国民素质的影响至关重要。1984年，美国国家研究委员会在《进一步繁荣美国数学》中提出："在现今这个技术发达的社会里，扫除'数学盲'的任务已经替代了昔日扫除文盲的任务，而成为当今教育的主要目标"。1993年，美国国家研究委员会又发表了《人人关心数学教育的未来》的报告，提出："除了经济以外，对数学无知的社会和政治后果给每个民主政治的生存提出了惊恐的信号。因为数学掌握着我们的基于信息的社会的领导能力的关键。"

信息社会对于公民的逻辑能力要求明显提高。中小学数学教育最主要的目的之一，就在于提高学生的逻辑能力。因此数学作为一种"思想的体操"，应该是义务教育最重要的组成部分。此外，多举办各种科学普及讲座，向公众普及数学知识，介绍数学在各个领域中的应用也十分必要。

数学开阔人的视野，增添人的智慧。一个人是否受过数学文化熏陶，在观察世界、分析现象、解决问题时会有很大差别。数学素养不但对于一般科学工作者很重要，而且对于企业经营者和决策者也十分重要，在面临市场有多种可能的结果，技术路线有多种不同选择，发展目标有多种不同的路径时，具备较高的数学素养对预判风险、抓住机遇、科学决策、减少失误、争取最优解具有重要作用。

今天，数学几乎已经深入到我们能想到的一切方面，数学应用无处不在。这么多有用处的数学，表面上看都属于应用数学，然而，纯粹数学与应用数学的关系如同一座冰山，浮在水面上的是应用数学，而埋在水下的是纯粹数学。没有埋于水下的深厚积累，这些"应用"是建立不起来的。数学是一个有机的整体，许多深刻的纯粹数学理论把看似毫不相关的概念和结论链接了起来，为研究现实世界中的问题提供了强有力的思想和方法。无数事例证明，许多当时看不到有任何应用前景的纯粹数学理论，后来在现实世界应用中发挥了巨大作用。例如：数论与现代密码学，调和分析与模式识别，几何分析与图像处理，随机分析与金融工程等不胜枚举。

回顾前几次科技革命，数学大都起到了先导和支柱的作用。因此有理由相信：数学必将成为下一次科技革命最重要的推动力量之一。我们要以早日实现中国梦的强烈责任感和紧迫感，加速建设数学强国，尽早在未来主要数学领域和重要发展方向前瞻布局和开展研究，带领整个国家的数学向正确的方向发展，为在科技革命中赢得主动、抢占先机，奠定坚实基础，提供强大动力！

三、运用数学的思想理论、科学方法和思维方式，实现中国企业理性精准高效发展的探讨思考

数学与企业有着十分密切的联系，数学提供了理解和分析企业发展所需要的思想理论和技术工具，而企业则提供了数学研究的现实问题和应用场景。中国企业要实现理性精准高效发展，这也正是数学思想理论和思维方式的重要价值所在。

（一）用数学思想启迪中国企业的高效发展，用数学理论指导中国企业的科技创新，用数学思维分析解决中国企业发展中的复杂问题

中国企业要实现以精准高效为特征的高质量发展需要数学的思想理论作为指导和数学的思维方式作为科学工具。企业发展经营中许多问题都可以归集为实现成本最低、效率最高、效益最好的最优化科学决策问题，要解决好最优化科学决策问题，必须使用数学方法和数学工具，通过定量分析，建立模型，应用微分方程或偏微分方程求解才能实现。中国企业实现理性精准高效发展的核心是需要运用数学的思想理论方法作为实践支撑。

中国企业要实现精准高效发展，首先必须实现企业的科学管理，企业在做各种决策之前，需要对企业的外部环境及内部情况进行详细的分析，确立企业的各项目标需求和约束条件，在此基础上运用数学思维将这些分析和需求转化为数学问题，以便通过数学方法求解出具体的数字结果和理论依据，为企业决策提供明确指导。中国企业用数学语言精确地描述问题和用数学思维研究问题至关重要，因为只有用数学语言和数学思维才能有效地将复杂现实问题转化为可以通过数学方法解决的问题。

中国企业实现精准高效发展需要将数学运用于企业发展经营的全过程，利用数字化技术和互联网技术，建立起企业全业务全过程的数字化信息管理系统，提高企业整体管理效率和精准管理水平是重要的基础和前提。

中国企业在创新高效发展和经营决策中，通常遇到的是多目标多约束条件的决策问题，这就需要建立多目标决策数学模型，一个重要的有效方法是需要将多个目标函数组合成为一个单一的综合目标函数，综合目标函数需要通过对多个目标函数分配权重来实现，以实现多个目标函数之间的平衡，并运用传统的单目标优化方法来求解优化结果。多目标优化需要科学合理选择确定单个目标的权重，正确处理好多目标之间的复杂互动关系，权重的不同选择会影响最优解的性能。多目标优化问题，常常存在多个可能解，需要根据决策者的偏好进行选择。

除了多目标问题，更普遍的情况是多目标决策受到多因素影响，多个不确定性条件的约束，需要做出整体动态一体化最优决策，此时需要应用多个数学模型，需要将变化因素结构化，找到不确定性约束条件下的确定性因素，建立状态和过程微分方程，不断简化约束条件求最优解。

中国企业经营发展中的许多问题还可以通过数学建模进行标准量化解决，如规划设计优化模型、投入产出模型、财务管理优化模型等。数学也可以用于企业的风险管理，利用数学的概率模型计算出每项工程的风险系数，从而提前制定好安全预案。利用边际概念和偏导数来计算某一变量变动对结果的影响，为企业的高效运营和科学管理提供依据。利用数理统计方法，对企业资金实行控制，建立系统化的在线数字化管理平台，提高审查和对账工作的及时性，提高呆账坏账处理效率，节约企业运营成本，促进企业健康发展。

将数学运用于中国企业发展规划能够有效地将企业的需求转化为数学问题，促进企业的高效发展。需要注意的是只有科学合理的数学规划才能够对企业的管理作出重要贡献，提高企业运行效率。由于企业业务的差异及其各企业目标的不同而采取不同的数学方法以及选取的不同参数，有可能对结果产生较大影响，需要企业理性对待和正确选择。

中国企业在经营发展中充分运用数学，是随着时代进步而产生的一种新型的管理方式，它代表着中国企业传统经营理念的变革，是对传统经营方式的一种挑战，必将引发中国企业一系列变革和创新，这是中国企业理性精准高效发展必须经历的一个阶段。

（二）高效精准配置组合资源，提升中国企业的发展质量和经营效益

现代企业发展所需要的资源都是结构化的资源，结构化的资源都有一个最优资源结构和组合问题，如何实现最优资源结构配置需要用数学工具来解决。不同的资源结构和组合方式对企业的经营效益完全不同。中国企业的资源配置一直存在着粗放、浪费不合理和不优化现象，大多数企业仍停留在定性、传统、凭经验配置结构化资源的阶段，需要用数学模型指导企业配置资源实现高效发展。

中国企业需要运用帕累托最优原理，进一步优化企业各种资源的合理配置，优化各生产要素在不同企业、部门和产品间的合理投入，重新审视企业采取的改革举措，制定的每一项分配政策是否已经达到帕累托最优，是否还有改进完善的余地，是否还能通过科学配置各种资源，优化完善分配政策和改革措施，提高企业整体效率，在不损害企业任何职工切身利益的前提下，使一

些贡献大的人能够得到更高的报酬和福利，中国企业应设法通过实施帕累托最优原理，充分调动每一个员工的主观能动性，激励大家在工作中都追求自身利益最大化，从而提升企业整体效率并取得最大的经济效益。

通过数学知识的学习和数学能力的培养，可以进一步提高中国企业员工的思维能力和创造能力，提高科学精神和理性素养，养成对理所当然的东西不断进行反思，避免盲目随意，一切凭经验办事的陋习。同时要提高企业员工对数学的思想价值，数学的赋能特性，数学的文化功能的深度认知和数学思想理论方法的应用。

未来随着科技创新发展，将增加人工智能和数据等新的生产要素，它们的加入将深刻改变传统资源配置结构和组合方式，形成新质生产力，使经济增长的机理和机制将发生重大改变，产生不同的新的效益。同时，劳动力将更多地被人工智能取代，人力资本将加速贬值，如何运用数学的思想理论和思维方式，创新资源配置方式和优化资源结构，探寻新的增长机制和底层规律，构建新的发展范式，提高中国企业的发展质量和效益将面临新等考验和挑战。

（三）技术创新背后的核心是数学问题，运用数学的思想理论和思维方式可以有效推动中国企业创新高效发展

数学作为企业创新驱动发展的动力源泉和基本工具，在企业的创新高效发展中扮演着极为重要的角色，它能够为企业解决发展面临的关键问题和核心问题提供原创性思想和正确发展。特别是许多大型企业和高科技企业，利用以数学算法为基础构建的工业软件，开发设计和生产管理等企业核心业务，已是大势所趋。

数学的创造性主要体现在不断提出新概念、新理论和新方法以更新的应用场景并汇集成不断永续发展的数学思想海洋，成为人们创新的不竭源泉。

数字化转型就是利用数学理论及数字技术，促进企业朝着数字化和智慧化的方向转型升级。其中，华为是利用数学实现企业创新发展的一个典型案例。

华为 2G 到 4G 网络融合的算法是一位俄罗斯青年数学家提出来的。该算法解决了多种通信制式长期共存的问题，构建了简约化的无线网络结构，有效降低了通信成本，从而助力华为成为一家世界知名的通信设备供应商。而华为 5G 的研发则基于土耳其数学家 Erdal Arikan 的研究成果，它为华为在世界新一代无线通信领域中抢占先机发挥了关键作用。可以预见，在华为后续 6G 及其他前沿技术的研发过程中，数学家还将发挥重要作用。

数学在华为走向通信行业国际前沿的过程中起到了至关重要的作用，同时也形成了企业重视数学并将数学与其各核心业务深度融合的"华为模式"。这一模式值得我们思考借鉴。

华为充分利用全世界的优秀数学资源为企业创新服务。华为在俄罗斯、法国等数学强国分别建立了数学研究所，近年来又与众多国内高校、科研机构共建数学实验室，大力吸引和组织全球数学人才参与企业创新工作。华为将公司 700 名数学博士广泛分布在企业不同的业务部门和生产线上,利用他们将企业部门的业务需求不断转化为工程问题,随后再将工程问题不断转化为数学问题进行攻关,从而促进关键数学问题的快速解决。华为通过多网络融合及 5G 创新等若干成功案例,在企业内部树立了重视数学、尊重数学家的企业文化,并形成了应用数学促进企业创新高效发展的良性循环。

"华为模式"作为一种成功的模式可以推广和复制。中国企业可以在利用数学促进企业创新高效发展的过程中,借鉴参考这一模式,并结合企业自身的发展实际进行有益的探索和创新。数学促进企业创新高效发展,是一项复杂的系统性工程,需要遵循其自身规律。数学促进企业创新高效发展不可能"一蹴而就"。虽然利用数学促进企业创新高效发展是紧迫而极具价值的工作,但不能操之过急,需要沉下心来,稳妥制定好顶层规划和发展策略逐步推进。

中国企业运用数学创新发展不能"一拥而上"。每个企业都有各自的专业领域、经营规模、人员素质和发展阶段,"一拥而上"地向数学要企业高效发展的答案显然行不通,"百花齐放"才是更可行的方式。

中国企业精准高效发展也不能靠数学"单打独斗"。为推动企业创新发展和产业转型升级,单靠数学或数学家的力量是远远不够的,还需要计算机、工程、管理等不同领域的专家共同加入,整合多方力量,共同努力才能塑造企业的核心竞争力,推动企业精确高效发展。

（四）善于运用数学理论和方法工具，实现中国企业规划最优、设计最优、管理最优和控制最优，提升精准发展能力

中国企业要实现决策科学化，需要用好数学做到四个支撑。一是需要利用数学理论发现问题、分析问题，建立解决问题的数学模型，进行趋势测算求解，检验所得结果并进行完善。二是根据决策目标，使具体问题运用特定数学理论和分析工具，进行精准计算和量化分析，得到最优结果。三是对无法进行量化分析的实际问题，放弃精准计算和求解最优结果，通过动态分析找到确定性，找到系统发展的规律、未来方向和一些重要影响因素及其影响程度，为科学决策提供理性基础。四是利用博弈论等工具，实现纳什均衡，找到竞争关系、合作基点和最大共赢利益做出科学决策。

最优化问题几乎涉及中国企业的所有业务，并且伴随着中国企业发展和经营管理的全过程。中国企业经营和发展中的最优化问题都可以通过数学语言转化为数学问题，将数学问题通过由决策变量、目标函数、约束条件三个核心要素准确地描述表达出来，然后运用不同的数学理论和方法工具进行求解。

中国企业在最优化问题上曾长期局限在静态上的最优，理想状态条件下的最优，假设条件中的最优，局部范围内的最优，而不是实际情况下的最优，动态一体化的最优，全局整体上的最优。世界一切事物都在随时间变化而变化，都处在永恒的变化状态之中，只有在动态变化而且随时间变化的条件下，考虑多种影响因素和不确定性因素权衡实现的最优才是真正符合企业实际情况的最优，才是可操作有效运行的最优，而要做到这种最优化，只能通过运用数学的思想理论和方法工具，特别是微分方程或偏微分方程才能实现。

中国企业经营发展中大多数的优化问题都是多元影响要素，多目标、多约束条件下的优化决策问题，可尝试将这类问题转化为单目标、考虑主要因素、舍去非主要因素的最优化问题并求最优结果，虽然最终结果与实际情况有差距，但仍然不失为一种有效的方法。

最优化问题是企业经济管理活动的核心，各种最优化问题也是微积分最关心的内容之一。微积分在经济学领域和企业经营中的应用非常广泛，把经济现象和企业发展经营中的需求抽象提炼为数学问题进行求解，对中国企业实现精准高效发展具有重要指导意义。

对经济问题进行定量分析，将数学作为分析的工具，可以给中国企业经营者提供客观、精确的数据，在分析演绎和归纳过程中，可以给中国企业经营者提供新的思路和视角。数学知识的广泛系统应用，将促使中国企业的发展走向定量化、精确化和严谨化。

数学的理论和方法一直在发展变化中，而且在不断完善优化演进。数学研究的数量已经从有限扩展到了无限，维度从一维扩展到了多维，变量从一元扩展到了多元方程，次数已经从一次扩展到了 N 次，状态已经从静态扩展到了混沌，主体已经从单体扩展到了群体，系统已经从自然系统扩展到了工程系统、社会系统、经济系统、农业系统、生态系统、教育系统以及各系统交叉边缘形成的跨领域系统。这些都为中国企业未来理性精准高效发展提供了广泛的支撑和应用范围。中国企业要实现理性精准高效发展，必须遵循企业发展规律，产业发展规律和经济发展规律，必须进行科学决策，量化评估风险，动态整体优化，综合成本最低、系统效率最高、总体效益最好，要做到这些传统的方法无法实现，必须运用数学的思想理论和方法工具，特别是应用微分方程和偏微方程这个万能工具才能实现。

（五）利用数学思维，特别是数学建模的理论方法，加快推动中国企业理性、精准、高效发展

中国企业实现理性精准高效发展，关键是要用数学的思维方法去找到应用场景和应用问题，用数学思维去描述认知解释问题，分析解决处理问题，因为数学思维是数学所有知识和能力，思想和智慧，方法和工具的根本，掌握了它就掌握了数学的根本。

中国传统文化对数学、理性思维并不推崇。被誉为"开眼看世界第一人"的严复曾认为，我们要学习西方文明，但学习西方文明，首先从学习逻辑思维开始。

数学建模在企业经营发展中具有重要的意义和应用价值。它不仅能够帮助我们揭示事物和现象背后的规律，预测未来发展的趋势和做出科学的决策，还可以优化系统性能和设计解决方案，促进科学研究和技术发展。数学建模是指将现实世界中的问题转化为数学问题，并通过建立数学模型利用函数式和方程式来描述表达、分析和解决这些问题的过程。数学建模在现代科学和工程领域具有重要的意义和应用价值。中国企业需要必须深刻认识数

学建模的重要意义和巨大价值，熟练掌握这一利器工具。可以从以下几个方面对数学建模的价值和意义进行认识和把握。

数学建模有助于揭示事物和现象背后的规律。现实世界中存在着各种各样的复杂问题，通过数学建模可以将这些实际问题抽象为数学问题，从而揭示出问题的规律性。首先利用数学找出描述复杂问题的一组变量、基本概念和规律机理，然后找出这些变量之间、规律机理之间关系的数学表达式，最后从所得数学关系式出发，进行逻辑演绎、求解结果、发现更多的本质规律并表现为新的数学关系。例如，在经济学领域，可以通过建立经济模型来研究供求关系、市场竞争，研究不同商品价格之间的联系，收入变化与消费者行为、数据模型及市场规律周期预测等；在生物学领域，可以通过建立生态模型来研究物种间的相互作用、生态系统的稳定性等。通过这些数学模型，我们可以更好地理解事物和现象的本质和规律，为问题的解决提供理论依据。

数学建模可以帮助中国企业理性预测未来发展趋势，做出科学决策。通过对历史数据的分析，可以建立起统计模型或时间序列模型来预测未来的发展趋势。例如，在金融领域，可以通过建立金融市场模型来预测股票价格的波动趋势，从而为投资者提供决策参考；在气象领域，可以通过建立气候模型来预测天气情况，从而为社会活动提供合理的安排。数学建模使我们能够基于数据和模型进行科学的预测和决策，提高了决策的准确性和可靠性。

数学建模还可以帮助我们优化系统性能和设计解决方案。通过建立系统的数学模型，可以分析系统内部各个因素之间的相互关系和影响，进而找到最优的设计参数或控制策略。例如，在工程领域，可以通过建立控制系统模型来优化生产过程的稳定性和效率；在交通领域，可以通过建立交通流量模型来优化道路网络的设计和交通管理。数学建模为我们提供了系统分析和优化的工具和方法，帮助我们在实际问题中找到最优的解决方案。

数学建模能够促进科学研究和技术发展。许多重大科学发现和技术突破都是基于数学建模的成果。通过建立科学的数学模型，科学家们可以模拟实验条件和研究复杂的科学现象，从而加深对自然规律的认识；工程师们可以通过数学模型评估设计方案的可行性和效果，推动技术创新和高质量发展。数学建模为科学研究和技术发展提供了一个强大的工具和平台。

当然，任何一次股市的崩盘以及随后的价格反弹，只用一个模型来解释都是不足，甚至是错误的。这是因为模型简化了现实。每个模型只聚焦整体一部分。模型不是真理，也不是现实，任何模型都不完美，我们必须把模型与现实相关联系，通过不断地优化条件和增加参数，使模型最大限度地逼近现实，不可唯模型论。但无论从哪个角度看，中国企业掌握了数学建模这个工具，精准高效发展就有了重要基础和强大赋能，但需要我们在实践中不断应用创新。

（六）提高中国企业员工的思维能力和创造能力，提高中国企业的科学精神和理性素养

人的素质包括先天素质和后天素质两种，后天的素质也称素养。数学素养是在数学学习和实践应用中所形成的，它将科学主

义和人文主义相融合，不仅使我们获得知识，而且使人的品德行为全面发展。数学本身的特点会使受教育者受到优良品质的熏陶，例如：把问题数学化，可以提高分析、解决实际问题的能力，培养员工思维的逻辑性和方法的严谨性，形成良好的思维品质；数学发展的探索精神和思想方法对企业员工的熏陶会影响企业员工的一生，使其受益终生。所以数学也是一种文化，学习数学和应用数学不仅使中国企业员工可以得到数学方面的知识修养，而且还可以提高中国企业员工的素质。

日本数学教育家米山国藏认为，处理问题的一般数学思维方法、习惯和数学研究方法中都贯穿着数学精神的影子。一般认为，数学精神是数学知识、数学方法以及应用数学思想理论方法解决问题的能力的深化和升华，体现为数学思维的主观性、选择性与目的性等。涵育数学精神素养应注重引导中国企业员工认识并感悟数学在真善美三个方面的精神追求。

人与人最大的区别不是智力的区别，而是思维方式的不同，中国企业的员工能够熟练掌握数学的思维方式，提高逻辑思维能力，建立多种思维模型，对同一个问题能够找到多种解决方法，将极大促进中国企业精准高效发展。

在求真探索方面，数学是对数量、空间、结构、信息和变化等抽象概念及其关系进行深入研究的形式科学，它采用的是严格的公理化思想方法：从极简单的若干原始概念和极明显的一些公设出发，以归纳与类比等逻辑推理探求结论，以严谨的演绎推理证实猜想，经过不断地推广抽象与应用创新，使知识整体的系统性与严谨性日益增强和完善，因而，求实、求理、求广与求新是数学求真的主要方式。学习和应用数学可以深度激发中国企业员工探寻真相、探索真理的意愿，引导中国企业员工从数学思想中汲取智慧，感悟理性精神，培养逻辑思维和抽象思维，提高创造性和分析解决问题的能力。

数学的公理化知识体系，能更真实地反映事物之间的联系与变化规律，是众多学科研究的必备工具。数学理论的广泛应用对经济社会的发展与国家的强盛有巨大的促进作用，数学的学习和研究对中国企业员工个体的思维品质提升与精神品格修养也大有裨益。因而，益知、益事、益国与益人是数学益善的主要方面，可促成中国企业员工知识观、人生观、价值观和发展观的认知重构，为中国企业员工注入新的力量，产生新的灵感，强化中国企业员工的应用意识和自我发展意识，深化中国企业员工对数学学习和应用意义的认识，并在后续的数学学习中有意识地感受和研究数学在真善美三个方面的精神追求，不断增进个人的精神品格修养。

数学以公理化方式建构知识体系，以逻辑关系呈现知识秩序，通过不断推广与抽象，使知识、问题走向统一，使理论系统内部的矛盾在创新与和合中消融，这些体现了数学对简单、有序、统一与和谐的美学追求。其中，逻辑简单性是数学审美的基本原则，数学的美学追求大多是关于这一原则的诠释与深化。启悟人从唯简、唯序、唯和与唯统等向度感受和分析数学的美学特征，可以发挥数学科学的美育功能，深度发展人的逻辑和思维素养。

数学通过阐释启发中国企业员工认识、感悟、弘扬数学精神，有益于中国企业员工思维发展与品格提升，养成求真务实、开拓创新、锐意进取、思维缜密、和谐有序的精神与品格，成为改善与引领社会精神气象的积极人才。

如果中国企业的管理者和员工，都能了解掌握数学中一些重要的思想理论和思维方式，不断提高逻辑思维能力和创新能力，形成尊重事实、尊重科学、尊重规律，崇尚理性、崇尚精准、崇尚定量，就能形成中国企业新的创造力，新的创新力，新的价值创造力。中国企业不仅要努力让企业员工学习掌握更具思想智慧的人文知识，还应该让企业员工学习掌握更具理性精神和创造能力的数学知识，两者结合协同，中国企业未来的发展不可估量。

第七章

人类生存与发展的终极问题与中国企业可持续发展

人类仅靠生存本身不能保证人类的生存，发展是人类生存的最好保障。作为"动物"的人类，其自然生存的基本条件必须满足六大要素，即重力、适宜的温度、气压、氧气、水和食物。这是人类自然生存的最基本的物理条件。这些条件在太空中都不具备，人类航天员要在太空中生活，就必须利用技术手段在太空中模拟这些要素，因此人类才制造了航天服、空间站，在密闭的太空舱里制造适宜的气压、充足的氧气并储存水和食品。太空是人类生存的最极端的条件，但在地球上，这些要素条件都能得到满足，也就是说生存是人类最低限度的需求，也是最容易解决的需求。

人类之所以在众多生物中脱颖而出，成为地球生物金字塔尖的主宰，是因为人类不仅进化自己去适应环境，还开动大脑去改变环境。当人类物质日渐丰富之时，"生存"早已不是推动人类进步的首要动力，"发展"便成了人类进步的第一动力。

一、人类文明永恒的主题——人类的生存与发展

在人类文明的终极议题中，生存与发展高于一切，决定一切，人类所做的一切都是为了让人类更好地生存与发展。没有人类的生存与发展，就没有人类文明的萌芽、发展与延续。人类的生存与发展是人类文明永恒的主题。

（一）人类生存需求与发展需求的辩证关系

人类自诞生以来，人类的生存是第一需求，人类的发展是更高级和可持续的生存，是人类特有的生存方式。

"生存"是泛指一切生命的存在，然而不同物种的生命得以延续的方式有着根本的不同。除人类以外的其他物种的生存仅仅是为了生命的存续和种族的延续，但人类的生存却有着更为丰富的内涵和更加宏大的意义。人类的生存是以发展为目的的生存，而发展则是人类在满足个体生存的基础上所演化出来的群体意识和集体行为。动物只能以一种本能的活动方式来求得对自然环境的适应而实现其生命的延续，但人类不是简单的自然存在物，人类不像其他动物那样无意识地适应自然界，而是在适应自然界的同时也使自然界能够适应自己，满足自己的生存需要。

人类是地球自然界的一部分，是地球自然界发展过程中的产物，在人类目前认知的范围内，人类暂时处于自然界食物链的顶端。人类社会的发展，是地球自然界决定的，而不是人类的主观行为，是地球自然界演进过程中的一部分。人类的出现，改变了地球自然界被动发展的自然状态，由于人类是智慧生物，人类不

但能够认识这个世界、适应这个世界，其发达的大脑和丰富的情感还能够主动创造更高级的欲望，发展更丰富的需求，而且能够将这些欲望和需求发展成为人类群体的意识，并根据人类群体的意识去主动改造客观世界、创造精神世界。

人类逐步揭示自然界的奥秘，认识宇宙的客观规律，并把这些客观规律运用于生存实践和发展实践，不断改变了人类的生存环境、生存条件，扩大了人类的生存空间。

人类已经基本解决了维持生存的终极问题。以色列青年历史学家尤瓦尔赫拉利在其《未来简史》中，回顾了人类几千年来一直面临的三大终极问题：饥荒、瘟疫和战争。他认为，随着人类科技水平的发展，这三大问题已经基本得到解决。比如基因技术和现代农业基本解决了全球范围内的饥荒问题，人类不再靠天吃饭，不会再发生因自然灾害而导致的大饥荒；现代医学和疫苗基本解决了瘟疫对全人类生命的威胁，像西班牙大流感、天花、黑死病这样的恶性传染病已经很难造成大量的人口死亡；虽然世界局部战争持续不断，但核武器、联合国和世界大国之间的默契极大降低了全球性大规模战争的风险。作为个体的人可能还会面临生存问题，但作为整体的人类族群和人类文明，已经不再面临整体性的生存问题了。

发展是人类社会的根本属性，人类社会是一个永远处于发展状态的社会，人类的生存是一种以发展为基本状态的生存。哲学层面的发展是指事物由小到大，由简到繁，由低级到高级，由旧物质到新物质的运动变化过程。人类社会的发展尽管在局部有过停滞甚至倒退，但在大趋势和大历史上都是向前和上升的。发展的根源是人类大脑中对美好生活的集体向往，是受欲望驱使的人性本能。马斯洛的需求层次理论认为，人在每一个时期，都会有一种需求占主导地位，而其他需求处于从属地位。人的需求分成生理需求、安全需求、归属与爱、尊重需求和自我实现五个层次。需求是由低到高逐级形成并得到满足的。在马斯洛看来，一个饥肠辘辘的人，人生的目标就是找到食物果腹；一个缺乏安全感的人，他对生命的追求首先是安全；归属与爱和尊重需求也一样，如果得不到满足就会有缺失，进而造成人格上的不健全；"自我实现"是"少有人走的路"，只有前四个层次需求真正得到满足的人才能走上自我实现之路。

欲望，是指想得到某种东西或想达到某种目的的要求。弗洛伊德说："人类是充满欲望并受欲望驱使的动物。"欲望是人的需求，也是人的向往，人没有了欲望也就丧失了前进的动力，进而也会使社会机器无法运转，其结果便是无尽的萧索与绝望。人类有各种各样的欲望，饿了想吃饭是食欲；在绝境中拼死反击是求生欲；在比赛中想超越别人是求胜欲；不懂的东西想尽办法去掌握是求知欲；总有买不完的东西是占有欲……人类无穷无尽的欲望，不断地推动了生产力的发展，促使民族融合，科技进步。人类从征服陆地到征服海洋，征服天空，甚至要征服太空，征服宇宙。欲望是一团火，不断推动着人类发展进步。

人只要活着就有欲望，有欲望就有理想和梦想，就有发展的动力，才会为实现梦想而努力，欲望推动着人类从荒蛮无知走向文明昌盛。没有欲望，就没有人类的繁衍；没有欲望，就没有社会物质的繁荣；没有欲望，就没有人类文明的昌盛；没有欲望，就没有科技的进步。比如，食欲是人类的本能，是人类生存的基础要素之一。原始人为了吃饱而茹毛饮血、渔猎采集。人类追求吃饱但从不满足于吃饱，为此，人类用火烹饪食物，驯养动物、驯化农作物，刀耕火种发展农业，通过发酵、腌制来长期保存食物，有了充足的食物供给，人类才有不断拓展生存空间、实现更大发展的可能。

人类的欲望是人类社会发展的原动力，但欲望总是无止境的并且控制欲望需要强大的意志力，如果任欲望肆意发展就会对发展造成阻碍，穷奢极欲、荒淫无度、酒池肉林的生活就是放任欲望的后果，因此，人类发展出道德和宗教体系来控制欲望，正因为人类能够激发欲望、也能够控制欲望，人类才成为自身命运的主宰。

人类欲望总是在推动人类奋斗，在促进社会生产力的发展中不断地递进、更新。生产力是人类社会的生产力，自诞生起从来就没有在无人参与的情况下独自发展，它总是在人的"催促"下进行，又不停地使人的"催促"递进、更新。当人类生存的基本要求得到满足，本质力量得到巩固和发展，人类欲望的主干上又将继续长出新的枝丫。它们之间相互作用，促使人与动物之间产生最基本的界限，即生产劳动的开始。当人类学会使用火和棍棒来猎食之后，人对自然的支配能力又大大增强。枪棍和火与动物之间，本身没有什么联系，但人类欲望有机地串起了生产主体、客体以及手段（工具）的联系。人类生存最原始的以及对更高生活渴求的"内驱力"促使人类为了获得这些猎物而绞尽脑汁，创造条件，不断改进人与猎物之间的"中介"。人类欲望激发出人的全部的"合理"的潜在力量，在生产过程中不断改进和创新生产工具。不仅在远古时代，在人类社会的各个时代——如中国古代四大发明、蒸汽机、电力、汽车、飞机、电脑等，作为社会生产力进步的代表的问世几乎都根源于人类为了满足某种内在需求的"意图"。人类欲望的每一次更新，必然会导致人类为实现欲望而作出努力，创造出实现欲望的条件，生产工具的每一次改革和创新，都必然导致社会生产的巨大发展，促进社会生产力的不断进步。人类的生存欲望、向往更好生活的欲望，实现自我价值是人类永恒发展的根本动力和不断源泉。

（二）人类的生存与发展相互依存促进，是不可分割的整体

人类仅靠生存本身不能保证人类维持生存和人类文明的延续，发展才是人类维系生存的最好保障。

在中国和欧洲的人类发展历史上，中低纬度的农耕文明往往有更优越的生产生活条件，人口、资源都优于高纬度的草原游牧、渔猎民族，但是却很少有农耕文明去主动征服高纬度的游牧文明，往往是游牧民族大举南下，劫掠或征服富庶的中原王朝，像匈奴、鲜卑、突厥、契丹、蒙古、女真那样强大的游牧民族，甚至建立元朝、清朝这样的"草原—中原"二元帝国，蒙古帝国的疆域甚至几乎涵盖了整个亚欧大陆，古罗马帝国也葬送在欧洲北部的高卢人和日耳曼人的战火中。这其中有很多解释，从中原民族的视角看，是农耕民族缺少优良的战马、农田水利技术很难在草原上得到应用，但从草原民族的视角看，恰恰是因为高纬度地区游牧、渔猎生存条件比中原地区艰苦，因而他们有更加强烈的发展意愿

和拓展生存领地的需求。优越生存条件地区孕育的人类文明往往更容易满足于现状，不屑于征服艰苦的地区，而艰苦地区的人类文明却始终有向外扩张、改善生产生活条件的动力，特别是游牧民族更深谙发展即生存的道理，因为停滞在一片草原的放牧只会带来草场退化、牛羊死亡、种族灭亡，只有不断发展、扩张领土，才能实现种族的延续。

海洋文明也同样对发展有着强烈的渴望和追求。从传统的眼光和认识角度来看，陆地是人类赖以生存和繁衍的基本资源，是人类文明得到发展和延续的最基本条件。人类在长久的发展历史中，大多是脚踏着坚实的土地，在地面上耕种，在地面上做工，在地面上衣食住行，在地面上生老病死、婚丧嫁娶，在地面上编织着家族与社会，在地面上演绎着悲欢离合而又丰富多彩、可歌可泣的人生。然而，如果换一种眼光和角度看世界，就会发现，人类实际上是一只脚踏着大地，一只脚踩着海洋，人类的生命和文明是从海洋那里开始诞生、开始延续的。古希腊是海洋文明的代表，探索海洋、征服一个又一个岛屿比征服陆地更具有挑战性，因为不是每一次远航都能找到目的地，但相比于远航的风险，固守停滞在一个岛屿上的风险更大。经历饱受了黑暗中世纪的停滞后，文艺复兴运动重新唤起了西欧思想文化深处的海洋文明基因，大航海时代和新航路的开辟更是将这种精神发扬光大，人类社会今天的面貌和发展与当时的西方文明扩张密不可分。人类文明的扩张是人类文明生存的基本需求之一。

崇尚开放、冒险的海洋文明，总是被拿来与保守、封闭的大河文明做对比，开放与保守似乎形成了人类文明发展方式的一体两面。但是，大河文明也从不是字面那样保守封闭，有限的土地和粮食注定无法承载人口的不断增长，大河文明也是一个用迁徙和拓展空间来维持人类生存和发展的文明。比如，华夏文明的扩张就是一个从黄河流域向长江流域拓展的过程，中国的客家文化，西方的犹太民族，美国的西进运动，都是如此，几乎在所有的民族血液中，都流淌着为了生存和不断拓展发展空间的基因。

生存与繁衍是人类文明的第一使命，而一定时间和空间内的物质能量是不变的，人类为了生存与繁衍，要么发展技术去提升效率、控制时间，要么去扩张领土，去拓展空间，而无论是控制时间还是拓展空间，人类文明归根结底的诉求都是发展。

发展是维系人类生存的基本法则，人类文明就是一种以发展为生存方式的文明。

（三）人类生存与发展的基本矛盾和主要约束

人类社会发展至今其面貌已经发生了根本性的变化，但在人类发展的过程中却始终面临着众多的矛盾。这些矛盾的实质是人类生存与发展之间的严重冲突并导致了人的异化。如何解决这些矛盾和冲突是当今人类面临的一个突出问题，也是一个受到普遍关注的全球问题。"以人为本"科学发展观的提出其深刻意义就在于它是解决这些矛盾和冲突的根本途径。

人类在饱尝传统发展道路的惨痛教训之后已经开始深刻地自我反省。人类发展一直面临着一系列突出矛盾，其中主要有：人类无止境的需要与人的生理条件有限的矛盾；人类无止境的需要与自然资源有限的矛盾；人类生存需要良好环境与制造和使用技术物必然对自然环境造成污染的矛盾；科学技术的高速发展与人类道德进步缓慢的矛盾；国家和阶级利益与全人类利益的矛盾等。这些矛盾的本质都是人类生存与发展的核心问题，处理并解决好这些矛盾是人类实现可持续发展的关键。

人类生存条件指维持人的生命的基本条件。而人类的发展主要指人类文明的进步。同人类生存的概念相比人类发展概念的外延更广泛、内涵更丰富、价值更深刻。人类的发展既要满足维持人类生命的需要，又要满足人类的自我价值实现的需要；既要满足人类的物质需要，又要满足人类的精神需要；既要满足人自身的需要，又要满足他人的需要；既要满足当代人的需要，又要满足后代人的需要。

人类发展以人类生存为前提，人类生存是人类发展的先决条件。只有当人类生存需要得到起码的满足后人类才有可能谋求发展。人类发展是人类生存方式的优化和生活质量的提高，包括各种需要满足的程度与人类自身素质的全面提高。所以人类生存方式的进步与人类发展方式的进步在一定的时空内应当是步调一致和不可分离的。

如果人类没有把握好发展的内在规律和合理的发展方式，就有可能使发展畸形异化并导致人类的生存危机。这是因为人类在发展过程中始终存在着一些内在的矛盾和冲突。

1. 人类无止境的需求同人类生理条件有限的矛盾

马克思说，需求不仅是动物的属性也是人的属性。人类的需求有两种基本形式，一是生存需求，二是发展需求。人类的生存需求是维持人的生命机体正常运转的需求；人类的发展需求是建立在人类生存需求基础上的追求自我完善、自我超越的高级需求。

人类的生存需求和自我价值实现需求是人类物质生产活动的内驱力，是社会发展的原动力。人类的发展需求是社会发展进步的不竭驱动力。人类社会的历史在某种程度上就是人类的需求不断丰富完善和不断得到满足的人类活动的历史。但是每个人的体能与生命又都是有限的。如何解决这个矛盾，人类只有通过技术进步来逐步加以解决。历史和现实已经表明，这种技术取代十分成功并导致科技在社会生活和人类心目中的地位越来越重要。这就可能导致人类把自己的命运交给技术甘愿做科技的奴隶，这便是技术物本主义的思潮。但技术的取代也是有局限的，例如人的感情、思想、信仰、情操就不应当也不可能被技术来取代。

2. 人类无止境的需求与自然资源有限的矛盾

传统发展观的信念是发展，就是对自然界的索取掠夺，人类对自然的利用和改造没有限度、天然合理和不受任何约束。人类自诞生之日起就开始开发自然和利用自然，随着人类所掌握的工具和手段的不断改进和完善，开发和利用自然的能力也逐步提高。在功利目的和物质利益的驱使下，人类在开发和利用自然的过程中不顾自然的承受力而进行掠夺性开发。特别是近代以来由科学技术造就的工业生产方式对人类生存的自然环境造成了严重的破坏，人类对自然资源的开发利用不可持续，人类自身的生存根基发生了动摇。按照这种观念发展下去最后必然是人类的自我毁灭。

3. 科学技术的高速发展与人类道德缓慢进步的矛盾

地球自然界的进化渐进而缓慢，但是人工技术物的进化速度却大大超过天然自然物。达尔文曾经指出，自然界中的物种进化都是一个"缓慢的过程"，但人工选择引起的物种变化比自然选择要快很多。

在许多发达国家曾经出现过的人与物、财富与情感、科技发展水平与人文道德素质之间的深刻矛盾往往由此而生。这些矛盾已经诱发了一系列社会危机，如道德滑坡和亲情隐退，造成人与人之间的欺诈与防范；层出不穷的社会丑恶、居高不下的犯罪率导致人道迷失和人性异化；科学对个人生存空间的侵蚀引发物质环境与生命心境之间的鲜明反差，等等。近年来愈来愈严重的科技犯罪现象，电子产品对青少年精神的控制等已经向人类敲响了警钟。它警示我们在发展高新技术的同时千万不要忽略了人类的精神家园，信息文明的声光电化不能掩盖代替人类道德的培植和情操修养的重要性和必要性。爱因斯坦曾说，科学要以人道和美德作后盾；亚里士多德也说过，美德即是灵魂的健康。这些都在提醒我们，如何把科技文明与人类道德健全结合起来是现代最重要的人生哲学。

4. 全人类利益与阶级、民族和国家利益之间的矛盾

在今天的世界上，如果承认全人类利益和全人类利益占优先地位应该成为进步基础的话，那么以往的那种"靠牺牲他人"而获得发展进步的方式显然就已经过时了。所以真正的发展进步不可能靠损害他人的权利和自由，靠损害自然界来获得。要想维护

人类文明就必须使人类发展成为"共同创造"和"共同发展"的相互合作。

但是，今天世界各国都把本国的利益和本阶级的利益当作最高利益，全人类的利益和可持续发展却常常成为一句空话。这是因为在阶级社会中每一个阶级要实现自己的阶级利益，最根本的就是要争得经济上的统治权，争得对生产资料、劳动过程及其产品的控制权。为了维护和巩固这种经济利益和经济统治，每一个阶级必须利用国家的力量来支持和保护特定的经济关系，保护对生产资料、劳动过程和产品的占有。因此阶级利益、民族利益和国家利益，往往占据主导地位，全人类利益处于从属地位。我们看到的情况是许多发达国家利用先进的科学技术在拼命消耗别国的物质资源，把环境污染转嫁给他国，进一步加剧贫国和富国之间的差别，同时也使资源危机、环境危机愈演愈烈。

以环境污染为例，据有关资料显示，日本 60% 以上的高污染产业已经转移到东南亚和拉丁美洲，美国 39% 的"肮脏产业"也已转移到第三世界国家。1984 年 12 月，印度博帕尔农药厂的毒气泄漏事件使 50 万人中毒，20 万人受到严重伤害，250 多人被夺走生命。2024 年，日本政府不顾国内外反对，坚持向海洋排放核污水。这是发达国家转移污染产业、跨国公司实施双重环境标准造成的公害事故。难怪人们说除天体撞击地球外，目前能够毁灭人类文明的手段都掌握在人类自己手中。

生态危机也不是纯粹的自然科学和技术问题，而是同国家及其社会制度联系在一起的"全球问题"。生态危机之所以成为严重的"全球问题"，很大程度上归因于发达国家为了追求国际超额剩余价值和狭隘的国家利益、民族利益，在全球范围内掠夺自然资源，因而造成了环境污染和生态危机。广大发展中国家由于自身贫困落后，一方面自身在破坏生态平衡，另一方面成为发达国家转嫁生态危机的最大受害者。要从根本上解决生态危机问题必须从理论上和技术上寻找一种全新的解决方案。

二、人类生存与发展终极问题解决的探寻是现代企业发展的永恒主题

人类已经基本解决了满足人类生存所面临的终极问题，即疾病、战争和饥荒，人类社会的主要矛盾和核心议题已经不是如何维持人类这一物种的生存，而是如何实现人类文明新的发展和更高质量的发展。

人类发展的终极问题是人类社会共同面临的最基本的问题，它不仅超越文化传统、意识形态、宗教信仰和经济发展阶段而普遍存在，而且始终处于永恒变化和延伸拓展的发展过程中。从生存到发展、从原始到文明、从族群到全人类，这些具有普遍意义的问题构成了人类发展进步的核心议题。

（一）人类生存发展的终极问题

人类都以碳基生命体形式存在，这意味着人类具有共同的生存需求和发展目标。只要人类存在，这些问题就具有共同性、不变性和绝对性。

人类发展面临的终极问题是全球性的共同问题。无论是发达国家还是发展中国家，都需要面对资源有限、环境恶化、人口老龄化等问题。同时，不同国家、民族在发展过程中具有各自的特点，因此在不同发展阶段会有不同的发展需求问题。

发展中国家在追求经济发展的过程中，首先需要解决基础设施落后、人力资源匮乏、产业结构调整等问题。在此基础上，还需要关注社会公平、民主法治、文化传承等方面的问题。发达国家在发展过程中，面临着产业升级、创新能力提升、人口老龄化、环境治理等方面的挑战，也需要关注社会分配不均、民族关系不和谐、国际竞争力难保持等问题。

在人类文明发展的历史长河中，人类始终在不断地寻求解决生存与发展的终极问题，以实现可持续繁荣。人类在解决终极问题的过程中，需要关注全球性问题，同时需要充分认识到不同国家、民族的特点，只有在此基础上，才能朝着实现人类共同繁荣的方向迈进。人类应以科技创新、文化传承、全球治理等方面为突破口，不断探索可持续发展的新路径。

我们可以将人类生存与发展的终极问题概括为食物、健康、住房、能源、交通、信息、精神、文化、环境等若干具体问题，也可以理解为以人类发展为圆心，向不同方向辐射延伸出的、解决这些终极问题所涉及的行业和产业，其中，有些行业和产业的功能具有相近性，这些相近的行业和产业就构成了一个扇面，而若干个扇面共同构成了一个完整的解决人类生存与发展的终极问题的圆盘。

这个圆盘可以大致划分为两个主要部分：一是实现人类自

身的不断进化和安全的终极问题；二是实现人类生存空间的拓展和生活质量的提高的终极问题。我们可以将人类生存与发展面临的终极问题以及需要、实现的努力、发展的目标都装入这两个部分。

人类生存与发展所需要解决的终极问题也可以归结为两个主要发展方向，即向内和向外。一是向内探索，向人的生理机体和灵魂深处探索，即了解和掌握人体的进化机理和发展规律，丰富和发展人的内在精神世界，强大提升人的生理肌体机能；二是向外探索，向自然界和宇宙深处探索，拓展人的认知边界，扩张人类生存与发展空间，了解掌握自然界和宇宙运行发展的基本规律。

人类的生存发展和人类文明的发展进步都无外乎向这两个方向努力。这两个方向互为依托，构成了人类感性与理性的两个基本面。只向内而不向外，人类的发展就会陷入形而上的停滞；只向外而不向内，人类的发展也会陷入盲目扩张的疯狂。向内探索和向外发展构成了人类发展和人类文明的一体两面，同时也构成了人类生存与发展的终极问题。

（二）实现人类自身发展的安全与进化

从人作为个体的内在需求出发，人有维系机体正常生理机能、治疗疾病、保护个人生命财产安全、提升寿命上限和精神文化享受等需求。具体来讲就是饮食、疾病与健康、文化艺术精神生活以及安全需求等。满足这个需求就是解决人类自身发展的安全与进化的终极问题。

1. 饮食

中国人常说国以民为本、民以食为天。饮食是维系人类生命的最基础底线，也是维系人类生存与发展和社会基本运转的、最基本的需求和最根本的问题，也是人类的终极问题。

从原始社会起，人类以吃为动力、以吃为主线，推动了人类族群的产生，更推动了人类文明萌芽和快速发展。为了吃饱，原始人类结成部落族群捕猎大型猛兽，并进一步发展畜牧业和种植业，选育优质良种，在有了充足的食物保障和剩余食物储备后，人类逐渐有了私有财产、家庭和国家的概念，并且有剩余的劳动力去发展科技、文化等。为了吃好，人类又发现并利用火、用各种陶土或金属器皿来烹饪食物，发展了人类的基础制造业，用微生物发酵食物，提升营养的转化效率，启蒙了人类对生物科技的发展。围绕"吃"这个终极问题，人类进行了长期的尝试和探索，也在这个过程中探索构建了人类社会的基础形态和特殊结构。

农耕的实施和农业的发展让人类定居生活成为可能，人类农业和饮食史的几次重要革命，推动了早期人类文明的发展。中亚的大麦和小麦、东亚的粟米和水稻的选育，可等同于古代的"基因工程"。以食物生产和分配为依据，人类构建了古代社会的政治、经济、宗教和阶级结构。"哥伦布大交换"带来植物大迁徙与全球口味和生态的大交流，欧洲国家竞相建立殖民地、大帝国与全球贸易网络。许多国家借助高热量、易种植的玉米、马铃薯等作物，克服了食物短缺的难题，带动了人口的飞速增长。蔗糖和棉花，携手打造了工业时代的生产模式。无论什么时候，食物都是发动战争的一大契机，谁拥有丰富充实的粮仓，谁有能力掌控世界粮食的命脉，谁就掌握了国际社会的话语权。

吃已经从人类单纯的生理需求，发展到吃饱、吃好、吃营养、吃文化、吃健康、吃长寿、吃强大，形成了人类独有的一种审美文化、科技领域、产业体系和国家安全底线，解决人类吃的问题的农业也被公认为第一产业，是关系国计民生和国家安全的底线。

中国是全球农业大国和强国，粮食安全始终是中国的基本国策和重要的新科技策源地。农业是国民经济的基础，农业现代化是国家现代化的基石。对于中国而言，农业现代化是一个动态的比较概念，既是推动传统农业成为现代农业的过程，也是不断赶超农业现代化先行国家的过程。其核心是农业生产方式的现代化，重要标志是农业生产效率、发展水平和科技含量等达到世界先进水平。

为了探索解决"谁来种地"和"怎样种地"难题的途径，中国工程院院士、华南农业大学教授罗锡文及其团队在广东创建了首个水稻无人农场，实现了水稻生产耕、种、管、收全程无人作业。"耕牛退休、铁牛下田、农民进城、专家种地……"，这是罗锡文院士描绘的未来农业新图景。"智慧农业"，源于 20 世纪 80 年代末 90 年代初国外提出的"精准农业"，智慧农业是依托生物技术、智能农机和信息技术，能够实现数字化感知、智能化决策、精准化作业和智慧化管理四大功能的现代化农业生产方式。智慧农业是现代农业的发展方向，而无人农场是实现智慧农业的重要途径。

由于国情不同，各国农业现代化道路和模式也不尽相同。目前，世界农业现代化主要有三种典型模式，即以美国、加拿大等国家为代表的规模化农业模式，以日本、荷兰等国家为代表的精细化农业模式，以及以法国、意大利等为代表的高值特色农业模式。这些模式尽管具有一定借鉴意义，但都不完全适合于中国。中国拥有数亿农民，"大国小农"是基本国情，立足自身国情，探索出一条中国特色农业现代化道路，这本身就是一种模式和理论创新，有利于丰富和发展世界农业现代化理论。这一道路还将为世界农业现代化贡献中国智慧和中国方案，对广大发展中国家具有重要借鉴意义。

人类掌握了"吃"，就掌握了人类进化发展的轨迹。现代食品工业和农业能够提供更高的食物热量，增加食物的美味，延长食物的保存时间，优质的营养摄入和科学的膳食结构实现了人体的进化，现代人类的平均身高、体重、智力和寿命都在增长，人体正在向着更高、更快、更强的方向发展。随着生物学、分子化学、营养学等学科的快速发展，人类已经认识到"吃"是干预人体进化发展的重要因素，比如钙和维生素 D 对骨骼发育的积极影响，鱼类脂肪中的 DHA 对脑部发育的积极作用，碳水化合物可以提高肌体的耐力，蛋白质可以提升人体的肌肉力量。现代生命科学已经发现，饮食及膳食成分可借助表观修饰机制影响基因表达，如葡萄中的两种成分可抑制表观修饰酶活性，通过改变小鼠基因表达增强抗抑郁能力。

饮食是人类文明存续与发展绕不开的话题，而且是永恒的终极问题。未来人类还将不断拓展生存的空间和边界，比如向太空发展、向海洋发展，在饮食上还要投入更大的努力去探索和完善，海洋牧场、太空农场，流水线上的生物化学与分子生物学农场将从科幻小说走入现实世界，人类对食物热量和营养成分的把控也将越来越精确。我们可以利用压缩、冻干技术将一日三餐封装进一个小小的盒子，通过简单处理就能还原食物的色香味，人们花在吃什么和怎么吃上的时间将越来越少；也可以将人体一天所需的能量和营养压缩为一块糖果、一块饼干，以满足极限状态下的生存和工作需要；也可以通过脑机接口，通过模拟讯号让人们"品尝"到虚拟的美酒佳肴。

"吃"的文章无穷无尽，是人类生存与发展最根本的问题和终极问题，是人类文明永不枯竭的发展之源，也是中国企业未来价值创造，实现可持续发展的永恒方向。

2. 疾病与健康

历史上，人类疫病除了影响健康，还对社会稳定、社会结构和人的思想造成巨大的影响，也成为推动人类文明发展的重要因素之一和终极问题。历史上每次人类大疫病都伴随着人类社会政治、经济和思想的巨变，尤其是后者，往往是在面对死亡和恐惧之时人类真实情感的爆发，以往掩盖在平安祥和气氛下的思想分歧也会日渐显著。关于这一点，大家能立即联想到的是黑死病之后，欧洲兴起的文艺复兴，这大概是疫病改变世界、改变思想的最著名的例证。实际上类似的事情广泛存在于全球范围内，疫病与文明的兴衰、疫病与战争、疫病与经济、疫病与医学思想的巨变、疫病与社会分歧……相关例子不胜枚举。

随着人类文明的发展繁荣，人口逐渐密集，贸易、战争逐步增加，传染疾病开始获得广阔的舞台。可以说没有人类的文明发展，也就没有人类传染疾病的频繁密集发生。但是，传染疾病都有自身的发展进程和发展历史，同样一种疾病，在人类发展的不同历史阶段也有不同的形态，细菌、病毒、螺旋体、衣原体、支原体、原虫等病原微生物，其实从它们的角度来看，它们的目的和人类一样，都是繁衍生存。就病毒而言，自然界对于病毒也有筛选机制，杀死所有宿主对于病毒来说并非最优选择：病毒本身会随机变异，其中毒性过强的因为杀死宿主太快而导致自身也灭绝了，传染性弱的因为无法有效传播而灭绝，筛选留下来的病毒体现为传染性强、毒性弱，这是很多病毒性传染病发展的规律。也就是说，病毒要尽可能多地繁衍，尽可能少地杀死宿主。所以有的疾病刚开始出现的时候十分酷烈，但随着进化会逐渐降低烈度，例如梅毒和 2020 年在全球肆虐的新型冠状病毒。

人类文明的发展最终可以提供更加强大的应对疫病的手段。在人类社会发展的早期阶段，各个人类文明的体量还不够大，往往一场疫病就能摧毁一个人类文明。随着人类文明实体的不断壮大，人类对抗饥荒、瘟疫和气候地理变化的能力也在增强，所以，人类文明的发展最终是可以提供更强大的应对疫病的手段。当然，人类文明程度越高，瘟疫传播的速度就越快，但同时人类应对手段也会更加先进。总的来说，传染疾病在人类疾病图谱中所占比重已经开始走下坡路，不再是导致人类死亡的主要原因。随着人类营养条件的改善，现代化的医疗技术和公共卫生体系的进步已使传染疾病退居次席。正是在人类接连战胜天花、结核、鼠疫、疟疾、霍乱等疾病后，癌症、心脑血管疾病才逐渐凸显出来。

314

人类文明客观上可能为传染疾病的传播提供途径，但人类文明因交流而强大，强大的人类文明和现代化的卫生体系能够反过来克制传染病的传播。中国古代十室九空的疫病惨景已经不可能再现，欧洲杀死近一半人口的黑死病也只存留于记忆之中，在威胁人类健康的因素中，传染性质的疾病已经式微。

全球化是几千年来人类发展的必然结果，是人类壮大自己、丰富自己的必然途径，疾病是与它相伴相随的"副产品"，任何事物都有正负两面，疾病是人类发展必须要付出的代价，也是推动人类向内研究自我、向外探知世界的动力，为了攻克疾病，才有神农尝百草的探索和尝试，也有了人类医学的进步，更促成了人类整体寿命的延长，更长的寿命也推动人类科学、技术、文化的深度发展，因为疾病和瘟疫而终止全球化，不是也不可能是我们的选择。更何况，全球化还能带来更有效、更全面的对抗疾病的手段，人类的历史尤其是最近百年的历史，就是一部不断克制瘟疫的历史，任何新的疫情都不会彻底扭转全球化的趋势。克服它只是时间问题。

因此，健康是人类生存与发展绕不开的核心议题，也是人类生存与发展的根本问题和终极问题，随着人类对未知世界的探索，深海的未知细菌和病毒，太空的零重力和宇宙辐射，这些未知的领域蕴含着未知的风险和挑战，却是全人类不得不去拓展的未来发展空间。人类对生命健康的重视和投入永远不会止步。

3. 文化艺术与精神世界

每个人实际上都栖居于两个家园之中。一个是安置肉身有形的物质家园，即客观的、自然的物理空间；另一个是安顿精神心灵、内在的文化家园，两者缺一不可。因而，人类就产生了对物质和精神文化的两种依托、两种需要。人的文化需求主要是指维持基本生理需求之外产生的获取知识、陶冶情操、休闲娱乐，以及追求人生意义与价值实现的精神层面、情感上的欲求，是人的价值观念、道德规范、精神面貌、审美情趣的反映，更是人作为高级社会性存在的根本标志。人类的文化需求内容涵盖很广，包括知识教育、文化娱乐、体育健身、旅游观光、休闲养生等。精神文化对于"现实的""完整的人"而言极为重要、不可或缺。

从经济学的角度来看，人的任何现实需要都离不开生产和消费。作为经济行为，精神产品生产和艺术文化消费是指以物质消费为前提的对精神文化类产品及精神文化性劳务的创造、欣赏、享受和使用。有益的精神创造和文化消费不仅能够带来一定的经济效益，更为重要的是，它能够发挥传播思想、陶冶情操、凝聚人心、振奋精神、积蓄力量等多方面作用。仅以文学艺术为例，古今中外流传下来的那些浩瀚精品经典，以其所承载价值内容的普遍性、独特性、永恒性，能够深深地吸引读者，触动读者的心灵，令人久久回味，从而影响了无数人的精神世界，给人以深深的情感慰藉，并产生了不可替代的强大思想力量。

人的需求不是抽象的，而是历史的、具体的。有什么样的生产力水平和社会历史发展阶段，相应地就会产生什么样的需要或需求。物质需求如此，文化需求亦然。新中国成立以后，中国人民实现了"站起来"的愿望，社会主义制度的建立为中华民族的复兴奠定了重要的制度文化基础，为中国社会的历史性进步及人的解放发展创造了巨大的空间。改革开放后，中国坚持以经济建设为中心，不断解放和发展生产力，经济建设取得巨大成就，人民群众的生活日益富裕起来，生活水平和消费水平逐年提高。在"十三五"期间，中国实现了现行标准下农村贫困人口全部脱贫，困扰中华民族千百年来绝对贫困的难题得以彻底解决，创造了足以彪炳史册的伟大奇迹。脱贫攻坚的胜利不仅使得人民群众的物质需求不断提升，而且也为满足其精神文化需求提供了实现的可能与前提。近年来，人民群众对文化需求产生了新的期盼，文化消费、文化经济、知识付费等持续升温，人们的文化生活出现了品质化、个性化、多样化的需求。满足人民群众日益增长的精神文化需求，要求我们不断改革文化的供给侧结构，不断丰富人民群众精神文化生活，让文化产品供给方最大限度地生产出量多质优、人民群众喜闻乐见的文化产品，为人民提供更加丰富的精神食粮。

4. 保障人类生命财产安全

生命权与财产权是现代文明赋予全人类的重要权利。保护人类自我的生命是人类的生理本能，保护人类自己所创造的财富是社会性本能，保护家人、族群和国家是人类的社会义务。换句话说，如果人不能保护自己的生命和财产免受他人和自然的伤害，那么人类也不会有发展的动力。

作为动物的人类，其生存能力远不如其他大型哺乳类动物。人的皮毛不足以抵御严寒，所以人类才会钻木取火、建造房屋、缝制衣物；人的牙齿和利爪不足以抵御猛兽的伤害，所以人类才会制造武器；人的繁殖能力和幼儿独立生活能力也远不如其他哺乳动物，所以人类才会结为族群、部落和国家来保护共同的财产。

自我保护是大自然赋予生物的本能，优胜劣汰的自然法则也是倒逼物种进化发展的重要推动力量。既然是本能，就像饿了要吃饭、渴了要饮水一样，人活着就有保护自己的本能，也有保护亲人、民族和国家的责任，有本能就有无限的发展需要并构建为人类生存与发展的终极问题。

居住安全。"耕者有其田，居者有其屋"是孙中山先生提出的民主观念，但早在先秦时代的孟子就已经提出了这一思想。现代人对居住的需求是舒适，但居住本质上还是保障个人和家人的安全。居住空间保护了个体和家庭的生命安全，也保障了隐私和财产。现代住宅不仅在传统认知中，"房屋"是"家"的意象投射，中国人将"房屋"称之为"家"，中国人对于"家"也有着别样的情节。诗人杜甫面对风雨飘摇的茅屋写下"安得广厦千万间，大庇护天下寒士俱欢颜"。

伴随着人类文明的发展进程，人类的居住空间也不断发生着演变。当第一只古猿从树上来到地面，人类的居住空间史便拉开了序幕。"上古穴居而野处"，说的原始社会的人类依靠天然形成的洞穴居住，结束了漂泊露宿历史，居住空间的概念由此而产生。但是，洞穴对于居住空间来说，能起到的只有遮风避雨、阻挡野兽，其功能性远远不足。随着时间的推移，原始人类的活动范围逐渐扩大，他们离开山区来到平原，并学会了在平地上筑起土台，然后在土台上建造木楼，房屋的概念由此形成。将房屋抬高，上方居住，下方饲养牲畜，既可以满足日常生活，又可以利用房屋高度差有效避免其他生物袭击。进入封建社会后，房屋不仅是满足人类居住的工具，也成了"天子"身份的象征。"天子"选择建设更大、更高、更宽阔的房屋，以彰显身份。这时的房屋也开始有了建筑设计概念，并具备了排水、通风等功能，人类开始将居住与烹饪、牲畜饲养等进行功能区分。在漫长的历史变革中，房屋也有了许多新的分类和叫法，如府、邸、堡、城、楼、庵、亭……到 20 世纪中叶，中国的居住空间被统一称为"住房"，并且开始实行公有住房分配制度。70 年代，筒子楼是城市居民的典型居住空间，共用厨房、共用卫生间，成为一代人的记忆；80 年代，住房商品化政策开始实施，许多人住进了带有卫生间、厨房的单元房。90 年代，市场经济的春风吹来，房地产开始迅猛发展，老百姓的居住条件大大改善。数据显示，从 1978 年到 2021 年底，中国城镇居民人均住房面积从 3.6 平方米跃升到 32.9 平方米。21世纪，中国老百姓对于住房有了更高的要求，居住空间不仅要满足住得舒适，还要实现智能家居，不仅要有 24 小时安保，还要有四季恒温恒湿、配套完善、出行便利等。

武器装备。人类要维持生存和发展，仅仅有住房、有家庭是无法提供足够的保护的，人类还需要武器装备来实现自卫，对不同的人类文明来说，武装力量是保护文明存在的底线；对整个人类文明来说，假设人类并非宇宙中唯一的高级智慧生命，那么与人类科技水平相匹配的武装力量是人类文明存续的基础保障。

武器在人类文明的发展过程中，曾经发挥过不可忽视的作用，武器的出现让普通人有了保护个人生命财产安全的可能，并通过组织军队来保护集体、民族和国家的安全，在一定程度上，武器也塑造了当今的人类文明最重要的民主制度。

长矛、弓箭等远距离投掷武器的出现不仅帮助原始人类捕猎大型动物，更促进了人类族群向着平等的方向发展。只要采取合适的策略和技巧，部落中一个哪怕弱小、微不足道的人也可以杀死身强力壮的强者。这样一来，完全依靠体力来维持的社会等级制度就受到了挑战，只有让大多数人满意才行特别是在智慧上有优势的人才能得到大众的认可，民主、平等的社会制度由此而产生。

一旦人类学会了通过远距离投掷武器来捕杀猎物，社会合作就不可避免，因为他们现在可以追捕那些之前避之唯恐不及的猛兽了。但尽管这样，要捕杀一头猛兽，单靠一个人的力量远远不够，需要有人驱赶，有人拦截……一句话，需要合作。合作带来了技能的交流和分享，极大地提高了生产力。

有了武器之后，单独个人的强壮与否就开始退居次要地位，那些想获得权力的人就不得不放弃凭恃武力，而是通过其他途径结为可靠的同盟，比如部落、国家，人类也就发展出了政治文明，比如说服、承诺、欺诈或靠自身魅力等，来获得别人的支持。这一切又推动了人类智力和文明的进化，使人类从自然界中脱颖而出。

不可否认的是，战争曾数次将人类文明推向深渊，但是战争也塑造了今天的人类文明，推动了人类科技的发展。核武器的出现曾被认为是人类走向灭亡的预兆，当拥有核武器的国家越来越多后，国家和国家联盟之间形成了"恐怖威慑平衡"。在发明核弹之前，冲突基本都是发生在战争的前线，在后方的决策者通常是没有性命之忧的，但核战争完全不同。核战争一旦发生，指挥部、首都等地往往是第一轮遭到打击或首先被报复的地方。这就使得决策者对发动核战争的决策必须仔细考虑和抉择。在核弹发明 70 多年中，再没有两个有核国家发生过全面战争。大国之间更倾向于利用外交手段，经济制裁和贸易战。这或许不是世界最完美的状态，但它已经是人类目前可以实现的最好状态。

武器装备的发明与发展像是人类与死亡之神之间的交易。人类用极低概率文明灭绝的代价换得长久和平生存和可持续发展的未来，我们还不知道这笔交易是否值得，一切有待验证。我们不能说有了武器的人类更加"文明"，但是没有武器的人类一定不会产生和保存"文明"。

武器装备只是人类维护自身安全的一种手段，还有一种重要手段就是拟定共同认可的行为规范，即法律。触犯法律就会受到制裁，并由国家机器来维护法律的严肃性，所以我们经常称之为"法律武器"。

（三）实现人类生存发展空间的拓展

自人类文明产生以来，拓展生存和发展空间成为一项从未停止的努力。在不同的空间范畴下，形成了不同类型的人类文明，随着人类交往的深化和空间的扩展，不同类型的人类文明在多样化的空间中发展和推动着人类生活。始自人猿揖别、茹毛饮血的人类，逐渐跨越地域性、民族性的空间限制共享世界，不同人类文明在空间的扩展中不断发生冲突和碰撞，在融汇交合中演进着人类文明。

人类生存和发展终极问题解决方案的每一次进步，都拓展了人类的生存与发展的空间，并大大提高了人类文明的质量。

人类文明不是固定的、封闭的实体，随着时间的流逝和空间的变迁而变化。人类文明是在全球性与地域性关系的互动中发展的，同时，世界的发展从来不始于某个文明的推动，而是在不同文明向外扩张和互动中前进的。

扩张是人类文明发展的基本特点。这里所说的"扩张"是广义上的，包括军事、政治、经济、文化的扩张、交流或传播。人类文明的传播，有的是优势文明主动强势扩张的结果，有的则属于人类文明本身的影响力而自行发生的溢出式传播。

人类从孤立的"点"开始，在地球上历经繁衍、迁徙，留下了罕见的早期文明痕迹；进入农耕文明以后，"点线"文明逐渐扩大为大大小小的文明之"面"；依靠地理大发现、新航路的开辟、工业大生产，地区的局限性和狭隘性被打破，人类开始由分散走向联合，步入工业文明。新大陆的发现促生了新的资本力量，由科学技术支撑的产业资本在利益的驱使下扩张到全世界各地，开创了世界历史，也开启了资本主义和社会主义两种不同的人类文明发展模式。

至于未来，如果人类文明延续下去，它必然无限制地扩大自己的活动空间和尺度，成为巨大的宏观文明，成为跨越陆地和海洋的文明，更将成为跨星际的智慧生命。科幻作家们对这样的超级尺度文明进行了许多生动的描述。如在阿西莫夫的《基地》中，人类遍布整个银河系；克拉克的《2001：太空漫游》中，超级文明更是用一种人类永远无法理解的超时空结构，使整个宇宙成为他们的庭院；刘慈欣的《三体》中，宇宙中不同的文明灿若星辰，彼此差距巨大而又充满敌意，人类在太阳系的行星和卫星上建立了星际防御系统。

当我们把视线从遥远的未来和宇宙深空回归当下并且回看过去，无论人类文明走向哪里，走多远，扩张都是文明的第一需求，也是文明存续的本能。文明的扩张需要消耗物质和能量，更需要发达的信息联通方式以维系联系，因而能源和信息成为人类外向生存和发展的重要因素和终极问题。

1. 能源

能源是人类赖以生存和发展的重要物质基础。纵观人类社会发展的历史，人类文明的每一次重大进步都伴随着能源的变革和更替。

从普罗米修斯盗火的神话到燧人氏钻木取火传说，火的发现和利用无疑都是人类文明演化的转折点。在早期的人类社会中，对火的使用对人类文明演化有着非同寻常的重要意义。火的使用令人类烹煮食物，并从加热过的食物中摄取蛋白质和碳水化合物，极大促进人类肌体和大脑的进化和演化。火又提供温暖，使人类在寒冷的夜间以及寒冷的气候中活动。火提供了天然光源之外的另一选择，也给予人类抵御外来食肉动物入侵能力。

能源是帮助人类拓展生存发展空间的"开山斧"。火的发现和使用带领人类走出了洞穴，形成了文明；风能和水能的利用推动人类走向海洋去发现新的大陆；化石能源的使用让人类纵横于天地之间，并且进入了工业文明和信息文明时代。可以预见，随着可控核聚变的实现，将是人类走向太空实现星际殖民的关键。

诺贝尔化学奖得主威廉·奥斯特瓦尔德在《能量的现代理论》中写道："文明的历史就是人类逐渐控制能量的历史。"奥斯特瓦尔德写下这句话的时候，人类已经开始见识到煤炭和石油的威力——它们推动机器、推动文明快步向前，这是人类自身和人类所饲养的动物都无法达到的效率。只要往发动机里加入1升汽油，就会产生相当于130多个小时的人力工作量。人类文明快速发展的关键就在于发现并使用了各种能源，这也是人类走向未来、走向深海与宇宙的引路明灯。

在人类生存与发展的漫漫历史长河中，能源是推动人类文明发展的得力助手。如今我们享受的现代化生活，无不建立在能源消耗的基础之上。随着机器和技术的发展，能源的需求量也急剧上升，煤、石油、天然气、水能、风能、太阳能、核能等不同类型的能源资源相继被开发和利用。

新能源和新原动力的采用与普及一直是造成经济、社会和环境变化的根本物理因素，几乎改变了现代社会的方方面面。人类文明的进步可以看作是对提高粮食产量，运输更多的产品和各种材料，生产更多且更多样化的商品，实现更高的流动性，并创造可获得几乎无限量的信息途径所需要的更高能量使用的追求。这些成就带来了更大规模的人口和更高的生活质量。

尽管人类依靠能量转化来生存发展，且依靠更多能量流动来发展文明，但这并不意味着，不断增长的能量使用量等同于有效适应，相反，最大限度地提高能量输出反而会适得其反。历史证据表明，更高的能量使用本身只能引起更大的环境负担。比如，更高的能量使用量不会确保可靠的粮食供应，也不会赋予国家战略安全，等等。

人类文明发展史就是人类控制能量的演化历史，人类文明的存续与发展都须臾离不开能源。人类社会越发展，科技越发达，社会经济越复杂，越需要更多、更高效的能量投入是无可争辩的事实。

2. 信息

人类社会是各种信息的总和，缺少了任何一种信息都是不完整的。在人类文明发展的进程中，采取了图像，声音，文字等方式记录信息，借助这些信息，人类才得以还原历史。整个人类社会才得以完整保存。

信息不仅被动记录世界，并且主动创造世界，信息发展了人类文明。信息促进了人类大脑思维的产生，让知识结构化，并且形成新知识的基础。从早期的差分机，到后来的电子计算机；从最初的电磁感应到后来的互联网，在这些一层层累加的基础上，人类社会不断产生新的创造，信息推动了人类文明的进步。

信息是人类文明发展的纽带。人类活动范围始终处于不断拓展之中，人类文明疆域的扩张必然带来信息传递成本的增加，超大型社会、国家和超大型文明必须解决信息的传递问题，这也是中国古代将邮驿系统、烽火狼烟视为国家管理的基础。

在世界进步的历程里和信息发展的漫漫长河中，人类社会经历了语言、文字、电磁波、电脑等四次信息革命。信息的传播、融合和持续发展是人们发明、创造、开拓、进取的基础条件，是人类历史前进的推动力量。

可以看到，人类信息的传播和信息革命的发展是沿着点、线、面、体的逻辑方向前进的。历史上每一次信息革命的爆发都是以信息传播手段产生革命性变革作为其鲜明的标志，这种信息传播的历程并不是以一种等差级数的关系在前进，而是以一种等比关系、加速度关系和大爆炸的关系在前进。而相应的人类文明的进程也恰是如此。

信息和物质、能源相比，是一个取之不尽用之不竭的无穷资源，它将给整个人类社会带来一次脱胎换骨的变化。以往，我们通常把生产力的发展和社会形态的演变作为衡量人类发展进步的尺度。现在看来，如果从信息革命的角度来衡量人类社会的发展，这将更为全面，更为本质，更为科学、也更为符合历史前进的逻辑。只有这样，我们才能在时间方面、空间方面、数量方面和状态方面进行全面的度量和评估，才能制订出人类文明进步的基本模型和具体标尺。

信息决定着人类文明的存续与发展，信息产业也是人类文明发展进步的重要阶梯。人类未来能否成为跨越星际的智慧生命，信息技术和信息产业是绕不开的关键问题。

人类文明的发展，是个螺旋式上升的过程，生命生活生态始终是一个有机发展的整体。当今人类生态危机问题的解决，人类文明的可持续高质量发展，还得依赖生命科学的发展，而生命科学的发展，是个复杂的巨大系统，囊括了人类至今所有的知识体系，而能量和信息是其中最关键的密码钥匙。

从以上分析可以得出，所谓人类终极问题有以下特征：第一，它们都是人的本能需求、本性反应所产生的问题，而且伴随着人类文明发展的全过程；第二，它们都是全人类共同的问题，具有普遍性，无论任何种族和国家，无论何种社会发展阶段，概莫能外；第三，它们的内涵随着人类文明的发展而不断演进，但本质内核没有改变。

人类发展终极问题的探索解决，是对人类科技进步、价值创造、文明发展、自我完善的历史进程的不断深化和拓展。在这个过程中，我们不断尝试将终极问题产品化、产业化，将其融入产业技术化和技术创新化的进程中。

终极问题产品化、产业化是将抽象的观念具体化为实际可操作的产品或服务。这个过程不仅使得终极问题的解决更具实际意义，也为社会发展提供了新的动力。产业技术化则是将这种产品或服务融入各个产业中，使之成为推动产业升级的重要力量。而技术创新化则是推动产业技术不断向前发展，为终极问题的解决提供更先进的手段。

每一次终极问题解决的进步，都是对人类文明的新形态的创造。这种新形态不仅体现在物质生活的丰富，更体现在精神生活的提升。人类在解决自身生存与发展的终极问题过程中，不断丰富自己的认知，提升自己的道德水平，从而创造了新的文明形态。

人类终极问题解决的理性智慧设计和长期实施，有利于提升、改进和完善人类的自然属性和社会属性。在这个过程中，人类不仅学会了如何与自然和谐共处，也学会了如何构建和谐的社会关系。这种理性智慧的设计和实施，是人类自我的一种提升，也是对人类文明的一种深化。

总的来说，人类生存与发展终极问题的探索解决是一个持续不断的过程，它推动着人类科技进步、价值创造、文明发展和自我完善。在这个过程中，我们要坚持理性智慧的设计和长期实施，以期达到提升、改进和完善人类的自然属性和社会属性的目标。这就是我们对人类发展终极问题的探索解决的理解，也是我们对人类未来发展的期待。

三、人类生存发展终极问题的终极解决方案需要中国企业不懈地探索创新奋斗

聚焦人类生存与发展的终极问题，不断寻求最终解决方案，能为中国企业发展创新和做强做优做大提供持续的发展机遇和内生动力，能够连续不断地创造价值。中国企业只要沿着这个方向前行，不仅能够为解决人类最重要、最值得解决的问题作出贡献，推动人类社会和文明不断向前发展，而且还能够实现自身长期可持续发展。

（一）人类生存与发展终极问题的终极解决方案是现代企业不断创新发展、永无止境的过程

现代企业是解决人类生存与发展终极问题最有效的组织形式，现代企业可以很好地利用人类不断创新解决生存与发展的终极问题，提供永恒动力和奋斗目标，形成与人类生存与发展相互互动互促的关系，实现企业的长期价值创造和永恒创新发展。

中国企业始终围绕人类生存发展的终极问题的探索解决，才能实现可持续发展，因为上述问题的解决是全人类发展的永恒需求和永无止境的目标。并且当现有的终极问题需求解决后，还将产生新的问题，因为人类对发展、对美好生活的追求是无止境的，因此它能为中国企业的发展提供永恒的机遇、最重要的生存条件和最重要的成功之道。

人类的可持续发展与现代企业的可持续发展具有高度的一致性。现代企业是人类创建的经济组织，人是现代企业的细胞，现代企业是人类文明的智慧与能力、优点与弱点、精神与特质的集合。现代企业的一切都是为了可持续发展，可持续发展是为了现代企业的一切。生存是人类的本能，发展是人类社会的规律，是不可抗拒的力量。发展也是现代企业与生俱来的本能，一旦停滞发展，现代企业也会萎缩衰败，所以现代企业比其他人类组织更加渴望发展、信仰发展。

创建现代企业是人类制度文明的伟大成果，将人类生存与发展的终极问题的解决交给现代企业去实现再合适不过。

1. 现代企业具有无限的"生命"

所有的碳基生命体从诞生的一刻开始，就已经开启了走向死亡的倒计时，生存、延续、发展是生命的本质需求。肉体总会消亡，而制度可以永生，现代企业的法人没有自然生命的限制，只要企业存在，企业所承载的使命就可以一代代延续下去。

特修斯之船亦称为忒修斯悖论，是一种有关身份更替的悖论。公元 1 世纪的时候普鲁塔克提出一个问题：如果一艘名为忒修斯号的船在远航过程中不断维修和替换船体的木头，最后所有的船体零件都不是出发时的，那这艘船还是原来的那艘船吗？因此这类问题现在被称作"忒修斯之船"的问题。这个命题对现代企业也同样适用。人类的需求在不断地发展变化，人类生存发展面临的终极问题也在不断发展升级。现代企业历经百年仍然存在，但其所从事的行业与创办时相比，已经截然不同。比如，诺基亚刚刚创立时，是一家木材公司，并且曾长期从事多种业务，但最后却在通信行业闻名世界。有些时候企业历经百年，却始终不改初心，比如日本的任天堂公司，刚刚成立时是生产纸牌、象棋的公司，今天却以优秀的电子游戏产品蜚声世界，始终在休闲娱乐和创造精神产品领域深耕；有些时候，一家企业已经倒闭衰亡，但其所开创的行业却始终欣欣向荣，比如美国柯达公司创立的胶卷行业，虽然胶卷行业已经退出历史舞台，但是作为信息记录载体的数字影像产业却始终竞争激烈。

2. 现代企业具有对抗风险的天然优势

人类文明存续与发展的终极问题，其变化与解决往往伴随着巨大的风险和长期的巨额投资，而现代企业的优势之一就是用股份制吸收社会资本，用有限责任有效平抑和对抗风险。随着新航路的开辟、新大陆的发现和新市场的产生，风险巨大但又获利丰厚的远洋贸易催生了股份制和有限责任制度，股东以其出资额为限对企业债务承担责任，这是现代企业制度的一次革命性进步。一方面，股份制和有限责任制度有效隔离了经营风险、保护了投资者权益、降低了交易成本。另一方面，有限责任制度激发、保护了企业主对创新的热情，因为创新就是一种冒险，变幻莫测的市场和捉摸不定的未来与浩瀚大洋一样充满风险，有限责任制度点燃了企业家的创新激情，更使企业家精神成为企业的重要生产力要素之一，不断有新的产品被制造、新的需求被创造、新的市场被开发、新的商业模式被应用，也间接推动了人类文明的存续和进步。试想一下，未来人类必将走向的跨星际殖民，这样巨额的投资和巨大的风险是单一国家和任何国际组织都无法承受的，而通过现代企业却可以广泛地募集社会资源，有效平摊成本，并且在长达几十年甚至几百年的时间里持续推动这项事业。

随着埃隆·马斯克的 Space X 和杰夫·贝佐斯的蓝色起源（Blue Origin）等私人企业的宇宙开发事业的活跃化，火箭发射成本大幅降低，私人进行宇宙旅行的可能性也在提高。例如，美国联邦机构之一的美国航空航天局（NASA）在 1981—2011 年实施的"航天飞机"项目中，一次火箭发射的平均成本为 4 亿 5 000 万美元。30 年的总成本是 1 960 亿美元。另外，Space X 目前的主要火箭"猎鹰 9 号"的发射成本为 6 700 万美元。这是航天飞机平均发射成本的 1/7。在推动技术创新、降低运营成本，有效控制风险等方面，现代企业是解决人类生存与发展终极问题最有效率的制度和组织。

人类生存与发展终极问题的解决方案，受人类自身视野、能力、科技发展水平的限制，它们都是时代和历史的，不可能一蹴而就，只能不断进步。由于终极问题解决方案不断发展变化，而且难度也在不断发生变化，因此极具内生动力和创新潜力。

（二）不断解决人类生存与发展终极问题是现代企业最重要的价值创造和实现可持续发展的重要途径

如果一个村庄的居民没有远行的需要，那么他们很难会发展出食物保存的技术，而只会在不断精细化上下功夫。同样，居住在温暖地区的人类族群如果没有向寒冷地带拓展的需要，他们也很难发展出御寒防冻的纺织技术和建筑工艺。

人类生存与发展终极问题的解决方案许多时候都是"无心插柳"，因此不宜将人类发展终极问题的解决方式作为中国企业发展的限制。人类生存与发展的需求并不是永恒不变的，如果所有中国企业都将自身绑定在目前已知的发展需求上，那么企业的创新能力也将受到极大限制。总有一些独角兽企业需要去创造新的方式和新的需求，发展新的产品和新的服务。设想一下，如果人类的祖先仅仅满足于吃饱穿暖地生存下去，那么人类社会可能长期停滞在原始的部落文明阶段并缓慢地发展至农业文明社会，人类的族群分布仍然被限制在温度适宜、水源稳定、食物充足的中低纬度地区。但是人类恰恰不是满足于现状的物种，人类的祖先就是在十分艰难的条件下不断创造更优越的生存条件，并实现了发展，创造了辉煌的人类文明，越高级的人类文明越重视发展，而发展有时候并没有明确的目的，可能是扩张更大的领土，可能是拥有更多的人口等。

很多时候，人类某项生存需求的满足和解决并不只是就事论事，很多重要的发现都源于探索未知的偶然性。比如，罐头食品的出现并不是为了解决人类的饥荒问题，而是为了满足拿破仑军队军粮保障的需要；大航海时代的到来和地理大发现，最初的目标是寻找通往东方的商路、获取香料和黄金，但却在美洲发现了重要的农作物玉米和土豆，一举解决了世界许多个国家的饥荒问题，并且发现了重要的经济作物烟草和可可；为了治疗远航水手患败血病的问题，人们偶然发现了维生素。

今天，我们日常生活中很多习以为常的产品往往来自航空、航天、军工等"高大上"产业的民用转化，人类在拓展认知边界、向更高层次发展的同时，也会顺带将最基本的生存和发展需求进行提升。

人类文明的发展总会在某个特定节点发生决定全局的质变，比如火的发现与使用、新航路的开辟、内燃机的出现、计算机的发明等，一个创新的火花，可以点燃一个行业的爆炸性发展，进而推动人类文明的航船拓展新的疆域。这些伟大的时刻定义了人类文明的发展阶段，而其意义在于开创性的创新。

在现代企业出现之前，这些全球性、开创性的探索都是由国家去引领的，比如西班牙王室资助哥伦布。但现代企业出现之后，越来越多的企业成为这些开创性火花的点燃者，比如爱迪生的通用电气。

"选择"在任何时候都很重要，选对就是成功的一半。人类生存与发展的终极问题的不断解决是一项需要倾尽全人类智慧、财富和接续努力去不断推进的事业，具有近乎无限的发展空间，也是值得中国企业长期投入和坚持发展的事业，可以将中国企业的创新能力、创新效率充分发挥出来。

我们反复提及一个观点，即仅靠人类生存本身是不能保证人类生存的，人类发展是人类生存的最好保障。能够生产汽车的企业有很多，但发明汽车的企业只有一个，这一个伟大的开端改变了人类的出行和生活方式，拓展了人类的生存与发展空间。如果没有人类文明发展方向选择上的重大进步，那么在某一个领域不断自我重复对整个人类社会而言将是低效甚至是没有任何进步的内卷。

（三）把不断探索创新解决人类生存与发展终极问题，作为促进人类全面发展和人类文明进步的综合手段

人类生存与发展终极问题的解决方向、路径方式和智慧设计，影响人类的生理基因的演化和人类自然属性的改变，进而影响着人类的社会属性、社会结构和社会制度的变革。我们不能将人类生存与发展的终极问题仅仅定位在解决衣食住行等具体问题，要聚焦在促进人类全面发展和人类文明进步的综合手段上。

我们可以通过探索解决人类生存与发展终极问题最终方案的不断探索创新和智慧设计，使这一永无止境的系统进程成为有利于人类自然属性进化，社会属性改变和社会文明形态进步的路径。

人类生存与发展终极问题是一个永无止境的发展变化过程，而解决这些问题的过程是渐进式持续过程和不断创新的永恒发展过程，两个永无止境的发展过程决定了能给中国企业带来永恒的发展机遇和永恒的价值创造。

美国企业家埃隆·马斯克以其独特的想象力和超前性，不仅改变了科技产业的面貌，更以创新技术和可持续发展的理念，展现了改变人类发展命运的雄心。马斯克构建了庞大科技企业"帝国"，其中，特斯拉是电动汽车的革命者，通过其尖端的技术和

不懈的创新，彻底改变了人们对汽车的认知，打破了传统汽车行业的格局，以其卓越的性能、舒适的驾驶体验以及环保理念，引领了全球电动汽车市场的发展。SpaceX 是太空探索的先锋，致力于创新和发展太空技术。它以卓越的创新能力和卓越的太空技术打破了传统太空行业的局限，引领太空探索进入新的时代。SpaceX 的火箭回收和再利用技术，不仅拓展了我们对太空的认知，也为人类在太空探索中开辟了新的道路。

StarLink 是一家致力于卫星互联网服务的公司，通过发射数千颗卫星组成星链网络，为用户提供高速、低成本的互联网连接服务。Neuralink 是脑机接口的探索者，致力于开创人机交互的新纪元。通过将微型电子装置植入人体，实现人类与机器之间的无缝交互，从而为医疗康复、通信以及认知增强等领域带来深远影响。The Boring Company 通过创新技术缓解城市拥堵问题。它开发地下交通网络和超级高铁，提高出行效率，为城市交通带来了革命性的变革，使城市变得更加便捷、舒适和可持续。SolarCity 致力于将可再生能源引入城市生活。通过创新的技术和设计，SolarCity 为城市提供清洁、高效的太阳能发电和储能解决方案。它将太阳能板与屋顶瓦片相结合，不仅提高了发电效率，同时也与建筑完美融合，增加了美观性。

马斯克的想象力和超前性在其众多产业中得到了充分体现。他对未来有着独特的见解和超前思维，不断追求技术创新，并将自己的想法转化为现实。马斯克对未来有着宏大的视野和清晰的设想。他相信人类将成为多星球物种，并正在通过太空技术以实现人类在太空的长期生存。

马斯克的探索与努力提醒中国企业，科技的力量和改变未来的可能性是无可限量的。中国企业沿着人类生存与发展终极问题的探索同样可以实现可持续的发展和价值创造，通过对解决人类生存与发展终极问题最终极解决方案的探索创新、智慧设计和持续实施，不仅能更好地满足人类当前的生存发展需要和对美好幸福生活的追求，而且还能够赋予它更多长远的功能和作用，为改善优化人类基因、提高生理机能、改变社会属性，促进人的全面发展和文明进步作出贡献。

（四）科学技术是解决人类生存与发展终极问题的决定性力量

人类文明的每一次进步都与科技进步相关。经济基础决定上层建筑，科技力量是人类社会文明发展的最根本动力。人类文明发展的显性标志就是科技。正是人类在生产实践的过程中掌握了科技这一重要成果，才得以促进人类文明的发展，而得到发展的人类文明越来越以已有的科技成果，并视之为生存发展的必要条件。只要人类文明还存在，人类科技就不会停下科技发展的脚步。

科学技术作为人类文明的重要组成部分，无疑是人类解决生存与发展终极问题的决定性力量。从古至今，科技的进步不断地推动着人类社会向前发展，带来了翻天覆地的变化。

科学技术在解决人类生存问题上发挥了至关重要的作用。从最初的农耕文明到现代的工业文明，科技不断推动着人类生产力的提升，使得人类能够更好地适应自然环境，提高生活质量。例如，农业科技的进步使得粮食产量大幅增加，解决了人类基本的温饱问题；医疗科技的发展则让许多疾病得以治愈，提高了人类的寿命和生活质量。此外，科技的进步还促进了环保、节能等方面的发展，帮助人类更好地保护地球家园。

科学技术在推动人类发展方面同样具有举足轻重的地位。随着科技的不断发展，人类社会的经济、文化、教育等各个领域都取得了显著的进步。例如，信息技术的迅猛发展使得信息传递更加迅速、便捷，促进了全球范围内的交流与合作；新能源技术的突破则为人类提供了更加环保、可持续的能源解决方案；人工智能技术的发展则有望推动人类社会向更高层次的发展。

然而，我们也需要清醒地认识到，科技的力量并非万能。环境污染、核大战、克隆技术、人工智能，这四大问题与其他问题相比是非常现实而且对人类未来具有决定性意义的问题。环境污染使人类的生存条件和生活质量根本下降，并将长期深入地影响人类的生存；核大战使人类自身有灭亡的危险；克隆技术使人退化为物，有消灭传统价值观的危险。人工智能将使大量就业岗位被机器所替代，人力资本大为贬值，人类隐私和伦理将面临严峻挑战。这些问题无疑是人类所面临的重大问题，对科技发展及其引起的问题的全方位思考，尤其是哲学思考将是关于人类未来的战略性思考，在利用科技解决人类生存与发展问题的过程中，我们需要保持理性和审慎的态度，积极寻求科技与人类可持续发展的平衡之道。

（五）通过农业现代化、建筑智能化、交通陆空一体化、能源清洁零碳化，不断满足中国人民对饮食、居住、交通、能源问题的新需求

农业、建筑、交通和能源是关乎国计民生的四大领域，中国企业应通过农业现代化、建筑智能化、交通陆空一体化、能源清洁零碳化的方式，不断满足人民群众对饮食、居住、交通、能源问题的新需求，助力中国全面建设社会主义现代化国家。

农业现代化未来将向智能化、绿色化和国际化方向发展。智慧农业将逐步普及，通过科技手段不断提高生产效率和质量。绿色农业将成为主流，减少化学物质使用，推广有机农资，实现可持续发展。农业与第二、第三产业将深度融合，延伸产业链，发展新兴产业。国际合作与交流加强，共同应对全球挑战，推动农业现代化进程。未来，中国企业可在推动农业现代化方面发挥更大作用，利用大数据、物联网等技术优化农业生产，提升效率与可持续性，提升农产品质量和安全水平，积极参与国际农业合作，引进先进技术，平衡生产与环境、提高农民收入等挑战，推动农业现代化深入发展。

绿色建筑、智慧社区等新型居住模式不仅满足了人们对居住舒适度的追求，还将引领未来社会发展的趋势。中国企业可以通过建筑智能化将涵盖情感识别调节、健康监测、教育平台、社区互动、安全防御和个性化定制服务等手段，加快建筑智能化。情感识别技术将用于创造符合居住者情绪的环境；健康监测设备将实时监测居住者健康；教育平台将提供沉浸式学习体验；社区互动将增强邻里关系；安全防御技术将确保居住者安全；个性化定制服务将满足居住者不同需求。智能建筑将成为集智能化、舒适化、健康化、教育化、社区化、安全化于一体的生活空间。中国企业需要将智能化理念融入建筑的全生命周期中。不仅在设计阶段注重智能化元素的融入，更要在施工过程中运用智能化技术提升效率，积极引领行业标准的制定，推动建筑智能化行业的健康发展。

交通陆空一体化是未来交通的必然趋势，这一趋势将通过科技创新和政策扶持持续推动。随着自动驾驶和智能交通系统的发展，未来的出行将变得更加便捷高效。无人机和飞行汽车等新型交通工具的崛起，将进一步拓展交通陆空一体化的边界。中国企业应积极投身于交通陆空一体化的新蓝海中，不断提高交通效率，减少能源消耗，实现更加便捷、绿色的出行方式，满足人们日益增长的美好生活需求。为了实现交通陆空一体化，中国企业需要在多个方面进行努力，通过引进先进技术和自主创新，不断推动交通领域的科技进步，完善高速公路、铁路和航空网络，探索低空经济发展范式，构建交通一体化基础。中国企业应加大投入，推动交通领域产业协同发展。

能源低碳清洁化已成为全球共同追求的目标，然而，清洁能源技术的成本问题和技术稳定性仍需进一步解决。中国企业需要继续积极推动能源清洁化，致力于水电、太阳能、风能等可再生能源的大规模开发利用，构建绿色低碳的能源体系。同时，中国是煤炭资源大国，清洁化使用煤炭资源是中国企业需要长期攻关并保持引领优势的课题，通过高效清洁燃烧技术和烟气治理技术的应用，不断提升传统化石能源的利用的高效性和环保性。

中国企业需要通过农业现代化、建筑智能化、交通陆空一体化和能源清洁化等领域的持续创新和发展，不断满足中国人民对饮食、居住、交通和能源的新需求。这些领域的进步不仅可以提升人们的生活品质，也可以为中国企业的可持续发展注入了强大动力。

（六）提升战争威慑和打赢致胜能力，提高公共医疗卫生水平，加强健康中国建设，不断满足中国人民对安全、健康的需求，推动中国企业实现可持续发展

俄乌冲突表明，未来世界战争形态和作战方式将发生深刻变化，信息化、智能化将成为现代战争的主要形态。世界各国纷纷加强信息化、智能化建设，通过构建完善的信息化作战体系，提高军队的信息获取、处理和传递能力，以信息优势赢得战争主动权。智能化成为国防现代化的新方向。人工智能、大数据等新技术在军事领域的应用日益广泛，智能化战争形态逐渐显现。各国纷纷加大智能化投入，研发智能化武器装备，提高军队的智能化作战能力，以应对日益复杂的战争环境。此外，军民融合也成为国防现代化的重要途径。军民融合发展战略的实施，有助于实现国防建设和经济建设的相互促进、协调发展。

为了顺应时代潮流，更好地服务于国家安全和国防现代化建设，中国军工企业应加强科技创新和技术研发，不断提升武器装备的现代化和智能化水平。通过技术创新，形成具有自主知识产权的核心技术，增强产品的市场竞争力。中国军工企业需要优化军品结构和产业布局。这意味着要根据国内外市场需求，调整和优化产品结构，发展高技术含量的武器装备，同时也要关注民用市场，开发军民两用技术，实现产业转型升级。军工企业应提高质量管理和生产效率，不断提升工艺水平，采用现代化生产管理方法，提高生产效率和响应速度，积极参与国际市场竞争，推动中国军工产品和服务"走出去"，提升国际影响力。

健康产业作为现代社会发展的重要支柱之一，未来健康产业将朝着个性化、远程化、预防化和融合化的方向发展。首先，个性化健康管理将成为主流。随着大数据和人工智能技术的飞速发展，医疗机构能够收集并分析大量的健康数据，根据每个人的基因、生活习惯、工作环境等因素，获得量身定制的健康方案。互联网的普及将大大缩短医疗服务的地域限制，提高医疗资源的利用效率。其次，预防医学将受到更多资源投入。传统的医疗模式往往是"治疗为主，预防为辅"，但在未来，这种模式将会发生转变。随着人们健康意识的提高，越来越多的人开始意识到预防疾病的重要性。再者，预防医学将成为健康产业的重要发展方向，各种健康检测、风险评估、疾病预防服务将逐渐普及。最后，健康产业与旅游、文化等产业的融合也将成为一大趋势。随着人们生活水平的提高，越来越多的人开始追求高品质的生活方式。健康旅游、健康文化等新兴产业将应运而生，为人们提供更加丰富的健康体验。这些新兴产业的发展将为健康产业带来新的增长点。

（七）高水平保护生态环境，变革创新信息技术，不断满足中国人民对生态、信息、精神方面的需求，推动中国企业可持续发展

生态环保未来将向着更加绿色、低碳、循环和智能的方向迈进，绿色能源将成为生态环保产业的重要支柱。随着可再生能源技术的不断进步和成本的不断降低，太阳能、风能等绿色能源将在未来得到更广泛的应用，生物质能、地热能等新型绿色能源也将得到快速发展，以满足人类对于清洁能源的迫切需求。循环经济将成为生态环保产业的重要发展方向。循环经济强调资源的有效利用和再生利用，通过技术创新和制度创新，实现资源的减量化、再利用和循环化。在循环经济模式下，废物不再是无用的垃圾，而将成为可以再次利用的宝贵资源，这将大大减少资源消耗和环境污染，实现经济的可持续发展。智能环保也将成为生态环保产业的重要趋势。随着人工智能、大数据、物联网等技术的不断发展，智能环保技术将在环境监测、污染治理、资源利用等方面发挥越来越重要的作用。通过智能环保技术，可以实现对环境质量的实时监测和预警，及时发现和解决问题，提高环保效率和质量。生态环保产业将迎来跨界融合的新机遇，生态环保产业将与能源、交通、建筑、农业等产业实现深度融合，形成跨界发展的新局面。展望未来，中国企业在生态环保产业中仍有巨大的发展潜力。

随着信息科技的迅猛发展和人工智能技术的日益成熟，信息科技与人工智能的未来发展路径越来越清晰。一是智能化与自主化，未来的人工智能将通过自我学习和优化，不断提升自身的性能和准确性，在更多领域实现自主决策和操作。二是人机协同与共生，人工智能将不再是简单的工具或辅助，人工智能能够发挥其强大的数据处理和学习能力，而人类则能够发挥其独特的创造力和情感智慧，共同推动社会的进步。三是智能化安全与隐私保护，通过采用先进的加密技术、访问控制策略等手段，确保用户数据的安全性和隐私性。人工智能还将具备自我防御和自我修复能力，以应对各种网络攻击和安全威胁。四是智能化可持续发展，通过智能化监测、预测和优化等手段，帮助人类更好地管理和利用自然资源，推动绿色经济的发展。同时，人工智能还将为环境保护和生态修复提供有力支持，推动地球生态环境的持续改善，中国企业在上述领域将大有作为。

（八）对人类生存发展终极问题的终极解决方案进行智慧设计和系统创新，使之成为改变人类自然属性和社会属性，推动人类文明发展进步的"上帝之手"，推动中国企业可持续发展

自文明诞生起，人类就在不停探索生存发展终极问题的解决方案，以期将偶然的出现化为必然的延续。作为解决这一终极问题的最终方案，现代企业源自人类高度发达的个体性与社会性的相互耦合，也深刻改变着人类的自然属性和社会属性。它就像一双"上帝之手"，开启了人类文明非线性发展的"拐点"，又引领着人类社会由现代文明向更高水平文明跃升。

现代文明发展方式的实质是现代科技与自由市场结合时所产生的指数式增长。在市场经济领域，通过分工、交换，在价值创造上实现了"1+1>2"。在现代科技领域，知识通过交换不仅不产

生损耗，还会因交换产生创新，在价值创造上实现"1+1>4"。由于知识本身的积累性质，现代科技一旦与自由市场结合，就能打开人类文明发展受限于自然资源的"天花板"。

作为市场经济的主体与知识交换、科技创新的平台，现代企业为人类生存发展构建了无限需要与无限创造相互促进的正向循环。在科技领域，现代企业能够敏锐地捕捉到人类生存发展中有待满足的需要，在推动以想象力为驱动的认知革命时，同步推进服务、产品革命，让人类不断发现"原来可以这样生活"。随着数字化、人工智能等技术的成熟与区块链、去中心化等理念的应用，让一个与现实世界耦合共生且高度智能的元宇宙成为现实，人的自然属性和社会属性在新的时空纬度得到解放。在社会领域，现代企业作为资源的交换中心，需要在一定的社会框架内集聚资源，同时也在输出资源时推动社会关系的深刻变革，为人类集体的生存发展提供最新的解决方案。国家制度框架建立伊始，国界就成为限制人与资源流动的屏障。现代企业在资源交换的过程中勾连各国的国内市场，逐步形成了跨越国界的国际市场，促使人与国家摒弃"零和博弈"，向着构建开放包容、互联互通、共同发展的世界努力。

可以说，现代企业不仅丰富了物质资料的创造，促进了与社会关系的协调，更为人类生存发展探索了新的可能性。在解决人类生存与发展终极问题的道路上，中国企业面临着人类自然属性与社会属性的限制。一方面，人口、资源、环境等客观因素要求平衡人与自然的关系；另一方面，世界政治、经济、社会、文化的演化情况求要协调社会关系。

恰逢百年未有之大变局，自然客观因素限制与社会环境复杂程度甚于往昔。中国企业唯有积极拥抱变化，主动进行智慧设计与系统创新。科技是解决人类生存与发展终极问题的关键力量，中国企业需要不断探索前沿科技，以科学技术的进步，推动人类的生产方式、生活方式和思维方式的转变，实现人与自然的和谐可持续发展。企业是社会经济活动的重要主体，中国企业要强化责任意识，对内承担社会责任，注重员工发展、社会公益与环境保护，实现企业与社会的共同发展，对外拓展国际合作，推动公平、正义、繁荣、进步的普遍实现，中国企业才能实现自身的可持续发展，进而推动人类文明的整体进步，为人类生存与发展终极问题的解决提供中国智慧与中国方案。

第八章
人与自然和谐共生与实现中国企业生态化可持续发展

纵观人类文明演进发展的历史，很多文明在经历了短暂的繁荣之后都走向了衰败，其中一个重要原因就是文明所处的生态环境遭到了严重破坏。良好的生态环境自古以来都是人类文明发展演进的基础性条件和决定性因素，也是衡量一个文明先进性和能否可持续发展的重要标志。如何在发展中保护生态环境，实现人与自然和谐共生，一直是人类努力探索的发展方式。中国企业要实现高质量长期可持续发展，需要重新认知保护生态环境的重要意义，构建新的生态理念，走出一条具有中国特色的生态化可持续发展之路。

一、人与自然和谐共生是现代生态理念的新发展和新境界

从技术进步的视角上看，人类文明进步的程度与人类社会摆脱自然束缚的力度成正比；从城市化的视角看，似乎社会越进步，人类社会与自然的距离就越远。但是，人类文明本身必须而且只能建立在自然与生态的基础之上，没有自然与生态，就不会有人类文明。人类社会与自然生态是生命共同体，共同组成了一个比自然生态更复杂的系统，也构成了人类文明存在与发展的物质基础。在人类的生存与发展中，注重自然生态保护与生态环境建设，把自然环境保护和生态环境改善与建设作为人类生存与发展的基本内容，人类文明才能提升到一个新的高度。

（一）人与自然和谐共生是人类文明可持续生存与发展的基础条件

自然生态环境是人类生活之源。恩格斯在其《谢林和启示》中指出，"自然界是不依赖任何哲学而存在的；它是我们人类（本身就是自然界的产物）赖以成长的基础。"对人类而言，自然生态须臾不可或缺。良好的自然生态环境是人与自然和谐共生的前提，是人类能可持续生产生活的重要保障。现代社会的持续发展必须建立在高质量发展的基础之上，建设文明富强的国家必须首先以保护好自然生态环境为前提。因为只有在良好的自然生态环境条件下，人类文明才可能持续发展。

伴随着工业化、城市化的到来，人类社会经历了一个向自然

界进军、改造自然、征服自然的历史过程，在快速工业化、城市化和现代化的同时，也给自然生态环境带来很大破坏，出现了严重的生态问题和环境问题。这些问题如不及时解决，任其持续发展必然会遭受自然的报复。面对资源约束趋紧、环境污染严重、生态系统退化的严峻形势，坚持人与自然的和谐发展，走经济发展与生态环境保护有机统一的绿色发展之路，已成为中国当下的紧迫任务和必然选择。

毋庸置疑，保护自然环境，改善生态功能，是人类生存与发展的应有之义，但自然生态不等同于人类文明，自然生态与人类文明有着明确的界限。人类文明是人类通过自身的劳动或实践活动所创造的自然界原本不存在的东西，纯自然的环境与天然生态或天然的产物不属于人类文明的范畴，但人类保护与建设自然环境与天然生态的行为及其成果，都属于人类文明的范畴，也是生态文明建设的重要内容和重要体现。

一些自然环境恶劣、生态系统脆弱的地方，或是自然生态环境已经遭受人类行为破坏的地方，通过人类的劳动将其修复与建设好的人工自然环境或人工生态环境，已不是自在自然的范畴，而是人类生态文明的范畴。因此，人类生态文明建设不能只停留在自然环境或生态环境的保护上，更要着重于自然环境与生态环境的修复与建设，特别是在自然环境相对恶劣的地方，建设更好的人工自然环境或人工生态环境，是当前生态文明建设的一个主要方向和重要内容。生态文明建设在遵循自然规律的前提下，通过人的能动性与创造性来控制自然与生态环境的自发演进过程，修复因人类活动而被毁伤的部分有利于人类社会的健康发展与可持续发展，也有利于自然与生态环境的健康发展与可持续发展。

（二）历史上人与自然的不和谐导致了人与自然的双重损害

自然生态是影响人类文明演变的重要因素，生态兴则文明兴，生态衰则文明衰，自然生态的变迁决定着人类文明的进程和变迁。在人类文明发展的历史长河中，因为生态环境破坏而影响人类文明延续的例子比比皆是。

曾经孕育了古巴比伦和古埃及文明，被称为"肥沃新月"的两河流域、尼罗河流域、叙利亚、巴勒斯坦地区，都曾经是人类古老文明的发祥地，但正是因为人类对森林、草地等自然资源的大肆掠夺和无节制开发，让这些地方风光不再，文明衰败。苏美尔人的主要生产方式是灌溉农业，一方面，对森林的破坏和地中海气候的特点加剧了土地荒漠化，使河道和灌溉沟渠逐渐淤塞，水越来越难以流入农田；另一方面，由于苏美尔人只知引水灌溉而不懂排水洗田，造成了含盐地下水侵入地表层，使土地盐碱化。如此恶性循环最后导致了大批苏美尔城市在公元前 2 100 年—公元前 1 700 年被陆续永久废弃，苏美尔文明也因此而过早灭亡。

大约公元 700 年，维京人入侵格陵兰岛，开始了对大自然的掠夺——焚烧森林辟作牧场，滥势砍伐木材导致林木无法再生，滥剪草坪让整个谷地的植被遭受侵蚀……人与自然争夺的结果使木材和薪柴大量减少，燃料减少又带来铁产量减少，铁产量减少导致生产效率降低，军事武器因而处于劣势。维京人与土著人因纽特人再起纷争，因武器兵力不济，不到 500 年，维京社会瓦解。

现代化学、冶炼、汽车等工业的兴起和发展，工业"三废"排放量不断增加，环境污染和破坏事件频频发生，20 世纪 30 年代至 60 年代，在全世界范围内发生了多起震惊世界的公害事件，比较重大的有：1930 年 12 月，比利时马斯河谷烟雾事件，致 60 余人死亡，数千人患病；1948 年 10 月，美国多诺拉镇烟雾事件，致 5 910 人患病，17 人死亡；1952 年 12 月，伦敦烟雾事件，短短 5 天致 4 000 多人死亡，事故后的两个月内又因事故得病而死亡 8 000 多人；第二次世界大战以后的美国洛杉矶光化学烟雾事件，每年 5 月至 10 月，烟雾致人五官发病、头疼、胸闷，汽车、飞机安全运行受到威胁，交通事故增加；1961 年至 1970 年，日本四日市间断发生气喘病事件，受害人 2 000 余人。

人类从诞生起就处在有限地球资源的时代，地球的资源是有限的；地球净化、容忍污染的能力也是有限的。对于当下的中国，意识到这一点至关重要。中国目前正步入一个特殊的环境保护敏感期，由生态环境问题引发的问题也不断增多，应该以更长远的眼光来看待和及时有效处理这些问题，否则会严重影响中国经济未来的长期发展和社会和谐稳定。

（三）中国特色生态文明建设的成功实践与文明新形态探索展望

如何处理人与自然的关系，将直接关系人类社会生存与发展这个根本性的问题。在这个意义上，生态文明建设不仅是中国式现代化建设的重要内容，而且是中华民族永续发展的根本大计。

在发展的意义上，人与自然的和谐共生是指坚持人与自然、人与社会的和谐发展，坚持资源的合理高效利用，从而实现经济社会的可持续发展。这就要求我们首先需要处理好人与自然的关系问题。在对待自然的问题上，恩格斯曾深刻指出："我们不要过分陶醉于我们人类对自然界的胜利。对于每一次这样的胜利，自然界都对我们进行报复。"由此可知，自然是生命之母，人与自然是相互依存、相互联系的，人类必须充分尊重自然、敬畏自然，始终保持和维系与自然的生态平衡。人的力量，在自然面前不应被人为地过分放大，而自然的力量永远超乎人类的想象，人与自然的一体性以及相互依存性，使人类必须敬畏自然。

当人类社会进入资本主义机器大生产时期，人与自然的关系时常展现出人类中心主义的价值取向。在资本逻辑肆意支配的情况下，人类凭借对工业化大机器的使用，向大自然进行无限度的资源掠夺，这种无限度的资源掠夺行径还伴随着巨大的资源浪费和生态环境的破坏，人类在资本逻辑支配下空前地向自然炫耀自己支配自然的力量，进而最终导致人与自然关系的异化。为避免资本逻辑作用下人与自然关系发生异化，我们应当审视人与自然关系本身，同时还要审视资本逻辑作用下的社会发展形态。只有消除资本无序发展扩张带来的负面影响，我们才能真正回到人与自然的关系本身，从人与自然相处的客观事实出发，去寻找人与自然和谐共生的发展路径。

中国大力弘扬生态文明，通过树立中国特色社会主义生态文明观，推动形成人与自然和谐发展的现代化建设新格局，从培养生态意识入手，引导人们将生态文明意识内化于心、外化于行，让社会朝着环境友好型方向发展。在具体实践中，通过积极推进中国特色社会主义市场经济向生态友好型方向转型，构建起产业与生态良性互动的生态经济体系。坚持"节约优先、保护优先、自然恢复为主的方针，形成节约资源和保护环境的空间格局、产业结构、生产方式、生活方式"；充分发展绿色技术，不断强化技术创新，培育清洁低碳的绿色产业，从而逐步完成对传统产业的生态化改造与升级；把生态文明建设的制度体系提升到新的水平，形成自上而下和自下而上的环境保护合力，实现生态环境保护的智慧治理。

从现实情况来看，中国生态文明建设对人类命运共同体的构建具有两方面重要意义。第一，中国生态文明建设的理论与实践为广大发展中国家如何走出一条人与自然和谐共生的现代化道路提供了重要借鉴，具有强大的示范引领作用。近年来，中国先后启动了一批生态文明建设示范区的创建工作和长江、黄河全流域治理修复保护工作，在探索如何实现经济社会发展与环境保护双赢的绿色之路方面积累了宝贵经验，必将吸引越来越多的国家参考借鉴并积极推动本国的生态文明建设。第二，生态问题是世界各国面临的共同问题，人类命运共同体的构建需要相应的平台促进世界各国的交流对话与协商合作。中国在生态治理领域的改革探索为全球生态治理实践搭建了一个交流与合作的广阔平台，各国利用这一平台能够充分分享生态环境治理的公共产品和多样方案，从而推进构建共建共享、交流互鉴的人类命运共同体的构建。

二、重构现代生态观，探寻尊重自然、保护生态、 敬畏规律的科学方法

（一）深刻认知自然生态系统的整体性及其关联性

自然界中任何生物与其所处的环境都构成一个密不可分的自然生态系统整体，这个系统整体中的任何生物都不可能摆脱自然环境而单独生存，这是生态学给出的第一定律。

自然生态系统是在一定的空间和时间范围内，在各种生物之间以及生物群落与其环境之间，通过能量转换和物质循环的相互作用而形成的一个统一整体。即自然生态系统是生物与环境之间进行能量转换和物质循环的自然界中的基本功能单位。自然生态系统包括生产者、消费者和分解者以及它们周围的非生物环境，他们共同构成一个相互依存、相互作用、相互塑造的整体，这是生态学研究的基本内容。

地球自然生态系统主要由生产者（主要指绿色植物）通过光合作用，把太阳能固定在它们制造的有机物中，从而可以被消费者（人类和其他动物）所利用。消费者通过自身的新陈代谢将有机物转化为无机物（比如二氧化碳、水和氨等），这些无机物排出体外之后又可以被生产者重新利用。自然生态系统中的分解者（细菌、真菌）将动植物遗体和动物的排泄物分解成无机物，维持自然生态系统平衡。从自然生态系统的运行机理来看，生产者、消费者和分解者都是紧密联系、嵌套耦合，缺一不可的，也正是由于自然生态系统中各个组成成分之间的紧密联系，自然生态系统才能成为一个有机整体并具备特定的功能和稳定状态。而且自

然生态系统总能以最少的消耗和最节约的方式运行，总是能恰如其分地展现其系统的合理性和最佳经济性结构。

（二）生物多样性是自然生态系统保持稳定状态和功能属性的基础

生命是一个简单而又复杂的系统，不同生物之间相互依存，共同构成自然生态系统的一部分。在自然生态系统中，生物多样性的丧失，将会打破系统已经构成的生态平衡。保持生物多样性，可以保持物种之间自然进化的动力和活力以及自然生态系统的功能和作用。

20 世纪人类科学最重大的发展，是深化了人对生命本质的认识以及对人类与生态环境之间关系的理解。以 1953 年美国科学家发现脱氧核糖核酸（DNA）分子的双螺旋结构、破解人类自身基因密码为标志，人类认识的触角延伸到了生命最为本质的隐秘角落。同时，人类加深了对人类文明的反思，特别是工业文明下人类无限制地索求、破坏和污染环境，使得地球自然生态系统难承其重，局部已达到极限。2020 年至 2022 年，全球大流行的新冠肺炎疫情已向人类发出警告：人类活动已经超越了自然所赋予的"生态位"属性，人类应该反省，以期早日建立起地球生命共同体和人类命运共同体。

从哲学、历史学和文化人类学的角度看，人类已经跨入了生态文明的时代，生态环境也呈现出多样性。自然是人类文明发育的唯一载体，历史经验已经表明，人类文明的消失往往都是从土地荒漠化与自然生态系统失衡和多样性消失开始的。

1. 自然生态系统具有开放性

自然生态系统从太阳辐射中接收能量，从降雨中得到水分，从大气中得到沉降的干物质，从空气流动形成的风中得到各种类型的物质及能量的输入输出。正是这种直接和间接源自太阳辐射的"自由能"推动着自然生态系统的产生、延续和演化。

自然生态系统不断地与外界交换能量、物质与信息，因而表现出结构和功能上的有序性。现代系统生态学认为，自然生态系统不仅在物理上是开放的，其本体也是开放的。自然生态系统的本性与整体世界的本性是一致的，因而量子力学揭示的不确定原理亦适用于对自然生态系统的描述。换句话说，自然生态系统本体的开放性反映了世界的不确定性，而不确定性正是生命生生不息的创生动力。

自然生态系统的开放性是相对的，正如大气层会将靠近地球的小行星燃烧殆尽一样，生物的免疫系统是防卫病原体入侵的有效武器，也会自主发现并清除异物。

2. 自然生态系统具有整体性与关联性

包括人类在内，地球上所有植物、动物、微生物以及生物圈和其他圈层都是一个有机整体，相互依存、密不可分。自然生态系统都有不同的组织层次，不能分割开来孤立存在。同样，生命也不能同其发育环境分开。正是因为自然生态系统的整体性与关联性，一个物种的消亡往往会引发"多米诺效应"。

自然生态系统中的生物各有分工，物质和能量沿着生产者、消费者和分解者这一通道传递和流动，体现了自然生态系统的统一整体性。生态哲学以整体论为基础，强调生命与自然的内在联系。一切生命与自然都是一个生命共同体。表面上，这种生命共同体似乎有内外、主客之分，实质上内外、主客是合一的。就像蜜蜂与花的关系，谁是主体，谁是客体？它们相互依从，相依为命。中国哲学很早就认识到天人合一，许多当代西方学者也认识到了这一点，法国学者埃德加·莫兰即认为"人与自然彼此是构建者"。自然生态系统的各种要素在相互作用中重新创造价值，由于它们相互作用的互补性，一般来说，整体大于各部分之和，然而有时部分也大于整体。

自然生态系统中各种生物之间相互依存、密切相关，同时也相互制衡、此消彼长，维持着整个自然生态系统的和谐与稳定。比如，人类自从脱离了原始动物状态，即实现了对其他动植物的统治，在宏观上变成了捕食者；与此同时，人也受到细菌、病毒等微生物的纠缠和侵袭，在微观上成为它们的捕食对象。

3. 物质循环和能量流动

自然生态系统遵循物质循环和能量流动规律。大自然中的生命无限永恒，但没有一样是废物，能量不能被消灭和创生，只能相互转换，即便是生命体的排泄物也会被另一种生命体作为食物吸收，如牛羊排泄的粪便就是草木的重要营养来源。反之，如果无节制地将人工合成的有机化合物作用于自然生态系统或者随意丢弃于生态环境中，往往是多余的，甚至是有害的，如人类燃烧煤、石油等化石能源，其污染物都会残留在环境中。人类的每次过度索取都使大自然付出了高昂的代价。比如，除草剂的普遍使用使土壤恶化并给人类食品安全留下了隐患；又如，空调使人们免受酷暑煎熬，但代价绝不仅是支付电费，还是碳排放增加后的全球气候变暖，使夏日比过去更加炎热。

（三）循环、平衡、多样性是自然生态系统发挥功能作用的关键

任何良好的自然生态系统都是可循环、动态可平衡、具有多样性并且与外界可以顺畅地进行能量、物质和信息交换，正是这三种关键特性和多元素的持续交换，使生态系统得以持续稳定具有强大功能并发挥作用。

自然生态系统的承受能力是有限度的。如果天灾和人祸的干扰没有超过自然生态系统的最低耐受程度，自然生态系统依然可以通过自我调节、自我修复恢复到稳定状态；当外界干扰超过阈限，自然生态系统不能通过自我调节恢复到原生状态，将会导致系统失衡、失控乃至崩溃。人类精心经营的生态系统（如农田和林地）是人工控制下的系统，十分脆弱，维持其稳定性需大量的能量投入。所以这些系统缺乏自组织适应性，对干扰的抵抗力比较弱，如病虫害暴发就易使这样的系统崩溃。这就是为什么历史上农耕文明每次遭遇天灾，人民大批逃荒、流离失所的生态学缘由。又如，天然森林、草原自然生态系统退化后，其原生植被受到不同程度的破坏，人工恢复要遵循自然生态系统自我修复的规律。首先要繁衍先锋植物，改变群落的生态环境，为其他植物的定居创造条件。如果自然生态系统逐步恢复，并演替进入良好状态，稳定性增强，即可促进森林、草原自然生态系统质量的整体改善和生态产品供给能力的全面增强。

（四）人造物嵌入的自然生态系统是生态文明的重要表现形式

长期以来，人类活动已经深度地改变了地球自然环境，社会系统、人居群落与自然生态系统、生物群落之间本质上是相互嵌入、相互作用、循环发展的，但是这种平衡系统极容易被打破，循环面临中断，生物多样性面临减少，自然生态系统功能退化，这是生态环境问题的根源。

所有人类制造出来的东西，只要不是自然环境中自然产生的，都是人造物质，如城市、道路、农田、工厂、水坝等。人类每兴建一座城镇、一条道路、一个水坝，每产生一处人造物，地球上都会有一块原生态被改造，就会挤占一份自然生态的空间。

人造物质的大量出现直接改变了自然生态系统中的配置，与一万年前的地球不同，现在的地球自然生态系统已经是镶嵌了大量人造物的自然生态系统，人类社会与自然生态之间的界限越来越模糊，隔离开人类社会的影响去谈生态环保不现实、很难实现，也没有意义。

人造物的大量出现是地球自然生态系统中的重大变量之一，未来人类文明的存续和发展还将创造更多的人造物，这是不可逆转和避免的事实和规律，人与自然的和谐共生以及生态修复保护也必将在嵌入大量人造物的生态系统中展开。在前工业化时代，人造物对地球原生态的影响是有限的，用砖石、土木修筑的人造物容易被自然所同化、适应和接纳，以至于当某些原始文明迁移或衰败后，自然生态会第一时间重新夺回被人类文明所侵占的空间。当人类社会进入工业时代以来，人类改造自然的力量倍增，而且具有了改变整个世界的强大力量，人类可以用拖拉机、农药、化肥仅需几个月的时间就可开垦出靠刀耕火种几百年才可能开垦的土地，除了南北极、沙漠等极度不适宜人类生产生活的区域，人类社会的发展足迹已经遍布全球，甚至月球等地外空间也已经出现了人造物。在地球演化史上，可能只有地震、海啸、火山喷发等强烈的地质运动才能在短时间造成同等规模的自然生态改变，我们必须尽快找到并实现嵌入大量人造物的自然生态系统新平衡的路径与方法。

人类与自然的和谐共处是涉及人类文明存续发展的重大命题，人类要么放弃科技和文明发展，重新回到以前工业化的方式、以被动的姿态回归人与自然的和谐；要么，人类转变现有的发展方式，以理性、克制、谦卑的姿态，将人造物和自然生态实现最大可能的和谐共处。从理性的视角看，后者才是生态文明最可行的路线。

自然生态具有很大的包容性，它存在一个阈值，当外界对它的影响破坏超过这个阈值，自然生态系统就会产生系统性的生态风险和生态灾难。因此，科技的一种优势就是如何准确地预测并把握这个阈值，在自然生态系统能够接纳和允许的范围内，实现人类社会的生存发展诉求和人与自然和谐共处。

万事万物总有它的两面性，科学技术也不例外。科学技术虽然促进和改善了生态环境的发展，但在一定程度上，也有可能导致生态环境体系的失衡。例如，改变自然状态下物质循环过程，往往是以牺牲人类赖以生存的环境为代价的。我们在注重科学技术给我们带来的进步和福祉的同时，而忽视了一些不利因素的影响。例如，医学药品的使用。我们在医治疾病的时候，只关注药品对治疗的价值意义，即使清楚药品的副作用，但都会被忽略不计。科学技术带来的负面影响有一个逐步显现的过程。随着我们知识和实践经验的增加，这些潜在的破坏性会逐渐显现出来。首先，医疗技术的发展使婴儿存活率大大提高，也改善了人类的生产和生活条件，使人类的平均寿命不断提高，随之而来的就是人口急剧增长，人类现有的生存环境在一定程度上影响了自然界动植物的生存环境。其次，基因杂交技术、转基因技术、化肥农药技术使农业生产力不断提高，使农作物产量成倍增长。在解决了人类温饱问题的同时，也造成了水体污染，破坏了生态平衡。比如，农药在杀灭大量害虫的同时，也杀死了许多益虫，破坏了土地的微量元素，使大量的农用土地不再适合农作物的生长，造成可用耕地面积的减少。再次，工业技术的发展，使人类经历了历史上的三次技术革命，分别是蒸汽时代、电力时代以及计算机时代，每个时代都为人类的生活带来了便利，同时也带来了负面影响。第一次技术革命形成蒸汽机时代，大量地燃烧煤炭，排放二氧化硫造成温室气体产生酸雨，导致土壤酸化，使植物长期和过量地吸收铝中毒，甚至死亡。内燃机的出现造成了光化学烟雾。如今，我们进入计算机时代，这种智能技术给我们的生产和生活带来了极大的便利，但也带来了一定的负面影响。比如，智能手机给我们带来了方便，但也控制了我们的生活，对我们的视力、颈椎、腰椎、肩部都造成巨大的损伤。最后，即使被认为"清洁能源"的电能，在输送和运动时，对原有的电磁平衡产生干扰而影响人类的神经系统，改变动物所处的静电场，影响其血清成分。

理性和经验都告诉我们，科学不是解决人类文明发展的万能灵药，而是一把双刃剑，在尊重科学的同时也要时刻警惕科学技术固有的副作用。唯此，才有可能把科学及其技术对生态环境和人类健康的潜在负面影响，阻拦在其尚未发生和发生以后能够修复治愈的时候。

客观地说，自然并不需要人类，也就无所谓给予或索取。但人类却需要自然，这就需要人类理性的索取和合理的给予。人类从未真正征服过自然，我们用尽所有的勇气和智慧，才换来自然的一点慷慨和包容。在自然面前，人类的存在和发展并不重要，自然可以很慷慨地接纳人类的改造，但也可以很轻易地抹去人类文明存在的痕迹。

（五）人类文明的生态伦理观也需要现代化

人类走向未来的不仅需要科技和资本，理性和哲学也需要走向未来。未来引导现实是自由自觉人类发展的本质规定。诸如人工智能、核聚变、基因工程、6G 通信这样的科技，未来将发展成何种境况目前还很难预测，但是想象天马行空的科幻电影给了我们一个很好的讨论视域和平台。理论研究者特别是人文学者，更应该具备超前眼光和豁达胸怀，勇于为未来的人类社会发展和科技发展做出预测和警示，规避潜在的科技风险、科技狂热主义和人类至上主义。当我们对科学及其技术的认知发生变化之后，当我们对科学及其技术发展趋势和方向的整体判断发生变化之后，当科学技术被权威和资本所裹挟之后，我们对待科学和技术的态度，自然而然地要发生变化。从情感的狂热到审慎的思考再到理性地批判，这也是人类文明的巨大进步。

毫无疑问，地球不属于人类，相反人类属于地球。地球适宜人类生存的条件是由生命演化运动创造并维持生态形成的，正是由于生命演化形式的存在改善了适宜生命生存的空气和土壤，以及生命有效利用植物光合作用提供的能量等，使生命进化为人类提供了基本条件，因此反映人类不能以人为中心主宰生命主体。生态科学研究表明，人类利用植物光合作用的产物已占其总量的 40%，这是一个危险的数字，因为人类生存占用过多的能量资源势必影响和剥夺其他生命的生存条件。据测算，一个牧场的更新需要 10 年，一处被人为破坏的岩体恢复生态时间约需 100 年，而土壤的更新则需要一万年之久远。而且许多自然和人文景观系统破坏后是不可逆的，某些自然环境景观的破坏甚至无法恢复。有生态学家指出，地球上要是没有人类，可能生命能够继续繁衍下去，但是如果地球上没有植物或昆虫、微生物，那么人类只能存活几个月。因此重新审视人类与自然的伦理关系，重新认识"以人为本"的思想是十分有必要的。

"以人为本"是否意味着一切生态伦理问题都应当以人类的好恶和需要为出发点和落脚点？众所周知，沙漠也是自然生态的一部分，当人类具备了强大的工程能力之后，某一个地区是否应当是沙漠，是否应当由人来决定？拉斯维加斯是在美国内华达州沙漠戈壁上建设的最大的人工城市，这块人造的绿洲是对生态环境的有益改造还是破坏？不同的伦理观点会得出不同的结论。

人类道德进步的历史，也是人类道德关怀对象不断扩大的历史，人类文明的发展历史，也是人类生态观念不断进步的历史。

从动物解放论、生物中心主义直到生态中心主义，道德关怀的范围从动物、植物进而扩展到整个自然生态系统，从而给予整个大自然以道德和价值的意义。人类必须摒弃人类中心主义的世界观和生态观，构建以人为本、以生态为中心的世界观，将维护包括人类在内的自然生态系统的整体利益作为出发点和归宿，才能有效应对当下的生态环境危机，进而规划人类未来的发展方向。

三、中国企业的生态化发展思路探讨

生态化发展是保护生态环境、节约有效利用有限资源、绿色低碳循环的一种高质量发展方式。中国企业要实现的生态化发展，需要在保护生态环境实行绿色发展的基础上，应用生态系统机理、功能和机制，重构人居、产业、生态空间，连通江河湖库，构建跨流域水网，塑造多能互补、清洁低碳的能源，建立新型电力系统，大力发展新质生产力，实现绿色低碳、节约资源、循环利用、可再生、可持续，废弃物资源化的生态化发展，这是一种全新的高质量发展范式。

（一）中国企业实现生态化发展的路径思考

中国企业目前正处于战略转型的关键时期，实行生态化发展是新时代对中国企业提出的新要求。中国企业要实现完成生态化可持续发展，需要在经营理念上树立整体效益观、明确长远目标、坚持以人为本和可持续发展。促进企业持续加大在生态化发展中的科研投入，降低企业污染环境排放，积极构建外部生态补偿机制，完成中国企业生态化发展方式的整体转型。

中国企业实行生态化发展，要求中国企业高度关注生态环境，摒弃日常生产的高排放和对生态环境的破坏性，实现由粗放式增长向集约式增长转变；不仅高度注重经济效益，而且高度注重社会效益、生态效益。中国企业要实现业生态化发展，需要中国企业实现从传统企业向生态企业的转变，生态企业是现代企业发展的一种特殊形态，该状态下企业对资源能量转换和废物的循环利用更为重视，并且表现出高度的系统性、高效性、经济性、互动性、适应性、平衡性等多重特征。

中国企业实现生态化发展需要大力发展新质生产力。新质生产力是生产力现代化的具体体现，是人类在适应自然、利用自然过程中，遵循人与自然和谐共生，不断推进文明进步和增进公众福祉的一种能力。新质生产力以创新为主导作用，不同于传统经济增长方式和增长机制，具有高科技、高效能、高质量、高价值特征，它由技术革命突破，生产要素创新配置，产业深度重塑升级而催生，以劳动者、劳动资料、劳动对象及其优化组织为基本内涵，以企业全要素生产率全面提升为核心标志，是中国企业实现高层次生态化发展的重要力量。

新质生产力强调依靠可再生能源，减少污染物排放，实现资源循环和节约，优化资源管理，高效高质推动生产力发展。新质生产力具有显著的绿色属性，要求中国企业抛弃传统生产力通过过度消耗资源能源、破坏环境促进经济发展的模式，加快经济和社会发展方式的绿色转型。新质生产力还强调共生性，自然界的生物是相互依存的，社会也由各层面的共生系统构成，经济系统通过共生体改进资源的配置效率，新质生产力使中国企业的发展必须改变传统生产力割裂"自然—社会—经济"系统的状况，使自然系统合理、经济系统有利、社会系统有效，保持"自然—社会—经济"系统的和谐和可持续发展。人与自然和谐共生是中国式现代化的本质要求，中国经济社会发展已进入加快绿色化、低碳化的高质量发展阶段，但生态文明建设仍处于压力叠加、负重前行的关键期，生态环境保护结构性、根源性、趋势性压力尚未根本缓解。中国企业需要以更高站位、更宽视野、更大力度来谋划和推进新发展阶段上生态环境保护工作，把建设美丽中国摆在强国建设、民族复兴的突出位置，培育壮大美丽中国建设的新质生产力。

中国企业需要加大科技创新要素投入，科技创新要实现生态化。中国企业应建立产学研一体化机制，加大对能源清洁化、生产材料资源化、生产过程闭路化、产品服务绿色化的技术研发，以先进技术为指引，提高中国企业生产系统的生态效率。资源消耗要生态化。中国企业生产系统各环节中应尽可能选择可以循环利用的绿色材料，降低一次性材料的使用量，加强废物重复利用，达到降本增效、降费减损的目的。中国企业清洁生产要生态化。生产过程中要充分利用节能技术、先进工艺、精细化设备、规模化生产流程、产品生态设计等，减少生产过程中废弃物的产生，降低生产对环境的污染。消费环节要生态化。中国企业在提供产品和服务过程中应积极使用绿色包装，采用可以循环利用的新型材料，彻底解决产品过度包装的问题，减少材料资源浪费。同时，中国企业还应建立产品的回收体系，提高产品的二次使用率，进一步提高产品的社会、生态及经济价值。

中国企业需要合理控制生态化转型发展成本。企业管理组织要实现生态化。促进企业的生态化意识落地，加大对管理制度的优化和完善，组建生态化环境管理机构，细化各层级工作计划，完善生态化企业管理工作体系，营造多方协同工作的管理组织。管理制度要实现生态化。借鉴发达国家的先进管理制度，构建目标责任制度、生态考核制度、生态激励机制，全面落实企业管理职责，确定生态考核和激励的关键点，从而达到高产、高效、高质、低耗、低污染的生态化状态。管理机制要实现生态化。建立高效统筹机制，将企业自身作为环境中的一员，以整体视角和生态视角做好顶层设计，细化和推进生态化战略实施，保证各系统、各环节协同运行、内外结合。管理人才要生态化。通过"内外引联"的方式，对内加大对科技人才和管理领导培训和再教育，对外吸引综合型管理人才入企，夯实中国企业生态化发展的人才基础。

中国企业实行生态化发展转型需要健全外部补偿机制。政府需要建立引导和激励机制，推进产业结构优化，鼓励低污染、低消耗、生态技术产业发展，树立企业发展模范典型，细化激励措施，提高政策措施的有效性。健全优惠政策与补偿机制，鼓励企业运用清洁生产技术和资源再利用技术，并给予企业税收、信贷等方面的支持，和相关政策优惠。同时，加强排污权交易制度建设，推进生态环境补偿机制落地，强化法律政策与执行机制，完善绿色环保、循环经济体系的法律法规和执行力度，完善公众监督与参与机制。将全社会的力量拧成一股绳，形成良好的舆论监督和参与环境，助力中国企业生态化发展转型。中国企业要积极探索生态产品经济价值的实现路径。生态发展形成的生态产品一般都同时具有生态价值和经济价值。只有找到了生态产品经济价值的实现方式，生态产品的生态价值才可以实现，生态化建设才可以持续。中国企业的生态化发展才可持续。

（二）应用生态系统的功能和机制，构建中国企业独有生态

产业生态化是模仿自然生态系统的功能和机制以及闭路循环模式构建产业发展系统，其目的在于提高资源利用效率、减少并最终消除对环境的破坏、促进产业发展与生态保护相互协调，提高产业集中度，增强产业整体功能、提升产业整体系统效率和效益，提高产业链供应链控制力和发展安全韧性，并将这种机制和功能分布于生产、分配、流通与消费全过程的各个环节。

借用自然生态系统独特的功能和机制，可以人为地构建多企业、多产业组成的相互依存和谐共生的大系统，使这个系统像生态系统一样具有独特的功能属性，而且具有柔性和发展韧性，同时还具有自我发展完善演化的能力。在由企业或产业组成的生态系统中，使各个企业更加相互依存、相互相互尊重、相互成就，更善于与其他企业合作共生，更善于利用集体的力量，发挥企业各自所长，充分调动发挥各个企业的积极性，带动全社会相关产业或上下游企业形成稳定庞大的生态系统。

在自然生态系统中，各种生物及生物群落与其无机环境之间，在一定的时间与空间范围内，通过能量转换和物质循环而相互作

用，构成一个统一的自然生态整体。构建企业或产业生态系统则是借用自然生态系统的原理、功能、机制和系统承载能力，形成具有高效的经济过程及和谐生态功能的网络化生态经济系统。

产业生态系统是一个由制造业企业和服务业企业组成的群落，它以系统解决产业活动与资源、环境之间的关系为重点，在协同环境质量和经济效益的基础上，利用产业结构功能优化实现产业整体效率效益的最大化。

依照生态功能的机理、规律、功能和作用去构建产业生态，实现产业集中、企业集群，不仅能降低生产成本，提升整体效率，有效控制能耗和环境污染，更能有利于实现产业配套、产业控制、产业引领和产业变革。产业生态的建设不仅仅是实现产业集中和企业集群，更重要的是实行大规模专业化生产、大规模合作生产，形成强大高效的生产制造能力，达到降低生产成本、提高整体效率、有效控制能耗和环境污染提高产业竞争力的目的。在此基础上，进一步发挥产业控制、产业引领和产业变革的作用，推动产业结构优化升级，实现可持续发展。

产业生态的核心是生态产业链的构建。通过上下游企业之间的紧密合作，形成一个循环经济体系，使废弃物成为其他企业的原料，降低企业生产成本，提高资源利用效率。通过优化产业布局，根据地理、资源和市场需求，合理配置产业资源，提高产业竞争力。产业生态建设是一个系统工程，需要从多个层面进行综合施策。只有把握生态机理、发挥政策引导、加强技术创新、完善市场机制、建立健全监测评估体系，才能推动产业生态持续健康发展，为实现中国经济高质量发展提供有力保障。

从生态学的角度分析，产业生态系统由产业环境与产业生物群落两部分组成。产业生态环境即指以产业为中心，对产业生产、经营和发展起制约和调控作用的环境因子集合，如产业相关政策、市场需求、经济情况等都是产业环境的一部分。产业"生物群落"是产业生态系统的核心组成。它由相互间存在物质、能量和信息沟通的企业和组织机构相对于非主流企业和机构所形成的整体，如客户、供应链、生产者、流通者等相关实体。

"产业群落"具有三个表征。一是产业种群，是指在一定时空范围内栖居的同种个体的集合群，在产业生态系统中它是指同种企业的集合。二是企业多样性，在特定自然生态系统中它指生物群落的物种丰富程度，在产业生态系统中它指不同类型企业的丰富程度。三是产业价值循环，产业生态系统中物质循环、能量流动和信息传递是功能价值发挥作用的重要表现形式，产业价值网的本质是在专业化分工的生产服务模式下，由利益相关者间相互影响形成价值的生成、使用、分配和转移关系及结构。

中国企业需要构建多个具有整体性、竞合性、开放性与丰富性为特征的产业生态系统。使产业生态系统所有成员构成具有动态联盟性质的统一整体，使企业与其对手间既有冲突竞争，又有合作双赢，企业之间通过有效的合作机制提高企业自身的生存能力与获利能力，以减少和降低产业活动所带来的负面影响，达到节约资源、保护生态环境的目的，最终实现循环发展经济。这是中国式现代化建设发展的需要，是中国企业构建发展新优势的需要，也是建立中国现代产业体系的需要。只有构建中国特色的产业生态，中国企业和外资企业才能不轻易地转移出中国，中国才能不轻易被其他国家所替代和脱钩，才能形成具有更高整体效率更低综合成本和相互配套的中国产业体系，实现中国企业更高层次的生存和发展。

中国产业生态系统内成员的进入、更换与重组，应充满开放性，而且随着社会经济发展水平的不断提高，中国产业生态系统的开放程度也应不断提高。同时中国产业生态系统内产业种类的多样化也应逐步提高，产业生态多样化程度关系到外界环境变化对整个产业自然生态系统的影响程度。中国需要通过构建产业生态，形成对产业更好的集中控制和创新发展，提升整个中国产业系统整体功能、整体效率和整体效益，塑造中国产业整体竞争力和整体优势。

（三）中国企业应大力培养具有全球竞争力的产业生态链链主企业和产业生态主导企业

大力培育具有全球竞争力的产业链"链主"企业和产业生态系统主导企业，对中国企业实现高层次的生态化发展具有重大价值和全局意义。

与西方发达国家相比，中国产业链链主企业和产业生态系统主导企业在数量质量、领域分布、运营效率、品牌建设、国际化运营能力以及现代化管理水平等方面仍存在诸多不足或差距，需要加快培养和大力发展。

美国通过大力培育世界级创新企业增强对产业生态的主导能力，通过培育产业生态主导企业获取产业链最大的收益和控制权，进而成为全球产业链"链主"，是美国国家竞争力的重要来源之一。从产业创新生态的构成看，产业创新生态系统主体主要包括核心企业、上游供应商、下游互补商、政府和用户，它们均是与核心企业密切相关和持续互动的创新主体。从产业创新机制看，创新生态各主体主要通过合作研发、外包制造、应用服务等进行业务合作。产业生态主导企业是产业创新生态系统的战略中心和领导者，也是创新的开创者，应确保整个产业创新生态系统按照自己的意图发展，并将全球业务快速扩张的最终收益和整个行业的话语权能够始终牢牢地掌握在自己手中。

德国和法国通过隐形冠军群和支持企业合并重组培育大型龙头企业。长期以来，拥有数量众多且在专业领域独树一帜的"专精特新"隐形冠军企业，是德国制造业获得良好口碑和竞争力的重要因素。《德国工业战略 2030》提出，德国不能仅仅满足于"隐形冠军"所带来的竞争优势，面向未来更趋激烈的国际竞争，德国认为：规模是关键！一个企业必须拥有大量的资本才能实现重大项目并在国际竞争中与大型竞争对手较量，如果一个国家缺乏这样的企业，这个国家就会被排除在一个日益重要、不断增长的全球市场之外。从历史上看，德国拥有西门子、蒂森克虏伯、奔驰、宝马、奥迪等汽车制造商，德意志银行等领军企业，并且已经存在 100 年甚至更长时间，成为成熟的全球参与者。这些企业的生存与长足发展的成功符合国家利益，因为它们极大地促进了优势产业的发展，同时也为德国经济与工业在世界上树立了良好形象。但是，最近几十年，德国并没有在电信技术、互联网和数字化领域等新兴领域出现类似美国和中国那样的大型全球市场参与者和主导者。因此，德国明确提出，必须在适当的情况下重审和修改德国与欧洲的竞争法，促进德国和欧洲公司的合并，以便德国与欧洲的公司能够以较高水平参与国际竞争。法国也紧随德国步伐，认为应当大幅修改现有欧盟竞争规则，利用区域市场加快培育出工业冠军企业。

中国应大力支持产业生态主导企业通过底层技术、核心标准、规则体系、软件服务、框架结构等横向和纵向创新系统，在创新主体和整个产业链供应链中建立起密切的协作网络，发挥治理创新生态系统、建立协作关系和价值管理等职能，中国企业要加快打造具有全球竞争力的产业生态体系，需要通过创造新功能、新优势、新价值、来实现发展自主、产业引领和经济安全，在这方面中国企业应该借鉴美国等西方发达国家的产业生态化发展经验。

中国强大的国内市场是推动产业发展、促进产业升级的强大力量，也是构建新发展格局的重要支撑。中国拥有 14 亿人口，人均国内生产总值目前已超过 1.25 万美元，城镇化率超过64.7%，中等收入群体超过 4 亿人，人民群众对美好生活的需求不断提高，是全球最具发展潜力的单一最大市场。中国企业应充分利用和发挥这个优势，不断巩固并增强这个优势，依托强大国内市场培育出一批具有世界影响力的知名品牌和产业生态。在这方面，中国新能源汽车产业是一个典型。美国、德国、日本、韩国等发达国家均拥有世界著名的汽车品牌和中高端车型。当前，中国每千人汽车保有量仅为美国的 1/4，不到日本、韩国的一半，汽车消费仍有较大空间。

中国新能源汽车是中国汽车工业发展和技术创新的新载体，人工智能、通信、半导体、新材料等技术的突破应用，使人类第一次在一个个体的空间内，一次性地解决了人类的三大需求，出行、信息和能源。能源管理、商业生态的延伸，让汽车产业成为中国最具可持续发展的经济支柱，深度影响了中国社会分工和产业重构。中国汽车企业应该把握住强大国内市场和需求升级的机遇，在更好满足消费者需求的同时提升自身的技术能力、产品品质和产业生态主导能力，与强大国内市场共同成长，努力加快培育出世界级智能汽车品牌和龙头企业。此外，互联网和数字技术催生的新型消费层出不穷，网络购物、线上外卖、远程教育、数字文化旅游、互联网医疗等新型消费快速发展，中国互联网企业和实体企业加速融合，在更好地满足国内新型需求的过程中，蕴藏着智能化时代全天候全生命周期一站式服务提供商的巨大发展机会。

在国际化发展中培育产业链链主企业和产业生态主导企业。发达国家的产业生态主导企业，大多是国际化的佼佼者，以塑造产业生态、引领产业发展为使命。中国企业大多依托庞大国内市场或参与发达国家跨国公司主导的产业分工体系发展起来，存在着两个明显不足，一是受市场范围局限于国内或区域内、国际化经营发展能力不够，二是以出口为导向、只参与加工组装环节、外向度高但对整个产业链的引领控制和话语权不足。要改变这种发展模式，中国企业必须加快国际化步伐，构建国际化发展框架和业务模式，增强国际化发展能力，拓展国际化发展空间，在全球化的浪潮中实现中国企业发展国际化和生态能力构建的同步。

（四）推动实施中国城乡人居、产业和生态三个空间重构，积极发展低空经济，塑造高质量发展的新型生态系统支撑

人居、产业和生态三个空间重构，是中国新型城市化和乡村振兴、生态文明建设和高质量发展的动力支撑，也是中国企业实行生态化发展的重要机遇和有效路径。多年来中国乡村发展不充分，城乡发展不平衡，产业、人居和自然生态空间布局发展不合理、不协调已成为中国经济社会高质量发展的重要障碍。

长期以来，中国城乡人居空间和产业空间大量侵占自然生态空间，造成自然生态承载力不堪重负和自我修复功能的弱化或丧失。同时，城乡人居空间和产业空间混杂，造成了许多不必要的高能耗、高污染和高排放。空间是城乡健康发展不可再生的重要资源，空间结构的错配、低配和不合理配置都会造成空间资源的浪费，经济系统效率的降低，形成系统性功能紊乱和弱化低效，影响自然社会经济整体系统的和谐。

中国城乡人居、产业和生态三个空间科学合理规划，是中国政府的一项重要职能和最具价值的工作之一，新中国成立以来，中国经济社会高速发展需要主导着三个空间规划和构建，塑造成了中国城乡以产业空间为核心、人居空间从属产业空间、生态空间被迫退让妥协的城乡发展空间格局。同时由于受到历史、传统、地形、地貌以及眼界认知的局限等主客观因素制约，中国城乡三个空间配置在很多地方存在着不合理、不科学的情况。不少城市产业空间和人居空间重叠交织，造成局部环境承载能力超负荷，生态空间碎片化，无法形成生态系统的整体性功能。既浪费了空间，也没有形成应有的功能作用，与建设美丽中国不相适应。

通过人居、产业和生态三个空间的重构，优化空间结构、优化社会经济、生态三个系统的协调，优化技术创新关联，提高要素的空间配置效率和更大空间范围内的自由流动，形成中国城乡人居、产业和生态协调发展格局和多重集聚效应，进一步改善人与自然的关系，促进中国城乡一体化高质量发展。

中国城乡人居、产业和生态三个空间重构是调和中国社会经济发展与自然生态空间矛盾和改善人与自然的关系的重要战略措施，山水林田湖草一体化治理强调生态要素之间的普遍联系。一切人为的治理保护路径和工程手段必须以科学为支撑才能投入实际应用，重构城乡人居、产业和生态三个空间的前提是科学规划三个空间的量化关系，合理布局人居空间、集中产业空间、留足生态空间，在不同功能空间之间设置生态缓冲区，留有充足的公共绿地，用更多的生态景观缓解柔和钢筋水泥墙带来的压抑感，增进人与自然的亲近关系。

任何新提出的空间规划和项目设计都应在国土空间规划指导下，以三个空间科学规划为依据，以陆空一体为前提。在三个空间重构中，要充分考虑低空经济的快速发展，要前瞻性谋划1 000米以下空域新技术、新产业、新业态、新质生产力和新经济的发展，当下优先探索创新发展无人机巡检、无人机物流、无人机应急处置、低空交通飞行等新业态。这是中国企业高质量发展和长期可持续的重要基础，也是全新的领域、创新的经济形态、全新的市场和新的发展增长点。

（五）联通江河湖库，构建跨流域水网，打造水风光储一体化综合可再生清洁能源体系，促进中国企业实现绿色低碳生态化可持续发展水资源是一切自然生态系统最关键的核心要素

没有水资源就没有生命，也就没有生物的多样性，更不可能具有功能性的生态系统，人类也就不可能生存。保护好水资源就是保护人类。水资源是地球生命体系中最为基础和关键的要素。它不仅是各种生物生存和繁衍的必要条件，更是维持地球生态系统平衡的核心因素。人类因水而居、城因水而兴，没有水资源，生命便会枯竭，生物多样性将会消失，进而导致功能性生态系统的崩溃。这种连锁反应最终将危及人类的生存和发展。水资源与人类社会经济发展紧密相连。农业生产、工业生产、城市居民生活等各个方面都离不开水资源。水资源充足的国家和地区，往往经济发展水平较高，社会进步较快。而水资源匮乏的国家和地区，则可能面临粮食短缺、工业滞后、人群迁移等问题，从而影响社会稳定和国家安全。每一个国家和地区都需要高度重视水资源保护，采取有效措施确保水资源的可持续利用。对任何国家来说，加强水资源管理、提高水资源利用效率、保护水源地和生态环境、推进水资源科技创新、保护好水资源，就是守护好我们共同的家园，就是为人类未来的繁荣和发展创造最重要的条件。

联通江河湖库，实行山水林田湖草一体化综合规划，治理水环境、修复水生态，保护水资源，科学用水节水，是实现人与自然和谐共生的关键举措，也是中国企业实现绿色生态化发展的重要途径。连通江河湖库，实现水系连通，有利于提高水资源利用效率。通过构建合理的水系连通格局，可以打破水资源时空分布不均衡的状况，充分有效利用水资源，降低水资源浪费。此外，优化水资源配置，提高水资源利用效率，有助于缓解地区水资源供需矛盾，促进区域协调发展。山水林田湖草沙一体化综合规划有助于保护生态环境。这一规划理念强调生态系统的整体性和连续性，确保各类生态要素得到有效保护和恢复。通过实施生态保护工程、推进生态修复，我们可以提升生态系统服务功能，保障生态安全，为人类提供宜居的环境。治理水环境和修复水生态是实现水资源可持续利用的关键。必须采取措施减少污染物排放，改善水环境质量，保护水生生物多样性和水生态系统稳定性。同时，通过加强水生态保护，预防和控制水生态灾害，降低水生态系统的脆弱性，为水资源保护提供有力保障。

构建跨流域水网，科学高效配置中国水资源，助力中国西北地区绿色发展，是中国企业实现生态化发展的重要任务。依据水资源分布特点和区域经济社会发展需求，制定合理的水资源配置方案，以水定地、以水定产、以水定城，充分发挥水资源的经济、社会和生态效益。通过跨流域调水、水库调度、水资源梯级利用等方式，实现水资源在时间和空间上的合理分配，提高水资源利用效率。探索水资源市场化配置机制，推进水资源使用权有偿取得和交易，激发水资源节约保护和合理配置的内在动力，为中国企业生态化发展提供有效机制。

以水为基，风光水火储多能互补，构建综合可再生清洁能源体系和新型电力系统，推动中国能源企业实现低碳、零碳发展。通过技术创新，推动风光水火储多能互补，提高清洁能源发电效率，降低成本，使可再生能源在市场竞争中具有更强的优势。通过推动电力体制改革，推动电力价格更加合理，不断激发中国企业投资发展清洁能源的积极性。在现有技术条件下，实现低碳、零碳发展仍面临诸多挑战。清洁能源的开发和利用受到自然条件、资源禀赋、技术制约、经济特性等多种因素的制约，需要在技术上不断创新突破，提高能源利用率和经济性。能源产业结构调整过程中，传统能源企业面临转型压力，需要政府、企业和社会各方共同努力，确保平稳过渡。在这一过程中，政府、企业、科研机构和社会各界需要共同努力，不断突破技术瓶颈，降低能源使用综合成本，为全球可持续发展作出更大贡献。

（六）应用新的生态观，形成新的生态伦理和法规约束

中国企业要实现生态化发展，必须对一些传统的思维观念进行反思和对一些被视为理所当然的行为进行生态伦理和法规的约束。一是中国企业在利用资本的同时，应有效约束盲目利用资本，合理规范限制资本非理性发展扩张；二是中国企业在利用科技的同时，应约束盲目地推崇科技，有效驾驭科技；三是中国企业在扩大生产的同时，应理性约束盲目扩大生产；四是政府在刺激企业和地方消费的同时，应约束盲目刺激消费，引导理性消费。中国企业实现高质量生态化发展离不开利用资本、发展科技、扩大生产、刺激消费，同时也容易形成盲目崇拜资本、科技、生产和消费的思维定式，需要认知这种思维定式恰恰与同生态文明具有冲突性。中国企业要实现生态化发展必须克服这种思维定式，必须对资本、科技、生产、消费做出伦理和道德的约束，绝不可牺

牲整个社会、当代人类和可持续发展为代价来盲目发展无节制消费。

中国企业要实现生态化可持续发展，需要重构新的生态发展观念。发展生态文明指向的经济领域，要求中国企业的各种经济行为都要生态化，一切经济活动都要绿色化、无害化，尤其要加强生态工业、清洁生产、循环经济和环保产业建设，形成节约能源资源和保护生态环境的产业结构、增长方式和消费模式，建立多种生态产业并实现产业的生态化。

强调节约资源的政策主张，促进中国企业的发展战略转型。在资源约束的条件下，中国企业要想实现自身利益最大化，就需要通过技术创新来提高资源的利用效率，以最小的投入，实现最大化的产出。

坚持减排政策，促进中国企业发展方式转型。传统的中国企业生产方式，往往会导致高污染排放，对生态环境造成严重的污染。在环境规制约束下，中国企业必须减少污染的排放量，积极转变生产发展方式，采用环境友好型生产行为方式，否则应受到经济处罚乃至行政处罚。

自然生态系统之所以如此高度有序、负责稳定，而且自我维持，是因为它们都有内在的形成规律和发展演变的机理。我们必须从自然法则中找到更好的生存发展之道，找到更好的尊重自然、保护生态的科学方法，重构城乡人居、产业和生态三个空间，重构流域水网，建立以清洁可再生能源为基础的新型能源系统、以新兴产业为主导的现代化产业体系，使中国企业的生态化发展建立在良好的基础和底层机理上。

坚持人与自然和谐共生。中国企业必须以生态公平为目标，以生态安全为基础，以新能源革命为基石，以现代生态科技为技术路线，以绿色发展为路径，实现生态转型、生态复兴和生态重构，在更高层次上实现对自然法则的尊重和回归，保持人类可持续发展的伦理意义。

在技术不断进步和强大科技的帮助下，人类可以以最低的成本完成具有较高经济价值的工作，未来的超级人工智能有可能引发产业重大变革、经济范式的改革和经济爆炸性增长，人类将面临新的前所未有的机遇和挑战。

参考文献

[1] 高举中国特色社会主义伟大旗帜 为全面建设社会主义现代化国家而团结奋斗——在中国共产党第二十次全国代表大会上的报告 [M]. 北京：人民出版社，2022.

[2] 郑永年. 中国的当下与未来 [M]. 北京：中信出版社，2019.

[3] 潘成鑫，张旗. 国际政治中的知识、欲望与权力 中国崛起的西方叙事 [M]. 北京：社会科学文献出版社，2016.

[4] 邵曙光，梁东红. 数学史 [M]. 北京：中国大地出版社，2022.

[5] 商志晓 等. 中华传统文化弘扬与现代化发展研究 [M]. 北京：中国社会科学出版社，2021.

[6] 魏礼群. 中国式现代化与高质量发展中国改革与发展热点问题研究 [M]. 北京：中译出版社，2024.

后　记

挪威作家亨利克·易卜生曾说，每个人对于他所属于的社会都负有责任。同样的感悟，我们称之为家国情怀。这种情怀并不以个人身份和地位为标准，而是一种朴素的情感，更多的人是在各自平凡的工作岗位上，在质朴的生活中，默默表达着对国家、对民族的奉献和责任。

本书是《重企强国》三部曲的最后一部，在书稿完成的时刻，过去六年的思考和创作过程在一瞬间涌上心头，在"强国需重企、重企必强国"的理念指引下，我尝试构建了这样一个思想体系架构，在其中填充了我对中国企业的认知、理解、热爱、敬畏和憧憬。

本书能够付梓出版，不仅仅是我个人的努力和付出，还得益于许多领导、同事、同学和朋友的真诚鼓励和支持帮助，得益于清华大学出版社周菁、王如月两位编辑的专业建议，得益于家人的理解和支持。张大伟同志深度参与了《重企强国》三部曲的资料收集和编辑整理工作，并提供了许多具有价值的观点和案例，在此一并表示感谢。

对我个人而言,《重企强国》三部曲的完成是一份责任的交代,是一段求索苦旅的终点,是一份创作耕耘的收获。对社会而言,我相信《重企强国》三部曲将会引发更多企业家和学者的研究与思考,给社会带来更多的思想与智慧,同时将见证一个伟大历史时代的到来。那将是一个由中国企业引领科技创新和全球产业变革的时代,一个中国企业不再被围堵打压的时代,一个各国企业平等互利、合作共赢的时代,一个中华民族实现伟大复兴的时代。

谨以《重企强国》三部曲,致敬并祝福伟大的中国企业!

卢纯

2024 年 12 月